逞しきリベラリストと
その批判者たち
井上達夫の法哲学

瀧川裕英
大屋雄裕
谷口功一 編

TAKIKAWA Hirohide
OHYA Takehiro
TANIGUCHI Koichi

ナカニシヤ出版

はじめに

　井上達夫先生との初めての遭遇は、誰に対しても強烈な印象を与えるものである。私が初めて井上達夫先生と遭遇したのは、1991 年 4 月のことだった。井上先生が千葉大学から東京大学に異動された、まさにその年に本郷で担当された演習でのことだった。

　それは、学部と大学院の合同演習で、リベラリズムとコミュニタリアニズムの論争を扱うものだった。ドゥオーキン、テイラー、サンデルといった論者について、井上先生が精選した論文を毎週読んでいった。当時学部 3 年生だった私にとって、毎週 20〜30 頁の英語論文を読んでいくことは、それほど楽なことではなかった。その演習には、いま思い出すだけでも、苅部直氏、宇野重規氏、早川誠氏、中神由美子氏、野村真紀氏、北山修悟氏、犬塚元氏など、多士済々なメンバーが集まっていた。

　特徴的な豊かなもみあげと、眼鏡の奥の鋭い眼光。若き井上達夫先生が担当する演習は、異様な緊張感に満ちたものだった。報告者に対しては、報告の意義を問う厳しい質問が井上先生から投げかけられた。その質問に回答する術を持たず、立ち尽くしてしまう報告者もいた。

　議論全体の布置も私には明確に分からず、消化不良感ばかりが残った。だが、あるいはだからこそ、その演習をとらなければ、私は法哲学者になりはしなかっただろう。井上先生の演習はそれほどに魅力的なものだった。

　本書は、井上達夫先生の還暦をお祝いすべく企画されたものである。本書の寄稿者はみな、井上先生に教えを受けた者である。わたしたちは、直接教えを受けた時期は違えど、初めての遭遇から今日に至るまで、井上先生と学問的議論を続けてこられたことに深く感謝しながら、本書所収の論考を精魂込めて執筆した。

　本書は、いわゆる「還暦本」とは異なる趣向が凝らされている。本書は全 3 部で構成されている。

第Ⅰ部は、鮮烈なデビュー作『共生の作法』から圧倒的な議論水準を誇る最新刊『世界正義論』までの単著を素材としている。それに加えて、書籍としては未刊のいわゆる助手論文「規範と法命題」も扱われている。第Ⅰ部所収の各論文により、井上法哲学の全体像が浮かび上がってくるだろう。より具体的には、井上法哲学の中心的主張が何であり、その主張はいかなる根拠に基づいているのか、その主張がどのように現実に応用されているのか、が明らかにされる。さらに、その主張や根拠に潜む問題点は何かという点についても、各論考はえぐり出している。

　第Ⅱ部は、生命倫理・立法学・時間といったキーワードを設定した上で、そのキーワードに関する井上法哲学の主張や問題点などを扱っている。第Ⅱ部所収の各論文により、個別テーマにおいて井上法哲学がいかに論争的な主張を行ってきたかが示される。第Ⅰ部で取り上げられた素材を横断しながら、各論考は、井上法哲学が積極的に参戦する領域だけではなく、意外にも沈黙する領域をもあぶり出している。

　第Ⅰ部と第Ⅱ部は、いわば井上法哲学の縦糸と横糸であり、全体として井上法哲学を織り上げる。もちろん、執筆者全員が井上法哲学の中心的意義とその限界について共通の意見を持っているわけではないが、第Ⅰ部と第Ⅱ部によって、井上法哲学という1つの織物が生み出されることになる。また、各章をつまみ食いすることもできる。読者が自分の関心にあう章を選んで読めば、難解だといわれることもある井上法哲学を内在的に理解しつつ、少し距離を置いて見るための手がかりを得ることができるだろう。

　第Ⅲ部は、編者の1人である大屋雄裕氏と憲法学者の宍戸常寿氏の対談である。井上先生の薫陶を受けた者が、井上法哲学について率直に語っている。井上先生を直接知らない読者には、第Ⅰ部・第Ⅱ部では触れられなかったその人物像を含めて、多くのことが示されるであろうし、井上先生を直接知る読者には、思わず頷いてしまう発言も多くあるだろう。

　巻末には、森悠一郎氏の作成による「井上達夫教授著作目録」と「井上達夫教授略年譜」が付されている。前者は網羅的な文献リストであり、後者と併せて見れば、井上先生の問題関心とその推移が明確に分かるだろう。

本書を契機として、井上先生との飽くなき論争をこれからも継続していくことを、わたしたちは心底願っている。それだけではなく、本書の読者を巻き込んで議論を発展させていくことができたならば、望外の幸せである。

　本書の企画をその細部に至るまで構想してくれたのは、編者の1人であり第III部の対談の司会者でもある谷口功一氏である。谷口氏なくしては本書は成立しなかった。ここに記して、感謝したい。また、横濱竜也氏と安藤馨氏には、組版作業を含めて本書の編集作業をかなり実質的に助けていただいた。2人ともありがとう。

　本書の刊行がこうして実現したのは、ナカニシヤ出版の酒井敏行氏のおかげである。出版事情がますます厳しくなる折、本書の企画に快く賛同いただき、厳しい時間的制約下で、迅速かつ適確に編集作業を行っていただいた。気心の知れた編集者でなければ、本書の企画を実現することはできなかっただろう。心より感謝申し上げたい。

2015年3月

執筆者を代表して
瀧川裕英

目　次

はじめに　　　　　　　　　　　　　　　　　　　　　　　　　　　　i
凡　例　　　　　　　　　　　　　　　　　　　　　　　　　　　　　x

第Ｉ部

第1章　『規範と法命題』——行方を訊ねて　　　　　　　安藤　馨　3

1　その論争的文脈と概要について　3
2　非認知主義の展開　13
3　当為とその心理学　22
4　分かれ道にて　27

第2章　『共生の作法』——円環の潤い　　　　　　　　谷口功一　35

1　時代背景　36
2　『共生の作法』再訪　37
3　会話としての正義　40
4　円環の潤い　42

第3章　『他者への自由』と共和主義の自由　　　　　　瀧川裕英　45

1　他者への自由　46
2　共和主義の自由　48
3　リベラリズムと共和主義　53

第4章　『現代の貧困』——批判的民主主義の制度論
　　　　　　　　　　　　　　　　　　　　　　　　松本充郎　59

1　『現代の貧困』の時代背景と現代的意義　59
2　民主制における合意と熟議の意味と制度　60
3　エネルギー・環境問題における熟議と制度　66
4　批判的民主主義論からの展望　74

第5章　『普遍の再生』——どのようにして？ そしてどのような？
　　　　　　　　　　　　　　　　　　　　　　　　米村幸太郎　77

1　本書の目的　77
2　反普遍主義の論理と心理　78
3　2つの疑い　83
4　結びにかえて　89

第6章　『法という企て』——人格への卓越主義？
　　　　　　　　　　　　　　　　　　　　　　　　大屋雄裕　91

1　理論枠組の構築　92
2　問題への適用　97
3　卓越主義の問題性と必要性　99

第7章　正義に基づく『自由論』
　　　　　　　　　　　　　　　　　　　　　　　　大江　洋　105

1　自由論の諸相　105
2　自由と関わる秩序論　107
3　正義に基づく自由論　109
4　井上自由論の立ち位置　111

第8章　『世界正義論』——「諸国家のムラ」をめぐる疑問
　　　　　　　　　　　　　　　　　　　　　　　　浦山聖子　119

1　井上達夫の世界正義　120
2　「諸国家のムラ」をめぐる疑問　127

第 II 部

第 9 章　分配的正義
──────────────── 藤岡大助　133

1　正義概念論からの示唆　134
2　リベラリズム論からの示唆　137
3　世界正義論からの示唆　140

第 10 章　リバタリアニズム
──────────────── 吉永　圭　147

1　リバタリアニズム概観　148
2　井上達夫とリバタリアニズムの距離　150
3　応答　152

第 11 章　フェミニズム
──────────────── 池田弘乃　157

1　リベラリズムからフェミニズムへ　158
2　リベラリズムと第 2 波フェミニズムの生産的な連携可能性　161
3　妊娠中絶の道徳的正当化について　162

第 12 章　戦後責任
──────────────── 稲田恭明　167

1　「戦争責任」論文について　168
2　「罠」論文について　170
3　歴史修正主義　172
4　国民的自己愛と戦後責任　174

第 13 章　憲法第 9 条削除論
──────────────── 郭　舜　179

1　憲法第 9 条と平和主義の意義　180
2　世界正義論の中の立憲主義　184

3　平和主義の対外的意味　188
　　4　第9条削除論の陥穽　189

第14章　生命倫理
　　　　　　　　　　　　　　　　　　　　　奥田純一郎　195
　　1　井上の法哲学と生命倫理　195
　　2　井上が現に述べている生命倫理　196
　　3　「井上達夫の生命倫理」の再構成と検討　203

第15章　時間
　　　　　　　　　　　　　　　　　　　　　吉良貴之　209
　　1　普遍主義は通時的でありうるか　209
　　2　世代間正義論　213
　　3　入れ違いの時間構造　215

第16章　法の本質
　　　　　　　　　　　　　　　　　　　　　平井光貴　223
　　1　分析的法理学ないし法概念論の任務にまつわる論争の状況　224
　　2　井上説の位置づけと検討　225

第17章　立法学
　　　　　　　　　　　　　　　　　　　　　横濱竜也　233
　　1　井上立法学の背景　234
　　2　批判的民主主義とは何か　236
　　3　批判的検討——代表制をめぐって　239

第 III 部

対談:外部から見た井上/法哲学
　　　　　　　―――― 大屋雄裕・宍戸常寿(司会:谷口功一)　247

- i ポストモダンのあとの時代に　247
- ii 『共生の作法』の衝撃　251
- iii 二重の基準批判のインパクト　254
- iv 危機の時代にあらわれる憲法と法哲学の近接性　256
- v ドイツ憲法理論から見た井上法哲学　262
- vi 井上法概念論と憲法学　265
- vii 9条削除論をどうとらえるか　270
- viii 立法学研究プロジェクト　272
- ix 記憶に残る一冊は　275
- x 人間、井上達夫　276

附録

- I 井上達夫教授著作目録　281
- II 井上達夫教授略年譜　299

編集後記　303

索引　304

凡例

作法	井上達夫『共生の作法――会話としての正義』創文社、1986 年
他者	井上達夫『他者への自由――公共性の哲学としてのリベラリズム』創文社、1999 年
貧困	井上達夫『現代の貧困』岩波書店、2001 年
	井上達夫『現代の貧困――リベラリズムの日本社会論』岩波現代文庫、2011 年
普遍	井上達夫『普遍の再生』岩波書店、2003 年
	井上達夫『普遍の再生』岩波人文書セレクション、2014 年
企て	井上達夫『法という企て』東京大学出版会、2003 年
自由	井上達夫『双書哲学塾　自由論』岩波書店、2008 年
世界	井上達夫『世界正義論』筑摩選書、2012 年
規範	井上達夫『規範と法命題』
規範-(1)	「規範と法命題（一）――現代法哲学の基本問題への規範理論的接近――」『國家學會雑誌』98 巻 11/12 号: 787-869 頁、1985 年
規範-(2)	「規範と法命題（二）――現代法哲学の基本問題への規範理論的接近――」『國家學會雑誌』99 巻 5/6 号: 394-459 頁、1986 年
規範-(3)	「規範と法命題（三）――現代法哲学の基本問題への規範理論的接近――」『國家學會雑誌』99 巻 11/12 号: 805-868 頁、1986 年
規範-(4)	「規範と法命題（四・完）――現代法哲学の基本問題への規範理論的接近――」『國家學會雑誌』100 巻 3/4 号: 274-363 頁、1987 年

第1部

1 『規範と法命題』
―― 行方を訊ねて

『規範と法命題』（國家學會雜誌、1985-1987 年）

安藤　馨

🌼 1　その論争的文脈と概要について

　『規範と法命題』は井上達夫が法哲学者としてのキャリアを開始したその最初期に書かれた、法概念論を主題とする大部の論文である[1]。メタ倫理学・メタ規範論に関する井上のその後も基本的には変わりなく保持されているであろう見解を知る上で貴重であるにも拘らず、この論文はこれまで書籍化されず一般読書人の眼に触れることがなかった。それゆえ、『規範と法命題』が扱おうとしたその問題と井上の見解の概要をまずは――本稿の問題関心にとって必要な限りでとはいえ――示しておくことが有益であろう。

　『規範と法命題』の理論的目標は大きく 2 つに分けられる。第 1 は、執筆当時（1980 年）に於けるメタ倫理学の大勢を占めていた「非認知主義(non-cognitivism)」を価値相対主義を基礎付ける主要な論拠として捉え、前者を批判することによって後者の基礎を掘り崩そうというものである (cf. 規範、§ 1.2)。第 2 は、第 1 の作業を通じて得られたメタ倫理学・メタ規範論的見解を法的言明・法命題の意味論に適用することによって、法的言明・法命題が有する「特殊な地位」を明らかにしようというものである (cf. 規範、§ 1.3)。以下ではこの 2 つの点について、それぞれに於ける井上の見解を簡単に概説することを試みる[2]。

第1章 『規範と法命題』——行方を訊ねて

1.1 予備的整理

だが、その前に「規範」という語について、井上の用法と主張の要点を確認しておくことが必要である。典型的には「ねばならない」や「べし」が用いられるような言明について、その意味論的内容を井上は「規範」と呼ぶ（これに対して言明と文の方は「規範定式」と呼ばれる）。井上が挙げる例を見れば（規範-(1)、62頁以下）、Y が X に対して「君は私に100万円を支払わなければならない」と言えば、それは Y による X の「請求」という行為になるだろうが、裁判官が「X は Y に100万円を支払わなければならない」と言えば、それは X に対する「指令」であったり、執行機関への「授権」であったりすることになる。しかし、言語行為・語用論的機能としては異なっているこれらの規範定式が共通に有している思考内容——X と Y との間に一定の規範的関係が成立しているという趣旨のそれ——が、規範である。

この見解の要点は、同じ意味論的内容を有する同じ規範定式が、法学者の「X は Y に100万円を支払わなければならない」という言明と（それは X と Y との間の規範的関係を「報告」している）、裁判官の「X は Y に100万円を支払わなければならない」という言明（それはたとえば X に対する「指令」である）とで、共通に用いられているということにある。つまり、両者の差異は意味論的内容にではなく、あくまでそのような意味論的内容を持つ言明がどのような言語行為として用いられているか・どのような語用論的機能を担っているか、の差異に求められる。他方で、法学者の法的言明が（まさに学としての認知的内容を有し）真理値を有しうる——つまり真理値帰属可能性（truth-aptness）を有する——とすれば（cf. 規範、§1.3）、それはその意味論的内容が真理値を有しうるということ、つまりその意味論的内容が「命題 proposition」であるということを意味する。したがって、同じ言明が当事者 Y や裁判官によって「請求」や「指令」の際に用いられたとしても、その言明の意味論的内容つまり規範は認知的内容を持った命題であり、真理値を帰属することができる[(3)]。他方で、典型的には命令文の意味論的

内容——たとえば「X、Yに100万円を支払いたまえよ」という発話が「命令」として用いられるときであれ「助言」として用いられる時であれそれらが共通に有しまた実際に支払うことによって充足されるところのそれ——であるような「命法 (imperative)」が真理値を帰属され得ないという点には異論がなく、また規範とこうした命法の間に明らかに何らかの必然的連関がなければならないと思われるところ、真理値を持つ規範と真理値を有し得ない命法とがいったいどのような関係にあるのかを説明することが井上の重要な課題となるのである（規範-(2)、102頁）。

その上で、仮にこの立場が規範と命法に関する一般理論によって基礎付けられるならば、同じことが道徳規範についても言われ得るはずである。したがって、そこからは道徳的言明の意味論的内容が認知的内容をもった命題であるという認知主義もが帰結し、それによって価値相対主義の主要論拠が掘り崩されることになる。逆に言えば、そうした規範の一般理論を提示するためには、それと両立不能な非認知主義諸理論の批判がまずは行われなければならないということになるのである[4]。

1.2 非認知主義に対する批判

まず最初に井上の議論の枢要部を為す非認知主義批判を概観するところから始めよう。

情動主義に対する批判

非認知主義に対する批判を開始する井上がまず取り上げるのは、いわゆる「情動主義 (emotivism)」の中で最も洗練された形態を提示したチャールズ・スティーヴンソン (Charles Stevenson) のそれである（規範、§3.1）。情動主義によれば、「S は ϕ すべきである」といった当為言明は何かを記述しようとしているのではなく、S によって ϕ が為されることへの話者の肯定的情動を表出し、そのことによって、S を含む他者一般の行動に因果的影響を与えようとする行為であると理解される。井上はこうした情動主義に対す

るそれまでの理論的批判を主としてジェフリー・ウォーノック (Geoffrey J. Warnock) とジェイムズ・アームソン (James O. Urmson) に従って確認し、特に 3 点を挙げている（規範-(2)、67 頁以下）。第 1 に、情動主義はたとえば情動を表出し他者の行動に影響を与えようとする他の手段——たとえば非言語的手段——と当為言明を意味に於いて区別できない。第 2 に、既に自分の望む通り振る舞うことがわかっているとか、或いは仮に情動を表出しても行動に因果的影響を与えられないことがわかっているとかといった、因果的影響力の行使が無駄であるよう相手に対してであれ、我々がしばしば当為言明を発することが説明できない。第 3 に、真摯な規範的論議に於いては情緒的色彩の強い語の使用を慎むべきであるとされることが説明できない。

指令主義に対する批判

　情動主義を簡潔に退けた上で、井上はリチャード・ヘア (R. M. Hare) の「指令主義 (prescriptivism)」を詳細に検討・批判する（規範、§ 3.2）。スティーヴンソンの場合には、当為言明の発話は相手に対する因果的影響力の行使であったが、ヘアの場合には指令が行おうとしていることと因果的影響力の行使とは区別される。それは「〜するように言うこと (telling to someone to do)」と「〜させること (getting someone to do)」の違いである。要するに、当為言明は意味の問題としてあくまで因果的実効性とは区別された形で「行為指導 (action-guiding)」という機能を有し、命令や助言といった行為が共通に有しているそうした行為指導性を「指令性 (prescriptivity)」と呼ぶ。つまり、「命法」を論理的に含意するような言明や判断である——それを受け入れたものがそれに対応する命法が要求する通りの行動を取らないとすればそのことが論理的過誤となるようなそういう言明・判断である——ということが「指令性」であり、当為言明・当為判断はそうした指令性を備えたものとして、記述的言明・記述的判断などから区別される。要するに、ヘアは当為言明の発話を指令という行為として分析するのである。

　ヘアの指令主義に対する井上の主たる批判は簡単にまとめれば次の 2 つ——両者は本質的に関連しているので実質的には一体のものであるが——

1 その論争的文脈と概要について

である（規範-(2)、84-87 頁）。第 1 が、いわゆる「言語行為の誤謬 (speech-act fallacy)」によるものであり、第 2 がいわゆる「埋め込み問題 (embedding problem)」によるものである。「言語行為の誤謬」とは、ある語や文がある言語行為を遂行するのに用いられることからそのような言語行為に用いられるということそれ自体を当該の語や文の意味の解明としてしまう、というものである。当為言明の発話が「推賞」のような指令性を有する行為に用いられるということから、当為言明の意味がそのような行為に用いられるということそれ自体であるということは論理的には出てこない。つまり、言語行為論的分析は当該の言明が意味論的内容——発話のロキューショナリな相のそれ——を欠くことを示すものではない。第 2 に、これと関連して、ヘアのように当為言明の意味を指令的行為と結びつけてしまうと、実際に次のようなよく知られた問題が生ずる[5]：

1. もし人を殺してはならないならば、あなたの弟に人を殺させてはならない
2. 人を殺してはならない
3. それゆえ、あなたの弟に人を殺させてはならない

この推論は明らかに論理的に妥当な前件肯定 (*modus ponens*) 推論である。さて、(1) の前件と後件には「人を殺してはならない」と「弟に人を殺させてはならない」という 2 つの当為言明が出現している。しかし、(1) はあくまで条件文であるから、(1) の発話それ自体には殺人に対する否定的指令も殺人させることに対する否定的指令も含まれていない（殺人に対する否定的態度をなんら有しない殺人鬼も (1) に誠実に同意しうることに注意せよ）。しかし、(2) の「人を殺してはならない」の意味が殺人に対する否定的指令であるとすると、(1) の全体もそれゆえ (1) の前件も、そのような殺人に対する否定的指令を含んでいないのだから、(1) と (2) で「人を殺してはならない」の意味が異なってしまっていることになる。ということは、それらは実は同音異義語に過ぎずこの推論は論理的過誤を犯していることになるはずである。

第1章 『規範と法命題』——行方を訊ねて

　この問題は、当為文に対する非認知主義的分析が一般に抱える意味論的問題を示している。すなわち、ある当為文の意味に対して非認知主義的分析を与えようとすると、その文が否定文や条件文に見るようにより大きな構造の一部として埋め込まれた際に、非認知主義的分析が当該の文に対して与えた意味が保持され得ないというものである。井上がヘクトール゠ネリ・カスタニェダ (Héctor-Neri C. Castañeda) に従って指摘している「内的否定」と「外的否定」が非認知主義的分析にもたらす問題を、このような埋め込み問題として示してみよう（以下では「べき」を当為作用素 O で表し、主体 s が ϕ するということを $\phi(s)$ と表すことにする）[6]：

1. 「s は ϕ すべきである $O\phi(s)$」
2. 「s は ϕ すべきでない $O\neg\phi(s)$」内的否定
3. 「s は ϕ すべきであるというわけではない $\neg O\phi(s)$」外的否定

　(2) と (3) はどちらも (1) の否定によって得られるが、前者では否定作用素 $\neg$ が当為作用素 O の内部に位置し、後者では外部に位置することに注意したい。非認知主義が (1) を発話する主体の行為様態や態度として $A(\phi(s))$ というような分析を与えたとしよう。そのとき、(2) を発話する主体の行為様態や態度として $A(\neg\phi(s))$ を与えることができるだろう。しかし、(3) はどうだろうか。$\neg A(\phi(s))$ という分析はできない。行為様態や態度 A そのものは論理的否定の対象ではないからである。それを $\phi(s)$ に対する行為様態や態度 A の不在 $-A(\phi(s))$ と同一視することもできない。もしそれらの不在が s による ϕ への規範的許容だとすると、「ばぶー」の如き発話もが、s による ϕ への許容となってしまうであろう。行為様態や態度の不在はあくまで当該の行為の規範的評価に関する「無関心」に対応するのであって、外的否定が示しているような、当該行為への「許容」を与えることはできない。

　このように見てみると、井上がヘアの指令主義に対して挙げている批判は、フレーゲ゠ギーチ問題を含む、現在でも非認知主義の躓きの石となっている埋め込み問題に基づくものであり、当為言明を言語行為的に説明しようという立場の意味論的難点を適切に突いたものであったと評価できよう。

1.3 規範と命法の関係を巡って

　非認知主義的分析が意味論的問題を抱えていることを示したとして、翻ってそもそも規範が如何にして認知主義的に分析されうるのかを示す必要が出てくる。特に、明らかに内在的連関を有する命法と規範を適切に区別し、更にその区別によって前者に真理値が帰属できず後者には真理値が帰属できるという事情を説明することが井上の理論的課題となる（cf. 規範, §4.1）。
　井上は規範は命法ではなく行為理由の存在を主張するものだとする理由分析（good-reasons analysis）や、規範は命法と違い普遍化可能性へのコミットメントを有するというヘアの立場を批判的に検討していくが、この作業に於いて常に問題とされ諸理論の試金石とされているのが、それらが「一応の当為（*prima facie* ought）」を適切に説明しうるか、という点である（cf. 規範-(2)、87, 93, 111 頁; 規範-(3)、95-98 頁）。先にも触れた法学者の法的言明について、井上はその特殊性、つまりそうした言明の意味論的内容である規範が真理値帰属的であり、かつ真正の当為言明であり、にも拘らず指令性を欠くようなものである、という性質を有することを可能にするような規範の一般理論を探求している。井上は一応の当為を主張するような当為言明がまさにそうした諸性質を満たすことを念頭に於いて、一応の当為を適切に説明しうる理論を探求していくのである[7]。
　最終的に井上が支持するのは、カスタニェダの意味論的枠組である（cf. 規範, §4.4）。その主張をごく簡単にまとめれば次のようになるだろう。まず、我々は様々な諸目的を持っている。たとえば、「礼儀正しくありたい」とか「約束を守る人間でありたい」とかである。そうした諸目的 E に対してそれぞれある正当化の文脈 C、つまり、ある行為がそうした諸目的の促進・実現に適しているかどうかが判断されるような文脈が対応する。たとえば、食卓で礼儀正しくあることが目的となっているとき、この目的に関する限りで、食卓でのある行為がこの目的遂行に適っているかどうかが判断される。状況に含まれている人々の集団 A（ここでは食卓の人々）と目的 E（ここでは食

卓で礼儀正しくあること）があるとして、A の全部ないし一部によるある行為 ϕ について、命法「ϕ せよ！」は、ϕ が E の達成を推進するものであれば文脈 C に関して「正当 (justified)」であり、反対に E の不達成を推進するものであれば「不当 (unjustified)」であり、どちらでもなければ「非正当 (non-justified)」である[8]。命法「ϕ せよ！」がこれらの意味論的値のそれぞれを取るとき、当為命題「ϕ することは義務である」「ϕ することは禁止されている」「ϕ することは随意的である」は、それぞれ文脈 C に関して真である[9]。規範は、対応する命法——それが命題と同様に意味論的対象であったことを思い出そう——が一定の意味論的値を有することを、行為の性質として述べるような命題である[10]。

とりわけ重要なのは、命法が「正当」のような意味論的値を取り、また当為命題が真であるのは、ある文脈 C に相関してのみである、という点である（規範-(3)、89頁）。実践理性の無限定的当為を表現する絶対的正当化の文脈もまた、ひとつの文脈である。絶対的正当化文脈の下部に、その絶対的正当化文脈によって調整・調和される、その人が「引き受けている (submit)」諸文脈がぶら下がる。下位の諸文脈に関してある命法が正当化され、或いは、ある行為が義務的であるとしても、それはなおそれらに対して行われる絶対的正当化文脈による調和についてはなにも告げていないのであるから、無限定な「全てを考慮した上での当為 (all-things-considered ought)」や端的な命法の引受を含意はしない。つまり、こうした下位文脈に対応する当為命題は「一応の当為」を述べるものであり、命題として真理値が帰属され、また指令性を欠く（規範-(3)、105頁以下）。また規範は命題であるから、それが条件文や否定文へと埋め込まれることには当然なんの問題もない。

1.4 規範と真理

井上は「行為当為 (ought-to-do)」については上記のような意味論を採用した上で、それが「事態当為 (ought-to-be)」には応用できないことを認める（規範-(3)、106頁以下）。行為規範と事態規範を包摂する規範一般が真理値

1 その論争的文脈と概要について

帰属可能であることを示すために、井上は後者についていわゆる義務論理による事態当為の定式化とそれに対して与えられる可能世界意味論を検討する。本稿では詳細には立ち入らないが、行為規範についても事態規範についても、それらの意味論が規範に真理値を帰属することを妨げないことを井上は確認する (cf. 規範、§ 5.1-§ 5.3)。

その上で、井上は規範に対する真理値帰属を更に擁護すべく興味深い戦略を取る (規範、§ 5.4)。そもそも規範に対する真理値帰属の可能性を哲学者たちに疑わせた形而上学的前提——物理主義的世界観——について、真理がそうした形而上学に依存せず中立的であることをアルフレート・タルスキ (Alfred Tarski) の真理論に基づいて井上は主張する。古典的な対応説的真理観と物理主義的世界観の組み合わせは、ある言明・命題が真であるとするとき、それを真とするような世界の物理的事実を要求する。そこで、物理主義的世界観が許容するのでないような事実の存在を規範への真理値帰属が要求するということが問題になっているのだとすれば、そもそもそうした真理観を棄却してしまえばよい[11]。真理論それ自体が形而上学に対して中立的であれば、真理論それ自体を根拠にして規範的事実の存在を疑うことはできない。つまり、形而上学に対して中立的な真理論を取れば、真理性それ自体は規範への真理値帰属を原理的に妨げるものでない (規範-(4)、73 頁以下)。残る対立は物理主義と非物理主義の対立だが、これは経験的には決定できない対立であり、論証されざる形而上学的理由から規範に真理値を否認するのは論点先取である、というわけである。ここまでの井上の議論は当為言明についての認知主義的意味論を擁護するものであったから、錯誤説を採用し認知主義意味論を擁護しつつ規範が——現在のフランス国王の頭髪の状況如何と同様にして——常に偽であったり真理値を欠くとする反実在論者ジョン・マッキー (John Mackie) は井上にとって最もやりにくい相手であるが、マッキーの形而上学がまさに形而上学として論争的であり、価値相対主義がこのような論争的主張に与して自己の基礎づけを図るならば、価値相対主義が恣意的で主観的に過ぎないとみなしている規範倫理学的主張と同様の恣意性・主観性を免れ得ないのだ、と反論する (規範-(4)、77 頁)。

1.5　法的言明の意味論

　ここまでの作業を経た井上の最後の作業は、法学者の法的言明の意味論を「一応の当為」によって与えることである。それに先立って、井上はハンス・ケルゼン (Hans Kelsen)、ハーバート・ハート (Herbert L. A. Hart)、ジョゼフ・ラズ (Joseph Raz) らの法的言明の理論を批判的に検討するが、ここで特に重要なのはハートのそれに対する批判である。井上はハートの法理論を基本的にはヘアのそれと同様の指令主義的理論の一種として位置づけた上で——実際にこのような理解は最近になって有力なものとなりつつある (cf. Toh 2005)——ここまでの指令主義に対する批判と連続するものとしてハートの理論に対する批判を展開する（規範、§6.1）。法学者の法的言明は、まさにそれが指令性を欠くがゆえに、指令主義にとっての躓きの石である。指令主義からはそうした言明が、引用符説的に扱われるかせいぜい指令的性格を有する内的言明の「模倣 (imitation)」として内的言明に寄生的に理解されてしまい、それ自体としての第一級的扱いを受けることができない（規範、§6.3.2）。それゆえ、そうした法的言明の意味論を「一応の当為」によって与えようとする井上の提案がその優れた代替選択肢を与えることになる。

　カスタニェダの枠組みに従えば法命題の真理条件は命法の正当値条件である。そこで最終的に井上が与える法命題の真理条件は概ねロナルド・ドゥウォーキン (Ronald Dworkin) のそれに沿ったもの、則ち「命法 Im は、命法 Im が確立された法 S と確定された事実命題の集合 F とから演繹されるか、または Im が反対の命法 $\widetilde{Im}$ よりも、F の下で S を、最も良く正当化する政治理論とより良く整合するとき、法的な正当化文脈 L において正当である」というものである（規範-(4)、144頁以下）。この命法の正当値条件——そしてそれゆえ法命題の真理条件——からわかる通り、井上は法的文脈を道徳文脈の下位文脈として位置づけ、法的当為を一応の道徳的当為として位置づける。法的当為をそのように位置づけることによって初めて法と道徳が実践的推論に於いて真正に衝突することが可能になるからである。

2 非認知主義の展開

『規範と法命題』に於ける井上の主たる課題のひとつが非認知主義批判であり、それがかなりの説得力を有することは既に見た通りであるが、しかし、なぜそもそも非認知主義が哲学者たちにとって魅力的に見え、また支持者を得ていたのかの説明は意外に希薄である。本節では、非認知主義の理論的魅力と、更にその後の展開を確認し、『規範と法命題』を現在に於いてどう評価すべきかを考えてみることにしたい。

2.1 当為判断のトリレンマと対応策としての非認知主義

非認知主義の基本的な方針は、当為判断の持つ動機付け力つまり真摯に当為判断を為したものがそのことによって対応する行為への動機付けを有しているのでなくてはならないということを、当為判断が非認知的な行為・態度表出であるとして説明するところにある。この事情は、当為判断に関わる次の3つの（一見して）説得的な主張が共立不可能である、というトリレンマの形で説明できる：

1. 当為判断の認知主義：当為判断は認知的判断である。
2. 当為判断の動機付け内在主義：当為判断には必然的に、それに対応した動機付けが伴う。
3. 動機付けのヒューム主義：認知的判断そのものは動機付けを伴わない。

たとえば、道徳的当為判断「道徳的に言って、私はオックスファム (Oxfam) に寄付すべきである。」を為したものが、（他の動機付けにそれが打ち負かされるということがあるとはしても）寄付へとまったく動機付けられないとしたら、この当為判断の真摯性が——そもそも「べし・当為」ということの意味からいって——疑われるだろう。認知的判断そのものはあくまで信念形

成・信念表明の問題であって、欲求を論理必然的に伴うようなものでないとしたら（この動機付けのヒューム主義を争う理論家は実際にあまりいない）、当為判断は非認知的判断でなければならないように思われるのである。

井上は法学者の法的言明を——引用符説を退けて——真正の当為言明としつつ、それが対応する動機付けを欠く（ことができる）と主張しているのだから、一般的主張としては当為判断の動機付け内在主義を棄却していることになる。そのことの含む問題はいま暫く措くとして、(1) の認知主義の棄却——非認知主義——が (2) の内在主義の棄却と並ぶ、このトリレンマへの有力な対応策であることは確かである。初期の非認知主義の理論的背景ないし動機が意味に関する検証主義に基づいていたことは歴史的事実であり、検証主義の理論的衰退は非認知主義に一定の影響を有した。しかし、検証主義と切り離しても、非認知主義にはなお上述のような強い理論的動機付けが存在する。それゆえ、井上の非認知主義批判が本当に成功しているかを確認しておくことが理論的に重要である。

2.2　表出主義の展開と埋め込み問題

　規範的談話の意味を考える際にそれらの語用論的側面・イロキューショナリな相を中心にしてそれを「行為」と見てしまい意味論的側面・ロキューショナリな相を無視していることが非認知主義の中心的誤謬のひとつである、という井上の判断は、その後の非認知主義の理論的展開によっても裏付けられたといってよい。実際、1980 年代以降の非認知主義は規範的談話の意味論を非認知主義的に与えようとするようになったのである。基本的な着想は次のようなものである。非規範的な普通の叙述文を考えよう。それを発話するとき、我々は自身のある一定の信念を相手に伝達しており、そこで伝達されている内容は私達の信念という認知的態度である。「今日は曇っている」のような叙述文は私達の信念を——それについて述べることなく——表出している。この心的態度の表出の層を意味論にとって基本的な層とみなすことができれば、規範的談話は欲求のような非認知的態度を表出している、

2　非認知主義の展開

という非認知主義的立場は通常の叙述文に対する意味論と整合的に接続された全体的な意味論の一部として提出できるのではないだろうか。このような展開を辿った 1980 年代以降の非認知主義を、それまでの言語行為論的見解と別して特に「表出主義 (expressivism)」という[12]。

　表出主義が埋め込み問題にどのように対処するかを示すために、「…することを非難することに与する」という非認知的態度を考えてみよう。そうすると、たとえば 1.2.2 で問題になった内的否定と外的否定の問題は次のようになる（cf. Schroeder 2008, p. 59）：

1. 「s は ϕ すべきである」
   ⇒ s が ϕ しないことを非難することに与するという態度の表出
2. 「s は ϕ すべきでない」
   ⇒ s が ϕ することを非難することに与するという態度の表出
3. 「s は ϕ すべきであるというわけではない」
   ⇒ s が ϕ しないことを非難しないことに与するという態度の表出

　全体としては「……に与する」という非認知的態度による分析を与えつつ、内的否定と外的否定がその内部の「非難する」という態度の対象の否定と「非難する」という態度の不存在へと見事に還元されたことに注意したい。いずれにせよ、ここでの要点は、規範的言明によって表出されている非認知的態度を充分な構造を有するものへと洗練すれば、こうした意味論上の問題が解決される——つまりそれは非認知主義それ自体の問題ではない——ように思われるということにある。更に選言「s_1 が ϕ すべきであるか、または、s_2 が ψ すべきである」を考えてみよう。この選言的言明が表出する態度は「s_1 が ϕ しないことを非難することか、s_2 が ψ しないことを非難するか、その少なくともどちらか一方をすることに与する」として分析できるだろう。こうして「……でない」と「または」の分析が与えられれば、標準的な論理的結合子の分析が通常の真理関数的なそれと同様に与えられる。そうすると (1) と (3) を同時に言明することに存する論理的過誤は、「s が ϕ することを非難することと非難しないことの両方を共に行うことに与する」

という態度の持つ過誤として分析されることになる。論理的に両立し得ない事態の成立に非認知的に与するということの過誤が論理的過誤であるかは争う余地の大きい問題だが(13)、意味論的問題に対するこの種の対応策がおよそ不可能であると断ずるわけにもいかないだろう(14)。非認知主義が批判に曝され一度は人気を落としたことは事実であるが、非規範的で認知的な言明をも態度表出として統一的に分析しようという表出主義意味論と同様のプログラム——窮極的には「意味」の規範性そのものを非認知主義的に分析しようということになるわけだが(15)——は、言語哲学の全体に関わってくる壮大な対抗的プログラムとして近年むしろ力を得つつある。哲学的学説の常ではあるが、非認知主義はなお「葬り去られた」と言うには遠い状況にあるといってよい。

2.3　真理論の中立性

　井上が非認知主義に対する防衛線としてタルスキの真理論に依拠していたことを思い出そう。真理論は形而上学的に中立であって、非認知主義の背後にある検証主義的・物理主義的世界観を支持するものではない、と井上は指摘する。だが、近年の非認知主義者にとってはそのタルスキの真理論（とその洗練形態）こそが——井上にとってはやや皮肉なことに——非認知主義と当為言明の真理値帰属性との両立を可能にし、それゆえ非認知主義の古典的な難点のひとつを解消する手掛かりとなっている。

　井上自身が指摘する通り、タルスキの真理論は古典的真理観から「文・命題は先行して世界に存在する事実によって真とされねばならない」という要素を抜去したものである(16)。タルスキの真理論が「「雪は白い」は雪が白いとき、そしてそのときに限って真である」と我々に告げるとき、それは雪が白いということがどのようなことであるかや「雪が白い」と述べることが適切であるのがどのようなときであるかについては全く述べていない（cf. Tarski 1944 pp. 361f.）。この双条件法はそこを未決にしたまま、とにかく「雪が白い」と述べてよいならばそこから「「雪が白い」は真である」と

2 非認知主義の展開

述べてよいのだ（そして逆も然り）、いうことのみを言っているのである。つまり、タルスキの真理論は基本的に「文 S をそのまま述べることと「S は真である」と述べることは等価である」という主張として理解できる。このような真理理解は、真理述語「〜は真である is true」の意味はそれが述定された主語の文 S の引用符を外し S をそのまま述べることと等価にする作用つまり「引用解除 (disquotation)」に尽きる、という「真理の引用解除説 (disquotational theory of truth)」や、この基本的発想を共有する一群の「真理のデフレ説 (deflational theory of truth)」を生み出すことになった。

　非認知主義にとって、デフレ説の発想は極めて魅力的である。「s は ϕ すべきである」という当為言明を考えよう。デフレ説によれば、「s は ϕ すべきである」と述べることが意味論的に適切であるならば、「「s は ϕ すべきである」は真である」と述べることも意味論的に適切である（それこそが真理述語「〜は真である」の意味でありかつまたそれ以上の意味はない）。そして、非認知主義によれば、「s は ϕ すべきである」と述べることが意味論的に適切であるのは、話者が（たとえば）s が ϕ しないことを非難することに与するという非認知的態度を表出しているときである。つまり、そのような態度を表出しているとき、話者が「「s は ϕ すべきである」は真である」と述べることは意味論的に適切である。だから、非認知主義の下でも「「s は ϕ すべきである」は真である」と述べることそれ自体には意味論的問題はなにもない。つまり、認知主義と非認知主義の対立は言明への真理値帰属可能性を巡るものではない。真理論は形而上学のみならず、意味論的戦略に対しても中立的なのである。

　残念ながら『規範と法命題』ではデフレ説が有するこうした理論的影響は――引用解除説を主張するクワイン (W. V. O. Quine) がタルスキの真理論の基本線を継承していることを井上は確認しているものの（規範-(4)、81 頁注 85）――検討されていない。もちろんデフレ説にはそれ自身の問題が指摘されており、また非認知主義のデフレ説的戦略に特有の問題もあるのだが、ここでは『規範と法命題』に於ける井上の議論の運びと傾向性から、かつての或いは現在の井上自身によって行われるだろう（と私が考える）ような批

判とそれに対する標準的な応答を幾つか簡単に検討しておこう。

「命題」と意味の理論

　単なる引用解除説、すなわち真理の意味は述定対象の引用符を解除することに尽きる、という見解には次のような難点がある。次のような例：「"Snow is white."は、雪が白いときそしてそのときに限って真である。」を見てみよう。この真なる双条件法は「真である」の引用解除作用によって当然に真であるだろうか？　もちろんそのようなことがあるはずはない。"snow"や"white"や「雪」や「白い」といった語の意味を知ることなしには、この双条件法が当然に真であるとは言えないだろう。引用符内の対象言語がそれについて真理性を述定しているメタ言語と同一（ないしその部分）である場合には気がつきにくいが、明らかに引用解除以外の何かがここには必要である。太郎と次郎の会話：太郎「僕の名前は太郎です」次郎「それは本当です」を考えてみよう。この何気ない会話に関して、もし真理が文の引用解除だとすると次郎の発話は「僕の名前は太郎です」と等価であるということになる。しかし、むろん次郎の名前は次郎である。問題は指標詞「僕」が発話文脈（ここでは発話者）に応じて異なった意味論的値を取る（ような関数である）ということにある。次郎の言った「それ」は文ではなく、「僕」の意味論的内容がその部分となっているような、意味論的対象つまり「命題(proposition)」である。最初の事例も真理は文ではなくその意味内容に対して帰属されているのでなくてはならない（cf. Horwich 1998a, p. 13）。文 S：「雪は白い」とその意味内容である命題 $\langle S \rangle$ 及び文 s：" Snow is white" とその意味内容である命題 $\langle s \rangle$ について、$\langle S \rangle$ が $\langle s \rangle$ と同一であれば、「「s」が真であるのは、S のときそしてそのときに限る」という双条件法は真になるだろう。問題は、ある文とある文の意味内容である命題が同じであるとはどういうことかである。ある命題とある命題が同じであるということが、その真理条件の同一性だとすればこの説明はまったく役に立たない。これは難題ではあるが、語や文の意味はそれがどういう状況でどのように用いられるかという「使用」に存するという「意味の使用説 (use theory of meaning)」を取れば、文の意

2 非認知主義の展開

味内容が同じであるとはどういうことかの理解を真理条件意味論を取ることなく与えることができ（Horwich 1998a, pp. 93-98）、この同じ意味内容を「命題」と呼ぶのだという形でこのような形態のデフレ説を採ることができる。また、意味を使用者の傾向性によって同定しようというこの戦略が表出主義と（ある程度まで）好相性であることは見やすい道理であろう[17]。

真理値帰属のための意味論的制約

デフレ説の懸念のもうひとつは「〜は真である」をどんな文に対しても述定できるわけではないということにある。たとえば命令文「窓を開けよ」に対し「「窓を開けよ」は真である」が意味を成さないことは確かであろう。そうすると、表出主義的な非認知主義にとっては極めてまずいことが起きる。「窓を開けよ」という命令文が典型的に非認知的態度を表出しているものであるところ、これに対しては真理が帰属できず、にもかかわらず同様に非認知的態度を表出している当為言明「窓を開けるべきである」には真理が帰属できるのはなぜだろうか。文の意味が表出されている態度だとすれば、両者では意味が同じであるにもかかわらず、真理値帰属性に違いがあるということになる。だとすると、真理値帰属性は構文論的問題、つまり当該の文の文法上の叙法が直説法か命令法かといった表層的問題になってしまうだろう[18]。

ジェイムズ・ドライア（James Dreier）は次のような例を挙げている（Dreier 1996）。典型的には "Bob!" という発話によって行われるような呼びかけ（accosting）が直説法の文 "Bob is hiyo" によって行われるような、そういう述語 "is hiyo" を考える。そうすると、"Bob!" という呼びかけに真理値が帰属できないにも拘らず、この呼びかけを行っている人の「"Bob is hiyo" は真である」という発話が意味論的に適切である、ということになる。しかも、もしそうだとすれば、"The dingo is safe in its cage or Bob is hiyo" のような文の意味もそこから構成的に与えられることになるはずだが（更に "The dingo is safe in its cage" が偽であるときにそこから "Bob is hiyo." を推論することが論理的に妥当であることになるはずだが）、この文や推論は控えめに言っ

ても意味不明であるだろう。明らかに、真理値帰属のためには構文論的特徴に加えて更に意味論的ななにかがなければならない。

　表出主義の代表的論者のひとりであるアラン・ギバード (Allan Gibbard) は、それを「同意/不同意 (agreement/disagreement)」の可能性として把握する。なにかを真であるとすることはそれに同意することであり、なにかを偽であるとすることはそれに不同意することである、というのである[19]。発話によって表出される態度が信念や決定――ギバードは「計画 (plan)」という態度としてこれを考える――のように同意や不同意の対象となるようなものであるとき、そのような発話に対して真理値が帰属可能となる[20]。態度の同意と不同意の可能性が総てに先行し、それらを表出するような発話に真理値帰属を可能にし、またそれらに対する論理的推論の妥当性を可能にするのである。

不同意の問題と相対主義

　こうした表出主義の理論的戦略については様々な問題があるが、ここでは次のことを指摘しておくに留めたい。もし埋め込み問題や真理値帰属の問題に関する表出主義の方策が成功したとすると、結局のところ井上が対峙しようとした「相対主義」の問題はどうなるのだろうか。当為言明 p：「S は ϕ すべきである」とその否定 $\neg p$：「S は ϕ すべきであるわけではない」を考えよう。表出主義が上手くいくならば、私がこの 2 つの言明に同時にコミットすることは論理的過誤を犯すものであることになる。古典論理の下で、ここから当為言明 p に対して p か $\neg p$ のどちらかであるということに論理的にコミットしなければならないということが導かれる。これは要するに私は規範的問いに正答があることを承認しなければならないということである。私が p だと言い相手が $\neg p$ を主張するとき、私は相手に対して「$\neg p$ は偽であり、お前は間違っている」と言うことにコミットしていなければならない。ということは、意味論的に適切なものであるかぎり表出主義的な非認知主義は相対主義をも退けることになる、と言えるように思われるだろう。

2 非認知主義の展開　21

だが、そうではない。p と $\neg p$ を同時に主張しようとするとき、私は（たとえば）ある行為を非難することに与しつつ、それを非難しないことに与していることになる。このような態度複合が不合理でありまたその不合理性がそこでの私の論理的過誤を基礎付けるのだということを受け入れるとしよう。だが、私が p を主張し相手が $\neg p$ を主張するときに、我々がそれぞれそうした2つの態度を有することは不合理だろうか？ p と $\neg p$ を同時に合理的に主張できるような単一の発話主体は存在しない。しかし、そこから私と相手がそれぞれ p と $\neg p$ を主張することに何か合理性上の問題があるということにはならない。ここで問題になっているのが非認知的な態度の表出である以上は、我々がともに認知的に完全であり認知的過誤がない場合でも彼我の態度の相違は問題なく残存しうるだろう。仮に我々の間の態度の相違が我々の間の「不同意」を示すものだとしても、それはなんらの認知的過誤も伴わない「誤りなき不同意 (faultless disagreement)」であることになるだろう。規範的問いには正答があるとどの視点からも考えなければならない一方で（つまりある種の客観主義を主観的に引き受けなければならない一方で）、対立する諸視点の中からいずれかのものを適切なものとして選び出してくることができるような——認知されるべき——世界の事実は存在しない。しかし、「正解はない」とか「どれもが正解である」というような謂を封じられた一方でそれ以上に合理的に話を進めるべき基礎がないとすれば、表出主義は「寛容」を封じられた——いかにも厭わしい——相対主義を招き寄せるように思われないだろうか[21]。井上は当然ながら真理の世界相関性を主張して（規範-(4)、72頁以下）、このような表出主義とそれが含意する相対主義を不適切なものとみなすだろう。しかし、タルスキ真理論に基づき基本的にデフレ主義的なはずの井上の真理理解の下でそのような表出主義批判がそもそも可能であるのかどうかは明らかでない[22]。そしてなにより、当為言明に関する異個人間の不同意がもたらす同様の問題は、実のところ井上自身にも襲い掛かってくるのである。そのことを次に見てみよう。

22　第 1 章　『規範と法命題』——行方を訊ねて

🜲 3　当為とその心理学

　非認知主義の理論的魅力の一端が道徳判断のトリレンマの解決にあることは前節冒頭で確認したとおりである。では、認知主義を採用する井上の理論はこのトリレンマを如何に回避するのだろうか。

3.1　内在主義と外在主義の折衷としての「一応の当為」論

　井上が一般的に当為判断の動機付け内在主義を——命法の引受を伴わない当為言明としての法的言明を典型例として——棄却する一方で、絶対的正当化の文脈のもたらす実践理性の端的な無限定的当為については内在主義を採用している——それは対応する命法の引受を必然的に伴う——ことに注意したい。ここから直ちに生ずる問題は 2 つある。第 1 に、一応の当為は本当に動機付けを欠くのだろうか。一応の当為についての外在主義は本当に可能なのだろうか。第 2 に、井上は真正の当為言明が動機付けを欠くということを説明されるべき謎として取り上げているが、むしろ問題はその手前、絶対的正当化文脈の当為判断が動機付けを伴うということを非認知主義をとることなく説明できるかどうかにあるのではないだろうか。井上は一応の当為の真正性の基盤をそれらがこの特殊な最終的当為の下位文脈を構成することに求めているから、この最終的当為の特殊な性格の基礎づけを欠けばそうした説明全体が掘り崩されることになるだろう。

pro tanto と *prima facie*

　第 1 の点はこういうことである。あなたが誰かとデートの約束をして道を急いでいるところ、行き倒れている人に出くわす。救助する一応の善きサマリア人の義務と道を急ぐ一応の約束責務の衝突が生ずるが、あなたは全てを考慮した道徳的当為は救助であると考え、デートの約束を破る。あなたは正しい判断と行為をしたと考えるが、それでもなお約束を破ったことに

「悔恨 (compunction)」を感ずるだろう（つまり一応の当為としての約束責務は我々をなお動機付けているだろう）。井上の理論が正しければ、それは悔恨を妨げるわけではないにせよこの悔恨を仮に感じないとしてもそこにはなんの問題もないはずであるが、それは本当に説得的だろうか。こうした一応の道徳的当為判断はアナーキストの法学教授の法的判断とは明らかに異なった範疇のものであるように思われる。

　この問題を正確に把握するために「一定の (*pro tanto*)」行為理由・動機付けと「一応の (*prima facie*)」行為理由・動機付けを区別しよう(23)。前者は、上述の例のように、一定の重みを持った理由とそれに伴う動機付けであり、最終的な当為判断の際に他の諸理由に重みを上回られて阻却されるとしてもなおそれ自体の重みを有し続ける。後者は阻却された場合にそのような重みそれ自体を失うものである。たとえば、ある人がペットとして鳥を飼っていると聞いた私は、鳥が鳥籠に閉じ込められて飛べないでいるものと判断して鳥の境遇に同情する。しかし、その鳥がペンギンであり庭で放し飼いになっていると聞けば、この同情は完全に消失するだろう。井上の言う「一応の当為」は後者のそれに対応するのに対し、普通に「一応の当為」と呼ばれているものは前者に対応するのである。したがって、カスタニェダから引き継がれた井上の「一応の当為」理解は、上述の例のような「一定の当為」の判断を適切に分析するものではない。「一定の当為」についてはなお動機付けの内在主義を取る理由があるとすれば、前述の第 2 の点に関連して井上の認知主義にかかる圧力はなお増大することになる。

　この点を措くとして、もちろん井上は動機付けを伴わない真正の当為判断を後者のような認識的阻却可能性を伴った当為判断として位置づけることはできる。しかし、このことは井上が法的当為を「一応の道徳的当為」として位置づけていることの理解に反省を迫る。井上の分析の下では「法的にいって〜すべきである」という当為判断は、遵法責務という「一定の当為」に関わっているのではない。そうではなく、なにかが法的文脈で正当化されているということは、なにかが鳥であるということがそれが飛ぶということの阻却可能な認識根拠であるのと同様の様態で、あるなんらかの——それが

なにかは判然としないが——道徳的当為の阻却可能な認識根拠であるということになる。これは少なくとも直観的に理解が容易な見解ではない。いったい、ある行為を命ずる命法が確立された法と事実から演繹されるかそうでないとしてもその反対命法よりもそれに適合するということが、どのような道徳的当為の阻却可能な認識根拠だというのだろうか？ 少なくとも私にはそのような道徳的当為が思い当たらない[24]。

当為と動機付けの不穏な関係

第2の点は更に深刻である。カスタニェダに従って井上は当為言明についての認知主義を採用するが、もしそうだとすれば、絶対的正当化の文脈に対応する無限定の当為はどのようにして必然的動機付けを伴いうるのだろうか。実は、カスタニェダに関する限りではその説明は簡単である。ある個人の絶対的正当化の文脈を構成する「諸目的」とは、その個人がその達成に向かって動機付けられているような目的にほかならないからである[25]。つまるところ、絶対的正当化文脈での当為判断の真理性は必然的に当該個人の動機付けに関する事実に存し、それゆえにそれらの当為判断が必然的に動機付けを伴うことになる。認知主義と動機付けの内在主義をこのような形で両立させるというこの点に関する限り、この見解は「私は ϕ すべきである」を「私は ϕ したいという欲求を有する」と分析するような粗雑な認知主義的主観主義と同じ構造を有しているのである。

このことは、当然のことながら、粗雑な主観主義がそうであるのとまったく同様に絶対的正当化文脈についての相対主義をもたらす。諸個人ごとに彼・彼女にとっての絶対的正当化文脈を構成する諸目的が変動する以上は、「(絶対的に)〜すべきである」の「べき」は「私」や「いま」や「ここ」のように発話文脈によってその意味論的内容が変動する「指標詞」にほかならないからである[26]。そしてそれが指標詞であるからには、「私は ϕ すべきである」と「いや、そうではない。君は ϕ すべきでない」の「べき」は話者によって異なった意味を有し、それゆえここには真正の不同意はないことになる。それは「私は法哲学者である」「いやそうではない。私は法哲学者で

はない」という言語的不全の兆候をあからさまに示す会話に見られるようなすれ違いでしかない。表出主義のそれと同根の不同意問題がいまや井上を脅かす。

果たして井上はこうした露骨な相対主義を無限定の当為言明について受け入れるつもりがあるだろうか。井上の理論動機からしてそれは考え難いことである。だがそうだとすれば、認知主義の下でかつまた主体の動機付けについての事実を真理制作者とせずに、必然的に動機付けを伴うような当為言明を真とするような世界の事実をどのように同定して見せるつもりなのか、という極めて困難な問題が問われざるを得ないだろう[27]。

3.2　無限定の当為と道徳的当為と法的当為と

こうした問題があるとしても、そのことはなお井上が道徳的当為と法的当為についての相対主義を採るよう迫られるということを意味しない。井上が実際に法的当為言明についてそうしているように、なんら動機付けを伴わない真正の法的当為言明と真正の道徳的当為言明を認めるならば、非認知主義と主観主義的認知主義を導く動機付けの内在主義は已に棄却されていることになるからである[28]。

だが、井上の外在主義がなお不純なものである点に注意しなければならない。井上は当為の真正性を、それに対応する正当化文脈が、無限定の当為の絶対的正当化文脈の下位文脈であることに基礎づけている。しかし、カスタニェダの基本的枠組に従う限り、これは不可能なはずである。法的当為にせよ道徳的当為にせよ、ある当為について——相対主義の棄却から要請されるような——異個人間での真正の不同意が可能であるためには、その当為が異個人間で指標的に変動してはならない。他方で、絶対的正当化文脈は諸個人の現実の動機付けについての事実を参照するような指標的文脈であり、総ての諸個人が現実に共通に「引受 (subscribe)」をしているような諸目的などは存在しない以上、どのような諸個人の絶対的正当化文脈についても必然的にその下位文脈となるような、かつまた諸個人の間で共通の内容を持つような

非指標的正当化文脈などというものは、およそ存在しない。同じ意味内容と真理条件を有する同じ当為言明の真正性が話者がその当為を引き受けているか否かに応じて変動するという立場を井上が取らないとすれば（つまり当為の真正性があくまで意味論的に説明されるとすれば）[29]、井上がある当為についての相対主義を免れようとする限り、その当為の真正性をそれが絶対的正当化文脈の下位文脈を構成することに基礎づけることはそもそもできないのである。井上は道徳的当為判断や法的当為判断の規範性を判断主体の動機付けや無限定の当為と端的に切り離さなければならない。

　この点は、本来ならば最初から明らかであったはずである。というのも、普通に考えれば、アナーキストの法学教授の絶対的正当化文脈に於いて法的当為が引き受けられているとは考えられないからである。井上は法的当為を一応の道徳的当為とすることによって、恐らくアナーキストが道徳的当為については引受をしている——アナーキズムはそもそも法の道徳的正当化不能性の主張であるはずだから——ために、間接的に法的当為が絶対的正当化文脈に下属しており、その法的言明がなお真正の当為言明であると考えているのであろう（cf. 規範-(4)、148頁以下）。しかし、当為の真正性を絶対的正当化文脈に基礎づけることが最初からできないとすれば、第1に、井上は道徳的当為についての相対主義を棄却したければ真正の道徳的当為言明をなしながらなんら動機付けられないアモラリストの存在を認めざるを得ないし、第2に、そうだとすればアナーキストの法的当為言明の真正性を道徳的当為のそれを経由して確保しようとすることも的外れであることになる。アモラリストが道徳的当為判断を真正になしつつ自己の無限定の当為に於いてそれを退けることができる以上は、退けられる側の当為の文脈が退ける側の当為の文脈に下属している必要はないのだし、法的当為に対する道徳的な批判の可能性も法的文脈の道徳的文脈に対する下属を要求しない。アナーキストの法学教授はアモラリストが道徳に対してそうであるのと同様の様態でアリーガルであり得るのだし、法的当為の実践理性に対する無関連性を——法的当為の当為性の真正性を承認しつつ——主張するアナーキストであるために彼女がモラリストでなければならない理由はない。したがって、法的

当為を道徳的当為の下位文脈に位置づけて捉える井上の立場の理論的動機は掘り崩されざるを得ない。

更に重要なのは次のことである。道徳的当為言明や法的当為言明の規範性を絶対的正当化文脈への下属に基礎づけることができないとすれば、当為言明の規範性は結局のところ、ある行為を要求する命法がなんらかの基準に従って同定された命法の集合に属しているか否かをその行為の性質として述べている、ということに尽きるだろう。法も道徳もその規範性は、新興宗教の教祖の信者に対する命令の集合や計算機によって無作為抽出された命令文の集合のそれと、なんら変わるところはない。なにかが規範的であるということにはそれが命法という意味論的対象の集合について述べているということ以上のものはない、という極めて希薄かつ荒涼とした規範性理解がいまや要求されてくることになる。

4 分かれ道にて

認知主義的な当為言明の意味論とデフレ主義的な真理述語の意味論は、『規範と法命題』に於いて井上が自身の立場を擁護すべく提出した 2 つの主要な理路であった。その 2 つともが井上自身の立場との内在的な緊張を孕んでいることはここまでに確認した通りである。デフレ主義的な真理論を取れば、非認知主義は井上自身がそう判断したよりも魅力的な立場として相対主義を伴って井上の前に立ち現れてくる。認知主義的な当為言明の意味論を取れば、相対主義の棄却に伴って当為言明の規範性が井上自身がそう判断したよりも荒涼とした希薄なものとして立ち現れてくる。果たして井上はどちらに向かうのだろうか。或いはことによると第 3 の道があるのだろうか。だが、いずれにせよいまや筆を擱きただかく訊ねるべきときが来た。あなたはどこへ往くのですか？

註

(1) 『規範と法命題』は東京大学大学院法学研究科に於けるいわゆる助手論文として1980年に執筆され、その後、1985年から1987年に掛けて國家學會雜誌に4回に分けて連載され公刊された。本稿ではこの論文全体を規範と略記し、それを構成する4篇の論文を順にそれぞれ規範-(1)〜規範-(4)として参照することにする。書誌詳細は凡例を参照のこと。

(2) なお、以下ではメタ倫理学的術語などの訳語について、現在標準的であると思われるもの——たとえば井上の「情緒説」・「非認識説」に対し「情動主義」・「非認知主義」——を採用し、必ずしも井上自身のものには従わなかった。また、井上の見解を説明する際にも、忠実性を失わない限りで、自由にパラフレーズを行っており、引用的祖述を行ってはいない。これによって混乱を生ずる虞はないものと思うが、念の為に附記しておく。

(3) 井上は法学者の報告的な言明を「法命題」と呼んでいるが (cf. 規範-(1)、25-29頁)、命題は言明それ自体ではなくあくまで言明の意味論的内容であるから、「法命題」という語はそれらの言名の意味内容たる命題を指すものとして用いられる方が誤解が少ないであろう。いずれにせよ本稿では混乱を避けるべくこの語を用いない。

(4) このように理解された場合に井上の議論が占める論争的位置は興味深い。法解釈学に従事する人々——実定法学者たち——が自分たちの生業である法学についてそれを法についての人々の信念や態度を記述する社会学ではない *sui generis* な学的営みとして理解しようとするならば彼らには価値相対主義を放棄すべき理由があるのだ、という形で井上は法解釈学者たちに逃れがたい態度決定を迫っているのである。

(5) これがいわゆる「フレーゲ＝ギーチ問題 (Frege-Geach Problem)」である。井上は当為言明ではなく評価言明の場合を挙げているが（規範-(2)、85頁）、ここではより標準的な当為言明の形で示す。

(6) この「否定 (negation)」の問題は *modus ponens* に関わるフレーゲ＝ギーチ問題とならんで非認知主義意味論を巡る代表的論点となっている。(Schroeder 2008, pp. 44-49) 及び (Schroeder 2010, pp. 134-139) を見よ。

(7) この過程で、規範と命法の差を前者の普遍化可能性への論理的コミットメントに求めるヘアの理論を井上は退けている（規範-(2)、118-120頁）。井上はヘアの普遍化可能性テーゼが規範の「理由」による正当化へのコミットメントを単称的規範についてのみ説明しうるに過ぎないとして批判しているが、これはややアンフェアな批判であるように思われる。ヘアは初期から、この普遍化可能性テーゼを評価的性質の自然性質への「随伴 (supervenience)」として（も）提示している (Hare 1952, pp. 130ff.)。問題になっているのは、なにかに対して「よい (good)」という語を使用するものはその対象を「よくしている (good-making)」ような自然性質を挙げる用意があるのでなくてはならないということであり、これは規範の単称性とは関係がない。規範が完全に一般的である場合にも、評価的判断を為すものはそれに対応する自然性質がなんであるかを——そしてそれを通じて「理由」を——正当に問われるのである。

(8) これらの意味論値は命法を含むような論理的推論の妥当性を命題のそれと並行的に与えるために必要とされていることに注意したい。

(9) これはカスタニェダの本来の精細な定式化より大幅に簡略化されたものである。しかし、ここでの目的のためにはこれで充分であろう。

(10) また、カスタニェダは当為命題に次のような真理条件を与えている。文脈 *C* を記述する

諸命題と目的 E が満たされていることを表す諸命題との連言の含意閉包 C^+ について「C^+ が「ϕ が為される」という命題を含意するとき、そしてそのときに限って、「ϕ は義務的である」は真である。」見ての通り、また本人が指摘するように、当為命題の真理値は究極的には非当為的な経験的命題と非当為的な含意にのみ依存するものとされている (Castañeda 1975, p. 245)。つまるところ、命法の正当値も当為命題の真理値も、結局はともにこの非当為的事実に存するのである。この点に関連して、命法がある正当値を取るという意味論的対象についての事実を行為の性質として述べることがそもそもなぜ可能なのか、という問いを立てて井上は次のような例を挙げて説明を試みている (規範-(3)、100-103 頁)。「すべての独身者は必然的に未婚である」は「「すべての独身者は未婚である」は必然的に真である」という言明についての様相的事実を独身者の様相性質として述べたものであり、同様のことが規範的性質にも可能だ、というのである。だが、この例は明らかな誤りを含んでいる。私が独身者であるとして、この私が「必然的に独身者である」わけではない (私が独身者でない可能世界は問題なく存在する)。言明の様相的地位 (すなわち *de dicto* 様相) は、独身者という対象の様相的性質 (すなわち *de re* 様相) とは区別されなければならない。当為命題に関する事実が非当為的事実に必然的に存することは、むしろア・ポステリオリな必然性——典型的には「水＝ H_2O」のそれ——として考えたほうがよいだろう。カスタニェダの理論は、当為的事実を非当為的事実にア・ポステリオリに同定する「綜合的還元主義 (synthetic reductionism)」を取る規範実在論として理解されるのが適切である。

(11) 井上はドナルド・デイヴィドソン (Donald Davidson) のいわゆる「スリングショット論法 (slingshot argument)」に依拠しつつ、対応説が意味に先行して存在し命題を真とするものとして想定するような「事実」の存在を拒絶する (規範-(4)、72 頁以下; 規範-(1)、59 頁以下)。この拒絶がむしろ非認知主義にとって有利になってしまうことは後に確認するが、ここではこの拒絶それ自体に問題がないかどうかについて些かながら触れておきたい。スティーヴン・ニール (Stephen Neale) はスリングショット論法がデイヴィドソン以前にクルト・ゲーデル (Kurt Gödel) によって提出されていることに注意を促している。ニールの整理によれば (cf. Neale 2001)、スリングショットの仕掛けは次のようなものである ($\iota x(Fx)$ は確定記述である)。命題 ϕ と命題 ψ が真だとしよう。ϕ と $a = \iota x(x = a \wedge \phi)$ は論理的に等価であり、$\iota x(x = a \wedge \phi)$ と $\iota x(x = a \wedge \psi)$ は同じ個体を指している。まず論理的等価性から •ϕ から •$(a = \iota x(x = a \wedge \phi))$ が出てくる。更に、もしある文作用素 • の内部で同じ個体を指す単称名が相互に代入可能だとすると (Neale はこれを (+ι–SUB) と呼ぶ)、ここから •$(a = \iota x(x = a \wedge \psi))$ が導出でき、そこからは論理的等価性から •ψ が導出できる。いま、• を「ϕ という事実は〜という事実と同一である」という作用素だとしよう。そうすると、•ψ つまり「ϕ という事実は ψ という事実と同一である」が導けたことになる。この • 作用素について、事実が内包的だということを否定するならば、• 内部での同一個体を指す単称名の相互代入可能性 (+ι–SUB) は認めざるを得ないので、全ての事実は同一の事実に崩壊することになる。仕掛けは一般に文作用素 • はそれが内部での (+ι–SUB) の成立を許容すると真理関数的にならざるを得ないという点にある (*ibid.* 183-187)。しかし、ニールが指摘するように (*ibid.* pp. 133-136, 204)、バートランド・ラッセル (Bertland Russel) の記述理論の枠組に従う限り、確定記述は——同一性記号の両側に置かれるという記法上の外見によって騙されやすいが——単称名ではなく量化なので、(+ι–SUB) は成立しない。つまり、スリングショット論法は成立しない。

(12) この種の用語の常として確立された理解があるわけではない。ここでは (Schroeder 2008,

pp. 16-19) に拠った。マーク・シュレーダー (Mark Schroeder) は表出主義のこの意味論的戦略を「表出主義の基本戦略 (Basic Expressivist Manoeuvre)」と名づけている。

(13) この過誤はあくまでも実践理性の過誤であって理論理性の過誤ではないように思われないだろうか。いずれにせよ、態度表出が論理的に矛盾するとはどういうことかの説明がここでは求められているのである。表出主義者は「p であり、かつ、p でない」という言明が矛盾しているときに、「p である」という信念の表出と「p でない」という信念の表出が矛盾しているのと同様の様態で、2 つの態度が論理的矛盾を犯していると主張しなければならない。2 つの信念が矛盾できるのは命題態度である信念の志向対象である命題が矛盾しているからであるように思われる。非認知主義者は「与する」という態度もまたその志向対象である命題が矛盾している――ある行為を非難するという命題とある行為を非難しないという命題が論理的に矛盾している――のだから、2 つの「与する」が論理的に矛盾するのだと言いたいだろう。しかし、ある命題態度が志向対象の矛盾によって矛盾できるということは当たり前のことではない。「……かしら? (I wonder)」のような態度は非認知的な命題態度だが、「p かしら?」という態度と「p でないかしら?」という態度の 2 つはまったく矛盾しているとは言えない (むしろそれらを同時に有することこそが適切であるだろう)。そうすると、志向対象命題の矛盾によって態度自体が矛盾していると直ちには言えず、かつまた、そのような態度の議論の余地のない典型例がまさに認知的態度である信念であるとすると、なぜ「与する」のような非認知的態度でも信念と同様のことが成立すると言えるのかは論証を要する事柄であることになる。この論点の詳細とこれこそが表出主義意味論の躓きの石であるという見解について (Schroeder 2008) を見よ。

(14) 特にこのような表出主義的意味論が、通常の認知主義的で真理条件的な意味論と同じように「構成性 (compositionality)」の要求を満たしていることに注意したい。つまり、複合的な文の意味は、それを構成する部分の意味と論理的結合子の意味の理解から構造的に与えられているのである。複合的な文構造に埋め込まれた時に部分の意味が保存されない、という非認知主義に対するかつての代表的批判それ自体は、構成的な表出主義意味論によってほぼ克服されるといってよい。

(15) 非規範的な言明 p と規範的な言明 q についてその選言「p または q」を考えてみよう。選言的態度などというものは存在しないので、この選言的言明はあるひとつの態度を表出していなければならない。もしそれが認知的信念だとしたら、それは非認知主義を棄却するに等しい。だが、もしそれが非認知的態度だとしたら、記述的言明が表出している態度――信念――そのものが実は非認知的であると主張する羽目になる (cf. Schroeder 2008, pp. 90-93)。表出主義者はそれでもなお後者の道を選ぶことができるが、その際に手掛かりになるのが言語の使用や意味の規範性そのものを非認知主義的に説明すればいいのではないかという発想なのである。この方針の最近の代表的実例として (Gibbard 2012) を見よ。

(16) この「対応説」的発想は、哲学者たちによって、文・命題は世界の側のなにか――この「なにか」を「真理制作者 (truthmaker)」と呼ぶ――によって「真とされる (made true)」という「真理制作者理論 (truthmaker theory)」として整備されることになった。両者の関係について、ヴァン・マギー (Vann McGee) とブライアン・マクローリン (Brian McLaughlin) は曖昧語の意味論の検討から、真理の引用解除説的理解と対応説的理解が衝突しまたそれゆえ両者を統合するような真理概念は存在しない、と指摘している (McGee and McLaughlin 1994, pp. 213-219)。

(17) ポール・ホーリチ (Paul Horwich) はこのような形態のデフレ説を「極小主義 (minimal-

ism)」と名付けて主張している（意味の使用説については（Horwich 1998b)、それを前提とした極小主義については（Horwich 1998a）を見よ）。極小主義によれば、真理の意味内容は「$\langle p \rangle$ は真である $\rightleftarrows p$」という双条件法を全ての——この点が問題になるわけだが——文 p について集めてそのまま公理としたものにほかならずそれ以上でも以下でもない。これは真理の意味をいわゆる「T 図式 T-scheme」の集合へと極小的に縮減しようというものである。もちろん、「すべての」T-図式の例を公理としようとすれば、直ちに「嘘つきパラドクス」が生ずる。そこでホーリチは T 図式の例の無矛盾な極大集合を取ればよいとするが（Horwich 1998a, p. 42f.)、そうした極大集合は $2^{\aleph_0}$ だけあることが知られている（cf. Halbach 2011, p. 270）。しかし、極小主義を越えて真理の「理論」を公理化して示そうとすると、そのような真理述語を含む算術体系は、それを含まない場合よりも強いものになってしまう（ということはデフレ説を取ろうとしても真理が実質的内容を持ってしまう）ことになる。レオン・ホーステン (Leon Horsten) は無限定のタルスキ双条件法を対象言語の文ではなく推論規則 $\phi \vdash T(\phi)$ と $T(\phi) \vdash \phi$ として含むような公理的真理論を提出し、それが基底の理論に対して保守的でなくともなおデフレ説の精神に違背しないと論じている（Horsten 2011）。この問題といわゆる「キャロルのパラドクス (Carroll's Paradox)」との関係などの詳細にはここでは立ち入らないが、いずれにせよ、真理が本質的に推論的であるというホーステンの立場はここでも表出主義や推論主義の基本的方向性と適合的なのである。

(18) 井上がこの反論を提起するであろうことはほぼ間違いないであろう。(規範-(3)、85 頁以下、規範-(4)、69 頁) を見よ。

(19) ドライアの批判に対するギバードの応答としては（Gibbard 2003, pp. 65-75)、ほぼ同路線の応答として（Horwich 2010, pp. 181-185）を見よ。

(20) 問題の一端はもちろん、信念のような認知的態度の間の「不同意」と非認知的態度の「不同意」が、同じ「不同意」の名の下に括ることができるような共通性を本当に有しているのかどうかにある。もし両者が実は異なった現象に同じ名称を与えているだけだとすれば、非規範的な言明と規範的言明の間で真理値帰属は異質なものに支えられた異質なものであることになり、それらの共通の意味論的振る舞いを支えられるようなものではなくなってしまうだろう。

(21) いずれにせよ「誤りなき不同意」の存在を許容することになるのであれば、単純な主観主義の洗練形態として、表出主義ではなく認知主義的な「意味論的相対主義 (semantic relativism)」を説明的にほぼ同等の理論として採用することもできる（規範的談話のそれについては（Brogaard 2008）を見よ）。ということは、規範的談話についての説明能力ではない部分で認知主義よりも優れた意味論的見解であることを表出主義は自らの理論的魅力として示さなければならないことになるだろう。

(22) たとえば「行為 ϕ は正しい」を「行為 ϕ は正しさを例化する」と性質例化の形に言い換えられるとすれば、前者が真であることにコミットすれば後者にもコミットすることになり、そこから「正しさという性質が存在する」ことにコミットすることになる。だがもちろんデフレ説的枠組ではこの「正しさという性質が存在する」は形而上学的に中立な極小的なものに過ぎず（その正味は何らかの行為 ϕ について「ϕ は正しい」と主張する——この主張が非認知主義的に理解されうることに注意しよう——こと以上のものではない)、井上が言うような「世界相関性」をもたらすようなものではない。もし井上がデフレ説と非認知主義の結合から生ずる「誤りなき不同意」の問題を回避しようとして世界相関性に訴

えようとするならば、その世界相関性はデフレ説を超えた、対応説に（そしてその解明としての真理制作者理論や真理存在随伴論に）コミットしない限り得られないものであるしかないだろう。そしてそうしてしまえば、物理主義的道徳反実在論者に対する井上のデフレ主義的防御は掘り崩されることになる。

(23) 「一定の (*pro tanto*)」と「一応の (*prima facie*)」の区分は論者によって様々に用いられており確立した用語法があるわけではない。ここでのそれは (Hurley 1989, pp. 130-135) に拠った。この区別が採用されている教科書的一例として (Shafer-Landau 2003, p. 148) を見よ。

(24) だが、次のような見解は可能であるだろう。法が様々な道徳的当為に関して諸個人に対する認識的優越性を有している、としたらどうだろうか。民主的政治過程を含む一定の制度的状況の下で形成される法がそのことによって——たとえば「コンドルセの陪審定理 (Condorcet's Jury Theorem)」を考えればよい——諸個人よりも道徳的当為をよく摑まえる傾向にあるとしたら、ある行為が法によって要求されているということは、それが道徳的に要求されていると判断する阻却可能な認識根拠になるだろう。法が阻却可能だがなおある種の認識的権威を有するということが如何にして可能かはそれ自体問題だが、これは一応筋が通ってはいる。もしそうだとすると、井上は法的当為の意味論のレベルで、法形成過程が認識的に諸個人の認識能力よりも優れたものであることを要求していることになるだろう（そのような形成過程を経ないものはもはや法でない！）。だが、このように強く実質的な含意を持つ法的言明の意味論を現実に我々が採用しているとは思えない。

(25) この点は (Castañeda 1975, pp. 141-145) で明示されており、また (Castañeda 1974, p. 119) では「一般的に、ある個人がある程度まである目的 E が生ずることを欲していると真に言われ得るとき、その個人はその目的 E を引き受けている」と明示的に欲求が言及されている。

(26) 実際にカスタニェダは絶対的「べき」のこうした指標主義的な相対性を明示的に正面から承認している (Castañeda 1975, p. 145)。

(27) やや皮肉なことに、「それを認識することが必然的に認識主体の動機付けを伴うような奇妙（queer）な対象など世界に見当たらない」というマッキーの錯誤説の形而上学的前提に対して、認知主義的主観主義は「いや、存在する。我々自身の欲求・動機付けそのものがそれである」と答えられる。ドライアに言わせれば、マッキーは探す場所を間違っているのである (cf. Dreier 2006)。井上がこのドライアの誘導に乗るとしても驚くべきではないかもしれない。

(28) 実際のところ、カスタニェダ自身が、道徳的当為についての外在主義を採っていることに注意したい。カスタニェダによれば、道徳は全ての諸個人の目的の全体的調和を目指す理念であるが、そのゆえに、自己中心的な文脈で正当化される無限定の当為に無条件に下属することが保証できないし (cf. Castañeda 1975, p. 145)、道徳が実践理性そのものによって要求されるという道徳的合理主義は明示的に退けられる (Castañeda 1974, pp. 21f.)。

(29) ラズに対する井上の批判の仕方を見れば井上がこの立場を取らないだろうことはほぼ確実であると思われる (cf. 規範-(4)、116 頁以下)。

文献一覧

Brogaard, B. (2008) "Moral Contextualism and Moral Relativism," *The Philosophical Quarterly* 58(232): 385-409.
Castañeda, H. N. (1974) *The Structure of Morality*, Charles C Thomas Publisher.
Castañeda, H. N. (1975) *Thinking and Doing*, Reidel Publishing.
Dreier, J. (1996) "Expressivist Embeddings and Minimalist Truth," *Philosophical Studies* 83(1): 29-51.
Dreier, J. (2006) "Mackie's Realism: Queer Pigs and the Web of Belief," R. Joyce and S. Kirchin (eds.), *A World Without Values: Essays on John Mackie's Moral Error Theory*, Springer, 71-86.
Gibbard, A. (2003) *Thinking How to Live*, Harvard University Press.
Gibbard, A. (2012) *Meaning and Normativity*, Oxford University Press.
Halbach, V. (2011) *Axiomatic Theories of Truth*, Cambridge University Press.
Hare, R. M. (1952) *The Language of Morals*, Oxford University Press.
Horsten, L. (2011) *The Tarskian Turn: Deflationism and Axiomatic Truth*, MIT Press.
Horwich, P. (1998a) *Truth* (second edition), Oxford University Press.
Horwich, P. (1998b) *Meaning*, Oxford University Press.
Horwich, P. (2010) *Truth Meaning Reality*, Oxford University Press.
Hurley, S. (1989) *Natural Reasons*, Oxford University Press.
McGee, V. and McLaughlin, B. (1994) "Distinctions Without a Difference," *The Southern Journal of Philosophy* 33: 203-251.
Neale, S. (2001) *Facing Facts*, Oxford University Press.
Schroeder, M. (2008) *Being For: Evaluating the Semantic Program of Expressivism*, Oxford University Press.
Schroeder, M. (2010) *Noncognitivism in Ethics*, Routledge.
Shafer-Landau, R. (2003) *Moral Realism: A Defence*, Oxford University Press.
Tarski, A. (1944) "The Semantic Conception of Truth: and the Foundations of Semantics," *Philosophy and Phenomenological Research* 4(3): 341-376.
Toh, K. (2005) "Hart's Expressivism and His Benthamite Project," *Legal Theory* 11(2): 75-123.

2 『共生の作法』
―― 円環の潤い

『共生の作法』　（創文社、1986 年）

谷口功一

> 円環の渇きが君たちの内部にある。あらゆる円環は自分自身にふたたび到達しようとして、環をなし、めぐるのである。君たちの徳の行いのすべては、消えゆく星に似ている。そして、君たちの徳の光は、徳の行為が終わったのちも、進行を続けている。たとえ、その行為がすっかり忘れ去られてしまうことがあるにしても、その光線はなおも生きていて、進行しているのだ。――ニーチェ

　『共生の作法』が、井上達夫の代表作のひとつであることに異論はないだろう（以下本書に対する参照は頁数のみを示す。書誌詳細は凡例を参照のこと）。刊行以来、30 年近くもの歳月を経た今日でも、いっこうに古びぬ輝きを放つ一冊である。私の手許にある『共生の作法』は 1993 年の第 4 刷[1]であり、いたるところに赤線が引かれボロボロになっており、今にして思えば、意味不明の箇所に数多くの書き込みさえある。

　本書は 1986 年、井上が 32 歳の時に刊行されたが、書き下ろしの最終章と 2 つの付説が同年に書かれたものである以外は、そのほとんどが著者 20 代最後の日々である 82 年から 84 年の間に書かれた諸論攷から構成されており、この点、「青春の決算書」とでも言うべきものとなっている。

　以下では、法哲学者のみならず、この時代の多くの若い研究者たちを激し

いまでに誘惑した、この書物について、その時代背景も織り交ぜながら若干の内容紹介を行い、また、――この点こそが我々の多くを最も強く惹きつけた点なのであるが――本書副題にも掲げられた「会話としての正義」について、私なりの考察を付すこととしたい。

🌸 1　時代背景

　本書は、86年のサントリー学芸賞（思想・歴史部門）を受賞しているが、選考委員の1人である西部邁は、当時の東大駒場キャンパスでの井上との交流を回顧しながら次のように述べている。

> 井上氏は、その若年にもかかわらず、なかなかに風格のある人物である。文は人なりというビュッフォンの格言は、この若き俊秀についてもいえるのであって、本書にみられるような闊達な境地と緻密な内容とを、井上氏その人が備えている趣なのである。[2]

　続けて西部は、「ポストモダンに染め尽くされた」当時の時代状況の中、井上が「歴史の流れから頭ひとつだけ出して世間をひろく眺望できる」異色の存在であったことを述べているが、若い読者の中には、もはや「ポストモダン」などと言われても何のことか分からぬ向きもあろうかと思われるので、以下では当時の状況を少しだけ説明しておくことにしたい。

　この1980年代は、その後ほどなくして訪れるバブル崩壊を前にした空前の好景気を背景に、アカデミズムの世界でも従来的（因襲的？）な枠組みから解放された「新しい」言説が陸続と登場した時代だった。世間では、これを「ニューアカ（ニュー・アカデミズム）」や前出の「ポストモダン」などと呼んで持て囃した。井上は、80年から83年の間、駒場（教養学部）の助手を務めており、本書は、まさにこのニューアカ／ポストモダンの旗手たちが蟠踞した駒場において執筆されたのだった。――以下では便宜上、ポストモダンとニューアカの語は互換的に用いることにしたい。

　ニューアカの「記念碑」的著作である浅田彰の『構造と力』が刊行されたのが83年、続く84年に丸山圭三郎の『文化のフェティシズム』、85年に

岩井克人の『ヴェニスの商人の資本論』、そしてその翌年が本書刊行の86年である。『構造と力』は、現在に至るまでに54刷を超える増刷を繰り返し、人文系書籍としては空前の累計15万部以上を売り上げた。まさに時代はニューアカ全盛期だったのである。

ニューアカは、「教授」というニックネームを持つ音楽家の坂本龍一や、当時幅広い支持を得ていた漫画家の岡崎京子など、広くサブカルチャーをも巻き込んだブームとなり、「トレンドとなった彼らを真似て難解な哲学用語をモテるために意味もわからず使う若者が続出」し、「知的ぶることがオシャレな時代の嵐が吹き荒れた」のだった（吉田編2002、201頁）。これは、この時代に青春を過ごした者たちの「時代的刻印（stigma）」とも言うべきものでさえある。私が駒場に入学したのは92年だったが、その頃もまだ、駒場はニューアカ／ポストモダンの強い残照の中にあったのを今でも鮮烈に記憶している。

『共生の作法』の冒頭は、「少し力んで言えば、現代日本において蹂躙された「正義」の語権を救済する試みである」という言葉から始まるが（iii頁）、上述の通り、「軽やか」な「知の戯れ」が支配的ファッションであった、このような時代だったからこそ、井上は「力まねば」ならなかったのである。——このような世相の中での『共生の作法』の登場は、軽佻浮薄な踊り念仏の輪のただ中に、突如として完全武装の武士が来臨したかの如き趣を呈するものだったのであり、だからこそ人びとは、その「ますらおぶり」に見惚れたのではなかろうか。

2　『共生の作法』再訪

以下では全5章から成る本書の内容を、その肝である「会話としての正義」に直接関わるであろうと思われる部分をハイライトする形で、簡単に紹介しておくことにしたい。

まず第1章では「正義論は可能か」というタイトルの下、ともすれば揶揄的・冷笑的な視線を投げかけられる「正義」という言葉について「真剣に考

えること（taking justice seriously）」、つまり、正義の「語権」を回復させることが企てられる。井上によるなら、このような正義アレルギーの拠って立つところとして、「諦観的平和主義」・「階級利害還元論」・「相対主義」の3つが挙げられる。

第1の「諦観的平和主義」は長尾龍一が共感をこめて、そう呼称する立場であり、最も典型的にはキケロの「最も正しい正義よりも、最も不正な平和を私は選ぶ」という言葉に表出されるものである。第2の「階級利害還元論」は、最も典型的にはマルキシズムのそれであるが、この立場が主敵のひとつとして想定されていることは、今日からすると旧懐の感さえある。――格差社会が云々される現時点において、この議論は、一周めぐって、新たなリアリティを持つのではあるが……。そして、第3の「相対主義」だが、これこそが本書全体を貫くモチーフと最も密接な関連を持つものである。先述の浅田彰によるなら、1972年の連合赤軍事件の後、マルクス主義思想が急激に退潮し、それと入れ替わるように「どうせ資本主義しかないのだから」といったシニシズムが支配的となるが[3]、そのような時代精神とも相俟ったのが、「相対主義」だったのである。

井上によるなら、それは「正義論の存在理由に対する最も根源的な挑戦」であり、かかる価値相対主義の「不当利得的信仰獲得」を掘り崩してゆく井上による「分類と解明」は、相対主義が立脚する論拠である「確証不可能性」・「方法二元論」・「非認識説」を各個撃破しつつ、目眩く光景を描き出してゆく。

本章末尾は次のような言葉で締めくくられている。本書の中枢的モチーフである「会話としての正義」と直接つながる箇所なので長さを厭わず、そのまま引用しておこう。

> 正義の理念へのコミットとは、「何が正義か」について超越者が知っている正解にコミットすることではなく、この問いそのものにコミットすることである。正解をこの世に性急に実現しようとする哲学王の野心ではなく、この問いを問い続け、解答を異にしながらも同じ問いを問う他者との緊張を孕んだ対話を生き抜こうとする決意である。[……] 正義の理念に依拠する

社会とは、人びとが解答を共有することによってではなく、問いを共有することによって結合する社会であり、終わることのない自由な対話を通じて、動的な連帯が維持されるような社会である。(24頁)

　第2章では「エゴイズム」をめぐる議論が展開される。冒頭、正義定式の内容を明らかにしようとする綿密な検討が続くが、この章の白眉は何と言っても章題にも掲げられたエゴイズム問題の検討である。ここで井上は、正義の「外部／限界」としてのエゴイズムに正対する。ノージックは『アナーキー・国家・ユートピア』の中で、「なぜ無政府状態ではいけないのか（Why not have anarchy?）」というアナーキズムに正対した問いかけこそが、政治哲学の主題を成立させるための第一級の問題であることを宣言したが、井上もまた、このエゴイズム問題――「なぜエゴイストであってはいけないのか？　（Why not be egoist?）」こそが、正義論の根本問題であることを主張するのである（60頁）。

　先述の通り、本章の白眉は章末に附された「ディケーの弁明」と題された部分であり、そこではプラトンが描き出すところのソクラテス以来の哲学の伝統たる「対話篇（*dialektike*）」の様式をもって、正義の女神たるディケーとエゴイストとの間でスリリングな対話が展開されることとなる。そこでは、正義の概念、普遍化可能性、本質主義をめぐる議論が行われるが、これは「会話としての正義」の行為遂行的記述にもなっているのである。

　ここでの井上の問いかけを正面から受け止めたものとしては、例えば、大屋雄裕による「エゴイズムにおける「私」の問題」（大屋2002）などを挙げることが出来るが、それは永井均によって展開された〈私〉をめぐる独我論（solipsism）[4]へも拡がりゆく深遠な問題への窓口をも形成しており、多くの読者は、この部分で大いに「やられた」のではないだろうか。――私もまた、その一人である。実際、私の手許にある版を見てみると、この章とその文末注には、ほとんど恐るべき量の謎の書き込みやラインマーカーが集中している。

　独我論は、世界と折り合いのつかない残念な若者が一度は奥深くまで迷い込む、いわば哲学の「王道」だが、井上による、ここでの議論は、今にして

40　第2章　『共生の作法』——円環の潤い

思えば、そのような者をも見棄てずに「会話」へと誘惑するものであり、それに根気よく付き合うディケーは、本書のライトモチーフたる「会話としての正義」を体現したものとも言える。

　第3章では「現代正義論展望」と題し、前半で「正義の概念」の検討と前章に引き続きエゴイズムの問題が再検討に附された上で、後半においては、規範的正義論に関する見通しのよい整理が行われることとなる。そこで対象となるのは、「功利主義」、「個人権理論」、「公正としての正義」である。現代正義論の三つの主要潮流に関する見事な整理の内容は、実際に読むに如かずとして、ここでの井上の議論もまた、やはり「相互批判的な対話を倦むことなく営み続けること」、すなわち「論争への招待」で締め括られている点が注記される。

　また、第4章では「リベラリズムと国家——社会契約説の可能性と限界」と題し、自然状態モデルと社会契約モデルの対比が行われるが、最終節「自律と他律」項では「人と人との自律的結合様式の可能性」が説かれ、本書の中枢をなす第5章へと流れ込んでゆくのであった。

3　会話としての正義

　最終章である第5章「会話としての正義」では、「愛」でも「善」でもない「特殊価値としての正義」に社会構成原理を求めるものとして位置づけられる思想伝統——つまり「リベラリズム」とは何なのかが問われることとなる（193頁）。なぜなら、正義の何たるかを理解しようとする企ては、畢竟、この問いに行き当らざるを得ないからである。以下、ほとんど異様といってもよいほどの熱気を孕んだ記述を実際に目にして頂きたい。

> 異質な価値観を抱く他者との間で、相互理解の困難さ故に緊張を孕んだ対話を粘り強く営むことを通じて、自己の思想の地平を絶えず拡げてゆこうと努める人々の、永続的な探求の情熱から生まれる自己批判的な謙抑としての寛容こそが、リベラリズムの基底に脈打つ精神なのである。（202頁）

3 会話としての正義

> 絶対主義が己れの恣意性を隠蔽する独断であるとするなら、相対主義は己れの恣意性に開き直った独断であり、いずれも対立する他者との果てしない対話的緊張関係から退却して、自己の快適な独断の域に引き籠もろうとする衝動を内包している点で同じ穴のムジナである。いずれも探求の一時的な停泊港ではなく終着地を求めているのであり、この終着地を「認識」の名で呼ぶか「意思」(あるいは「情動」) の名で呼ぶかは大した違いではない。これに対し、リベラリズムとは探求の非終局性を承認するが故に他者との終わりなき対話を引き受ける一つの覚悟のことである。(203頁)

これらに続けて、井上はリベラリズムを「善から区別された社会構成原理としての正義に関する探求の歴史と、未来におけるその可能性の総体である」と喝破した上で、「社会構成原理としてのリベラリズム」の極めて動態的 (dynamic) なイメージを鮮烈に呈示することとなる (204頁)。

リベラリズムの「積極的な社会像[5]」として井上が指し示すのは「社交体と会話」(第5章3節) であり、この部分こそが、「会話としての正義」の中枢的内実を形成している。本文だけなら僅か23頁の分量なのだが、そこには異様な濃密さが立ち現れている。

井上は、社交体 (*societas*) の重要な手掛かりをマイケル・オークショットに求め、それを統一体 (*universitas*) と対比させた上で、概要以下のように説明する。統一体が、全ての成員と資源を特定の共通目的のために動員する「目的支配」を貫徹するものであるのに対し、社交体は、実体的目的からは独立した「品行の規範 (norms of manner)」を共有するものであり、それは、「何を」ではなく「いかに」目的を追求すべきかに関わる規範共有によって結ばれた「法則支配」の下にある (241頁)。

社交体における統治者は「品行の規範」＝「準則 (rule)」の保護者という意味での「為政者 (ruler)」であり、為政者はメンバー (*socii*) に善く生きることとは何かを教えない。彼は「多様な生の物語が語り出される宴」の主宰者なのである。

第2章　『共生の作法』──円環の潤い

　　彼の関心は会食者（convies〔即ち、共に生きるものたち〕）の作法（manners）にあり、彼の役目は会話を継続させることであって、何が話されるのかを決めることではない。(242頁)

　　生の宴の主宰者としての為政者が一部の会食者が飲食物を独占して他の者が飢えと渇きを強いられることのないように配慮すること、一部の者のみが大声で喋り続け他の者が沈黙を強いられることのないように配慮することは、〔……〕為政者の当然の「役目（office）」である。(248頁)

　では、このような社交体を可能にする「品行規範」とは具体的にはいかなるものか。──それこそが「会話」なのである。会話とは「異質な諸個人が異質性を保持しながら結合する基本的な形式」である（254頁）。

　会話は社交体のパラダイムである。そして、社交体を可能にする「規範」とは「会話の作法（decorum of conversation）」なのである（256頁）。それは「自己の目的と関心を追及する独立せる人格として互いに相手を尊敬し配慮すべし」という規範の蘇生（258頁）を意味する。このような規範の蘇生は、また、正義概念を指し示す「正義とは各人に彼の権利を帰さんとする不断にして恒常的な意志なり（*justitia est constans et perpetua voluntas jus suum cuique tribuendi*）」という命題を、会話における「尊敬と配慮」の原理に照らした形での（再）解釈することを促すこととなるのだ（258頁）。以上のような形で描き出される「会話としての正義」の発想を標語的に表現するならば、それは次のようなものとなる。即ち、「話し続けよう」と（261頁）。

4　円環の潤い

　今回、数年ぶりに『共生の作法』をじっくりと読み直してみると、その全編を貫き通す「会話」への誘惑の余りの激しさに、当初、私の中には強い反撥に似たものさえ生じた。私の中に「会話としての正義」への違和感がむくむくと鎌首をもたげたのだった。

　ここ十年近く、各種会議体に臨席した際、しばしば脳髄から迸り出る殺意に似た何ものか、或いは眩暈や徒労感などが即座に、そして陸続と想起され

4　円環の潤い

たからである。会議体に限らず、歳を重ねれば重ねるほどに、この世界は全体として、かなり酷いという認識から出発せざるを得ず、また、話せば分かるではなく、話せば話すほど分からなくなるものだと思うようにもなる。このような私にとって自明であるのは、ただ、我々に与えられた時間が有限であり、そこでは「無限の対話」など不可能であるどころか、不快なものでさえあるということだった……。

　しかし、本稿を執筆するにあたって、何度も『共生の作法』を丹念に読み直すにつれ、私の中に新たな地平が拓けるのを感じた。井上が、ここで指し示す「無限の対話」は共時的なそれだけを指すのではなく、間世代的な対話の継続をも意味しているのではなかろうか、と。ひとの可塑性に関わる最も大きなモメントは「教育」である。しかし、教育の営みは、本書で描かれた「共生」ではなく、むしろ「強制（パターナリズム）」をも包含する。このリベラリズムにとって最も微妙なるものとしての「教育」。——図らずも、カール・ポパーの所謂「世界3」となった『共生の作法』を通じて、私は師である井上達夫と無限の対話をしていたのかもしれない。

　冒頭に掲げたニーチェからの引用（Nietzsche 1885, 訳 162-163 頁）は、『ツァラトゥストラ』第 II 部の「有徳者たち（Tugendhaften）」への説教であり、再び山から降りて来たツァラトゥストラから「同情者たち」、「聖職者たち」に続けて「有徳者たち」に向けて、激しい批判が行われる下りである。そこでは、そもそも「徳」が目指すべきものたる「本来のおのれ（das Selbst）」が見失われていることが論難されるのだが、本書で指し示された「共生の作法」において、そのような心配は無用である。ニーチェの怨望とは異なり、そこでの円環は渇くどころか、はじめから潤い切っており、この私においてそうであるように、他の円環へとその潤いを移しつつ、環をなし継いでゆくからである。

　本書の裏表紙には「現代自由学芸の騎士による挑戦の書」とあるが、光り輝く騎士たる井上と比すなら、先に述べたような心持ちにある私は、さしずめ暗き淵のへりを独行する暗黒の騎士（dark knight）であり、ともすれば、見返してくる深淵を覗き込み過ぎ暗黒面に堕ちそうにもなりつつ今日まで

歩んできた。このような私自身が自戒と共に呟かねばならないのは、「徳と共にあれかし（May the virtue be with you.）」という言葉なのかもしれない、『共生の作法』の目映いばかりに健やかで楽天的な明るさと共に。

註

(1) 本稿執筆のため、創文社に電話で問い合わせてご教示頂いたところによるなら、本書は刊行以来、既に9刷を数え、1万部以上が世に出ているとのことである。本書が今後も多くの人びとに読み継がれることを心から祈りたい。
(2) サントリー文化財団公式サイト（http://www.suntory.co.jp/sfnd/）中、「サントリー学芸賞」の該当年度を参照されたい。
(3) 浅田彰「『構造と力』刊行30周年」（http://realkyoto.jp/blog/kozotochikara/）
(4) 永井の前期三部作とでも呼ぶべき『〈私〉のメタフィジクス』（1986）、『〈魂〉に対する態度』（1991）、『〈私〉の存在の比類なさ』（1998）——いずれも勁草書房刊などを参照。
(5) なお、井上が『共生の作法』で指し示した「会話の共同体」たる場（トポス）、つまり、『共生の作法』のユートピア論とでも言うべきものについて、私は最近、或る重大な気付きを得たが、この点に関しては、近日中に長大な別稿で論じる予定である。

文献一覧

大屋雄裕（2002）「エゴイズムにおける「私」の問題」『名古屋大学法政論集』193号、1-28頁。
吉田久恭編（2002）『文藝別冊・岡崎京子〈増補新版〉』河出書房新社。
Nietzsche, F. W. (1885) *Also Sprach Zarathustra*.（手塚富雄訳「ツァラトゥストラはかく語りき」『世界の名著46 ニーチェ』中央公論社、1966年）

3 『他者への自由』と共和主義の自由

『他者への自由』 (創文社、1999 年)

瀧川裕英

　『他者への自由』——不思議なタイトルである。他者からの自由でもなければ、他者との自由でもなく、他者への自由とは。
　井上達夫自身、このタイトルが「やや奇妙」であることを認めている（他者、v 頁。以下本書に対する参照は頁数のみを示す。書誌詳細は凡例を参照のこと）。井上がこのタイトルを選択したのは、消極的自由と積極的自由がともに他者に開かれた自由ではなく、他者の他者性に対して己を閉ざしていて「他者からの自由」となっているからである。これに対して、「他者への自由」とは「他者をその他者性において尊重するとともに、[……] 他者を自己変容の触媒として受容する節度と度量を兼ね備えた自由」である（vi 頁）。
　他者への自由論は、その内実を理解することが難しく、思想史上に定位することは容易ではない。そこで、同じく消極的自由・積極的自由と対抗する第 3 の自由として提示されている「共和主義の自由」と対比することで、他者への自由論を解明することにしたい。

46　第3章　『他者への自由』と共和主義の自由

1　他者への自由

1.1　自己力能化

　井上の理解では、自由の根幹にあるのは「自己力能化（self-empowerment）」の欲求である。消極的自由と積極的自由というバーリンの区別は、自由理解として不適切である。一方で、干渉の欠如としての消極的自由は、自由の保障手段に関わっており、保障されるべき自由そのものについては何も語っていない。他方で、自己支配としての積極的自由は、自由そのものについて語っているが、支配の対象には自己のみならず自己の環境世界が含まれる。つまり、自由とは自己力能化であり、「自己と自己の環境世界を自己の意志に従って形成し統御する力への欲求」（200頁）である。

　自己力能化としての自由は、「支配への自由（liberty to domination）」と呼ぶことができるだろう。井上自身、このような自由が「他者を支配する権力への意志に容易に転嫁する」と記している（201頁、強調瀧川）。自由は自己を神格化するため、「自由を圧殺する専制の淵源」（207頁、強調瀧川）となる。他者を支配する自由が、警戒の対象となるのは当然である。それゆえ、自由の限界の自覚こそが「リベラリズムの主動機」（203頁）であり、リベラリズムは「自由批判」（207頁）である。

　ここで注目すべきなのは、「支配」・「専制」といった語彙である。ここに、井上リベラリズムの敵が明示されている。語源的には、英語の domination は、ラテン語の dominium に由来する。dominium という語が初めて現れたのは前3世紀のことであり、それが意味したのは「奴隷主」だった。その後奴隷体制が急速に発展し、奴隷こそが重要な財産となるにつれて、dominium は「所有者」を意味するようになる（Patterson 1982, p. 79）。要するに、井上の理解する自由とは奴隷主としての自由のことであり、奴隷主を規律する原理としてリベラリズムが位置付けられる。

1.2　レヴィナス

　以下で見るように、奴隷関係の克服を最重要課題とし、自由民たる身分の確保を図るのが、現代の共和主義である。しかしながら、井上は、共和主義に触れることなく、独自の他者への自由論へと向かっていく。そこで参照されるのは、クェンティン・スキナーやフィリップ・ペティットら現代共和主義論者ではなく、フリードリヒ・ニーチェでありウィリアム・コノリーでありエマニュエル・レヴィナスである[(1)]。

　井上によれば、ニーチェの重要な洞察は、自由が孕む力への意志を喝破した点にある。自由の自己神格化を批判する契機を、コノリーはアイデンティティの偶有性に見いだす。だが、アイデンティティの偶有性は、他者の尊重を当然には保証せず、むしろ無根拠であるがゆえに自己の意志を絶対化してしまいかねない。コノリーはニーチェを乗り越えていない。むしろ、自由を批判するためには、レヴィナスこそが参照に値する。

　〈私の自由を審問する師としての他者〉というレヴィナスの洞察を、井上は高く評価しつつ、その意味を敷衍する。他者が「私の自由の師となりうるのは、他者の私に対する超越が単に私からの隔絶性だけでなく、私に対する攪乱性を含むからである（233頁、強調原文）[(2)]。」他者は「私を私から自由にする」ことで、「小さき自我の檻を破って広大な生の原野を冒険するたくましさを与える」（233頁）。

1.3　倫理学としての他者への自由

　レヴィナスに触発された井上の語り口は、法哲学的というよりもむしろ倫理学的である。他者の他者性の尊重、自己変容の触媒といった言葉で井上が語るのは、法のあり方ではなく、人間の生き方である。つまり、他者への自由論は、制度のあり方に関わる正義理論ではなく、人の生き方に関わる倫理学説である。我々は殻を破って逞しく生きるべきであるがゆえに、超越的・

攪乱的存在としての他者を抑圧してはならない。

この倫理の上に、正義の理論としてのリベラリズムが打ち立てられる。攪乱的な他者を受容するためにこそ、リベラリズムの基盤たる正義の基底性が要請される。つまり、自己の善き生の特殊構想を、公共的正当化から排除することが要請される。こうしてみると、井上リベラリズムの根底にあるのは、「狭隘化した自我」から抜け出て、常に「生の探求の地平を広げ」る「逞ましさ」を、人間の理想的完成態として掲げる倫理である（234頁）。

実はこの点が、他者への自由と共和主義の自由との大きな相違である。共和主義の自由はこうした倫理を含まない。逆にいえば、他者への自由論は、支配からの自由がなぜ要請されるか、という問いに対する人間学的解答として理解することができる。支配からの自由が要請される根拠は、人が自己力能化の欲求を持ち、他者を支配する性向を強く有するという事実に求められることになる[3]。

2 共和主義の自由

2.1 干渉と支配

ここで、共和主義の自由について確認しておこう。消極的自由は、干渉の不在を意味する。だが、干渉（interference）が存在しない場合であっても、支配（domination）が存在する場合には、共和主義の自由は脅かされる[4]。例えば、寛大な主人が奴隷に干渉しない場合、奴隷は消極的意味で自由ではあるが、共和主義の意味で自由ではない。主人からの干渉を防ぐ効果的な手段を奴隷が持たないからである（Valentini 2011, p. 161）。主人への迎合（ingratiation）によって現実の干渉を免れている奴隷も同様に自由ではない（Pettit 2012, p. 65）。要するに、「奴隷は主人の力に服している」（『学説彙纂』I.6.1）。つまり、共和主義にとって根源的な不正とは隷従であり、主人－奴隷関係こそが支配の典型である。

2.2　奴隷関係

　共和主義が問題視する支配関係は、主人ー奴隷関係を典型とするがそれに限定されない。ペティットの例示は、親ー子、夫ー妻、教師ー学生、債権者ー債務者、経営者ー労働者、大企業ー中小企業、文化的マジョリティーマイノリティなど多岐にわたる（Pettit 2001, p. 137）（Pettit 2012, p. 2）。
　これに関わるのが、*imperium*（公権力）と *dominium*（私権力）という2つの権力の区別である（Pettit 2001, p. 152）。共和主義にとって重要なのは、非支配としての自由であり、その個人の自由を守るために *dominium* に制約を課すことが、*imperium* の任務である。だがその *imperium* がその権限を越えれば（*ultra vires*）、逆に個人の自由に対する脅威となりかねず、その脅威は *dominium* がもたらす脅威よりも深刻である。したがって、「共和主義哲学の第1の問いは、国家に対していかなる制約を課すべきかを確定することである」（Pettit 2001, p. 153）。つまり、共和主義は、その究極目的を支配の不在に定位する以上、公権力に由来しようと私権力に由来しようと支配の排除を目指すのであるが、公権力による支配の脅威がより深刻であるために、公権力による支配の排除を主要課題とする[(5)]。
　実のところ、公権力による支配だけではなく私権力による支配をも問題化する姿勢を、井上も共有している。井上リベラリズムの中心原理は「正義の基底性」であり、その第1命題は、次のように提示される。「正義は政治社会の構成原理であり、政治社会における公私の力の行使を規制するとともに、公権力によって強行されるものである」（98頁）。ここで「政治社会」とは、公権力によって強行する能力を持つ存在であることから、国家を意味すると理解できるだろう。
　ここで注目すべきなのは、正義が「公私の力の行使」を規制するとされている点である（強調瀧川）。公権力すなわち国家の力の行使のみならず、私的な力の行使もが、正義の規律対象とされている。念頭に置かれているのは、学校や会社などの中間的共同体の専制である（例えば、貧困）。この点で、人

間関係に潜む支配を問題化しようとする共和主義と同じ志向を井上は持つ。

さらに井上は、非国家的権力の批判も重要であるけれども「国家権力の限界問題をリベラリズムが重視する」のは、「非国家的権力の規制も多かれ少なかれ国家に依存する」からだと明言する（82頁）。*imperium* と *dominium* の2つの権力をいずれも問題化しつつ、*imperium* の問題を重視する点で、共和主義と正確に同型である。

2.3　支配

共和主義は、支配なき状態としての自由を重視する。だが、肝心の〈支配とは何か〉について、一枚岩ではない。現代共和主義理論の知的資源は、この問いを解明するために投下されてきた。

ペティットによれば、支配とは、ある人の決定に対して恣意的な根拠に基づいて干渉する能力を他の人が有していることである（Pettit 1997, p. 52）。ここには、2つの契機が含まれている。第1は、干渉の可能性である。他者が現実に干渉しなくても、他者が干渉する能力を持っている限り、支配が存在する（Pettit 1997, p. 23）。現実の干渉は、支配の必要条件ではない。第2は、干渉の恣意性である。恣意的な根拠に基づく干渉のみが支配になりうるのであり、根拠が恣意的でなければ、現実に干渉が行われたとしても、それは支配ではない。

こうした干渉の可能性と恣意性という2つの契機が、非干渉としての自由から非支配としての自由を弁別する特徴である（Pettit 2001, pp. 138-141）。それぞれの契機について、検討していこう。

2.4　干渉の可能性

現実の干渉がなくても自由が脅かされうるという第1の契機は、多くの共和主義者によって受容されている[6]。寛大な主人の例が示すように、現実の干渉しか見ないと、その背後にある支配を見逃してしまうことになる。

2 共和主義の自由

共和主義の主眼は、人間関係に潜む支配を問題化することにある。現実の干渉は、支配の存在を示す1つの指標ではありうるが、指標の全てでもなければ最善の指標でもない（cf. Lovett 2010, p. 46）。

この点にこそ、リベラリズムと共和主義の相違点がある、というのがペティットの主張である。ペティットによれば、共和主義に対抗する思想潮流には2つある。リベラリズムと共同体主義である[7]（Pettit 2012, pp. 8-18）。ここでリベラリズムとは、自由を干渉の不在として捉える立場である（Pettit 1997, p. 9）。その代表的論者はトマス・ホッブズ、ジェレミー・ベンサム、ウィリアム・パリーである（Pettit 1997, ch.1）。リベラリズムと共和主義の根本的な相違は、権力観にある（Pettit 1997, p. 298）。リベラリズムは、現実の干渉のみを自由に対する侵害として捉える。逆に、現実の干渉が存在しない限り、権力の非対称性が存在してもそれ自体不正であるとは捉えない。これに対して、共和主義は、人間関係における権力こそが自由の敵であると考える。

ただし、リベラリズムと共和主義は、それが依拠する自由観は大きく異なるが、そこから帰結する制度構想には連続性があるとペティットは考えている（Pettit 2012, p. 11）。特に、最新の著書ではリベラリズムと共和主義の近接性が強調される。ペティットはリベラルな思想潮流を3つに区分する。非干渉としての自由を唯一の価値とする右派リバタリアニズム、非干渉としての自由と並んで経済的平等を重視する左派リバタリアニズム、自由と平等と並んで憲法体制（法の支配・権力分立・人権保障など）を重視する立憲リベラリズムである。ペティットの理解では、ジョン・ロールズやロナルド・ドゥオーキンは立憲リベラリズムに属しており、自由を非干渉として捉える点でリベラルでありつつ、その問題関心は共和主義に接近している（Pettit 2014, p. 24）。

この点に関する井上の立場は、必ずしも明確ではない。会社への自己同化を問題化する立論（貧困、第2章）は、仮に現実の干渉がないとしても、支配への適応や迎合があればそれを批判するものである。そうだとすると、自由の理解に関して井上は、（ペティットの分類では）リベラリズムではなく共

和主義に与することになる。

2.5　干渉の恣意性

　恣意性という支配の第2の契機は、共和主義内部で論争の対象となっている。ペティットによれば、恣意性とは、被干渉者の「利益あるいは意見」とは無関係に決定が行われることを意味する（Pettit 1997, p. 55）。だが、この言い回しは微妙な問題を孕む。干渉が恣意的にならないために干渉者が反映すべきなのが、被干渉者の利益なのか被干渉者の意見なのかでは、大きく異なるからである。シートベルトの着用を義務づける法律は、着用に反対する人にとって、利益に合致するから恣意的な干渉でないのか、意見に反対するから恣意的な干渉であるのか。

　こうした難点を避けるべく、ペティットは「公認可能な共通利益 common avowable interests」を反映するならば干渉は恣意的でないと主張した（Pettit 1997, p. 290）（Pettit 2001, p. 156）。つまり、シートベルトの着用の義務づけは、社会的協働への参与者が受容可能な考慮によって正当化されうるといえるので、公認可能な共通利益を反映していることになる。

　こうしたペティットの恣意性理解を、H・リチャードソンは批判する（Richardson 2002, ch.3）。ペティットのいう共通利益を、客観的に確定可能なものとして理解すれば、専門家支配につながってしまうし、仮説的受容という道具立てによって理解すれば、何が共通利益かが曖昧になり、ひいては何が支配かも曖昧になってしまう。さらに厚生主義的な恣意性理解をも批判しつつ、リチャードソン自身が擁護するのは、リベラルな恣意性理解である。つまり、恣意的な支配とは、各人を自由で平等な人格として尊重して基本的な権利と自由を保護する公正な手続がない状態のことである。

　ペティットの恣意性理解に対して、より根底的な批判をするのがラウラ・ヴァレンティニである。多様な現実的・可能的干渉の中で、恣意的な形態のみを問題視する点で、ペティットの支配概念は道徳化されてしまっているとヴァレンティニは批判する。むしろ支配概念は、恣意性という契機を除去し

て捉えられねばならない（Valentini 2011, pp. 162-163）。

　ここで問われているのは、〈法は支配か〉という問いである。ペティットの理解では、自由と完全に整合する法は可能であり、そのような法は支配ではない（Pettit 1997, p. 66）。例えば、現行犯逮捕は、正当な法に従って行われる干渉であり、支配ではない。これに対してスキナーは、法が支配でなく自由と完全に両立するというのは、共和主義の伝統的語法に反すると批判する（Skinner 1998, p. 83, n.54）。同様にヴァレンティニは、〈法は自由を制約するが、そうした制約は正当化されうる〉と語るべきだという。その理由は、ある干渉が恣意的か否かを判定するために道徳的正しさを参照しながら、恣意的干渉は自由を侵害する支配であり道徳的に不正だというのは循環しているからである。簡潔にいえば、不正な支配だから恣意的であるといいつつ、恣意的な支配だから不正だとする循環論法にペティットは陥っている。

　この循環が問題なのは、理性的な意見対立が存在する状況では、民主的な手続きを経て決定された法はすべて、公共の利益を反映していて支配がない、ということになってしまうからである（McMahon 2005）。ヴァレンティニ自身は、現実の干渉のみならず可能な干渉をも自由の侵害だとする点は認めつつ、恣意的な干渉のみが自由の干渉だとはいわず、恣意性の契機を除外する。このような自由は、ペティットの非支配としての自由と区別して、「独立（independence）としての自由」と呼ばれる（Valentini 2011, pp. 156-164）。

3　リベラリズムと共和主義

3.1　カント的共和主義

　この点で注目すべき議論を展開しているが、ライナー・フォルストである。フォルストは、ペティットの共和主義が財の分配ではなく非支配という人間関係に焦点を当てている点を評価しながらも、ペティットが支配の問題を正義ではなく自由の観点から論じることで、支配なき自由の領域を個人に確保することを目的とする議論（これを「消極的共和主義」とフォルストは

呼ぶ）になっていると批判する（Forst 2013, pp. 161f.）。

　むしろ、支配の問題はそれが正義に反する点にあり、支配が不正であるのは、適切な理由や正当化根拠を提示することなく統治する点にある、というのがフォルストの主張である（Forst 2014）。裏面からいえば、各人は「正当化への権利」を有しているのであり、この正当化への権利こそが、最も普遍的で基本的な権利である（Forst 2012, ch.9）。このような人格の自律性を基盤として公共的正当化を重視する議論を、フォルストは「カント的共和主義」と呼び、消極的共和主義よりも優れた理論として擁護する（Forst 2013）。

　実のところ、理由なき支配こそが最も忌避されるべきものだという主張こそ、井上リベラリズムの根幹にある。会話の継続のみを目的として理由による正当化を必要としない「会話としての正義」（作法）を提唱した井上は、1997 年に、「理由をもって応答する責任」を基礎とする「公共的正当化」論へと転回した（井上 1997）。それ以降、公共的正当化において援用可能な理由を明確化することこそが、井上の根本的課題となった[8]。

3.2　リベラリズムは自由主義である

　以上の検討から明らかなように、公権力のみならず私権力による支配も問題視する点、現実の干渉がなくても自由が侵害されることを認める点、正統な理由なき支配こそを最大の不正と捉える点で、井上の議論は現代共和主義の最善の形態と共通性を持つ。

　井上は、『他者への自由』の最終頁で、次のような結論を記した。「リベラリズムは自由主義ではない」（235 頁）。以上の分析から、今や次のように言うことができる。井上リベラリズムは、共和主義の自由を最重視する思想である。その意味で、リベラリズムは自由主義である。英語の liberalism を「自由主義」ではなく「リベラリズム」と訳す業界慣行の端緒となったのは井上の『共生の作法』であるが、「リベラリズムは自由主義である（あるいは、ではない）」という言明は、少なくとも英語には翻訳不可能であり、適切ではない。より正確には、最善の形態のリベラリズムは共和主義である、

というべきである。

　そして、この結論に対して井上は同意する理由がある。井上は、『他者への自由』第3章に見られるように、リベラリズムを公共性の哲学として位置付ける。井上の課題は、*res publica* ＝公共性を探求することにある。人間関係に潜む支配を検挙し、公共的理由の裁判に付することこそ、井上が精力を傾けてきたことである。要するに、井上リベラリズムは、*res publica* の哲学、すなわち共和主義である(9)。

註

(1)　現代の共和主義として言及されるのは、マイケル・サンデルやベンジャミン・バーバーであり、集団的自己統治への参加によって公民的特性を陶冶することを重視する思想として位置付けられる（202頁）。つまり、新ローマ的共和主義ではなく、新ギリシア的共和主義が念頭に置かれている。その註では、キャス・サンスティーンの共和主義に言及して、リベラリズムは「この種の共和主義とは一定の親和性をもつ」とする（巻末28頁、第7章註(9)）。

(2)　井上は、レヴィナスの倫理思想に対しては批判的留保が必要だとする。レヴィナスの「顔（visage）」論は、他者を私との人称的対面性に還元することで、私と対面関係にない他者、私が背を向けた他者の超越性を掘り崩してしまうからである。

　しかし、レヴィナスによれば、他者とは「顔として外部から我々に到来する」（Lévinas 1961, p. 267, 訳237頁）のであり、「顔として現出するとは、現出させられ単なる現象的な形態を越えたところで自分を押しつける」（Lévinas 1961, p. 174, 訳43-44頁、強調原文）ことである。つまり、他者とは私の意のままにならない者、目を背けようとしても眼前に迫ってくる者のことである。これこそが、「全体性」に回収不可能な「無限」として他者を捉えようとするレヴィナスの根幹にある洞察である。したがって、批判的留保は不要だと思われる。

(3)　井上法哲学の基盤となる人間像は、『他者への自由』第5章「共同体と自己解釈的存在」で描き出される。この論考は、井上が執筆した論文の中で三指に入る優れたものであり、ハーバード大学での在外研究の充実ぶりを伺わせ全編に知的緊張感が満ちている。共同体主義、特にチャールズ・テイラーとサンデルのリベラリズム批判を摂取しつつ、井上は「自己解釈的存在」という自我観を提示する（155頁）。人生における価値を自己の選択意志の対象とする実存主義の自我観でもなければ、自己が帰属する共同体の価値を受容する共同体主義の自我観でもない。自己の生を指導する価値は、自己が恣意的に選択できるものでもなければ、共同体によって設定されるものでもなく、自らの責任により解釈すべきものである。

　ロールズの理解では、人格は2つの道徳的能力を持つ。正義感覚の能力と善の構想の能力である（Rawls 1996, p. 19）。自己解釈的存在という自我観は後者に対応し、善の構想の能力の前提条件を解明するものである（164頁）。他方で、他者との共生に関わる前者の能力が、井上の自我観においてどのように位置付けられるのかは必ずしも明確でない。お

らく、自己解釈を遂行するためには、自己の限界を知るべく他者との交流が不可欠であり、そのためには社交能力が不可欠であるいう論理になっている（175-179 頁）。すなわち、ロールズのいう 2 の道徳的能力は並列ではなく、善の構想の能力が主であり、その能力を十全に行使するための手段として正義感覚の能力が必要とされている。

(4) 干渉なき支配が存在するように、支配なき干渉も存在する。干渉が存在しても、被干渉者によって監視・抑制されている場合には、その干渉は恣意的でないので、支配は存在しない（Pettit 2008a, p. 116）。

(5) 近時のペティットは、自由、すなわち支配の不在を正義の要請であると捉えつつ、その射程を国際関係にも及ぼし、社会的正義（社会の成員間の正義）・政治的正義（国民と政府の間の正義）の他に、国際的正義（国家間の正義）が要請されると説く（Pettit 2014, p. xvii）。

(6) ただし、干渉の可能性があれば支配があるというべきか、干渉の蓋然性（確率）も考慮に入れて支配を捉えるべきかは争われている（Goodin and Jackson 2007）（Pettit 2008b）（Pettit 2012, p. 34）。

(7) ここで共同体主義とは、共同体の自己統治を重視する立場であり、その代表的論者はジャン＝ジャック・ルソーである。この意味の共同体主義も共和主義と呼ばれることがあるが、ペティットは自らが提唱するイタリア・アメリカ版の共和主義とルソーの大陸版の共和主義の間には、その自由観に関して大きな懸隔があると考えている。

(8) その後展開される反転可能性論は、この課題への回答である。

(9) 本文中で触れることができなかったが、『他者への自由』第 2 章は、井上のアナキズム批判であり、現在に至るまで井上自身が繰り返し参照を要請する重要論考である。国家の正当化可能性は、政治哲学の根本問題であり、井上リベラリズムにとって不可欠の理論的構成要素である。

井上はアナキズムを市場アナキズムと共同体アナキズムに区分する。市場アナキズムに対しては、①公共財の供給が十分にされない、②力による支配が出現してしまう、③事実上の国家が生成しうる、④防衛や環境保護が問題として残ってしまう、などの批判が向けられる。共同体アナキズムに対しては、①大規模集団では実効的でない、②共同体からの自由を抑圧してしまう、③共同体間紛争を解決できない、などの批判が向けられる。結果として、国家が正当化されることになる。

井上は近著『世界正義論』で世界政府論を批判し「諸国家のムラ」という世界秩序論を提唱している。「暴力の集中と暴力行使の正当性認定権の独占」（52-53 頁）を否定している点で、それは地球規模でのアナキズムに他ならない。本書で展開されたアナキズム批判が「諸国家のムラ」という構想ではどのように克服されているのか、逆に「諸国家のムラ」が実行可能であり正統性を持つならば国家規模でのアナキズムはなぜそうでないのか、綿密な検討に値する問題である。

文献一覧

井上達夫（1997）「〈正義への企て〉としての法」『岩波講座現代の法 15　現代法学の思想と方法』岩波書店、107-139 頁（『法という企て』東京大学出版会、2003 年 所収）。

Forst, R. (2012) *The Right to Justification: Elements of a Constructivist Theory of Justice*, Columbia University Press.

Forst, R. (2013) "A Kantian Republican Conception of Justice as Nondomination," Andreas

Niederberger and Philipp Schink (eds.), *Republican Democracy: Liberty, Law and Politics*, Edinburgh University Press:154-168.

Forst, R. (2014) *Justice, Democracy and the Right to Justification: Rainer Forst in Dialogue*, Bloomsbury Academic.

Goodin, R. and F. Jackson (2007) "Freedom from Fear," *Philosophy and Public Affairs* 35(3): 249-265.

Lévinas, E. (1961) *Totalité et infini: essai sur l'extériorité*. Martinus Nijhoff.（熊野純彦訳『全体性と無限（下）』岩波書店、2006 年）

Lovett, F. (2010) *A General Theory of Domination and Justice*, Oxford University Press.

McMahon, C. (2005) "The Indereminancy of Republican Policy," *Philosophy and Public Affairs* 33(1): 67-93.

Patterson, O. (1982) *Slavery and Social Death: A Comparative Study*, Harvard University Press.（奥田暁子訳『世界の奴隷制の歴史』明石書店、2001 年）

Pettit, P. (1997) *Republicanism: A Theory of Freedom and Government*, Oxford University Press.

Pettit, P. (2001) *A Theory of Freedom: From the Psychology to the Politics of Agency*, Oxford University Press.

Pettit, P. (2008a) "Republican Freedom; Three Axioms, Four Theorems," Cécile Laborde and John Maynor (eds.) *Republicanism and Political Theory*, Blackwell: 102-130.

Pettit, P. (2008b) "Freedom and Probability: A Comment on Goodin and Jackson," *Philosophy and Public Affairs* 36(2): 206-220.

Pettit, P. (2012) *On the People's Terms: A Republican Theory and Models of Democracy*, Cambridge University Press.

Pettit, P. (2014) *Just Freedom: A Moral Compass for a Complex World*, W.W.Norton & Company.

Rawls, J. (1996) *Political Liberalism with a New Introduction and the "Reply to Habermas,"* Columbia University Press.

Richardson, H. S. (2002) *Democratic Autonomy: Public Reasoning about the Ends of Policy*, Oxford University Press.

Skinner, Q. (1998) *Liberty Before Liberalism*, Cambridge University Press.

Valentini, L. (2011) *Justice in a Globalized World: A Normative Framework*, Oxford University Press.

4 『現代の貧困』
── 批判的民主主義の制度論

『現代の貧困』 (岩波書店、2001 年)

松本充郎

🐜 1 『現代の貧困』の時代背景と現代的意義

　井上達夫『現代の貧困』は、1992 年から 1999 年に相次いで出版された論文を単著に纏めたものである（以下本書に対する参照は岩波現代文庫版により頁数のみを示す。書誌詳細は凡例を参照のこと）。本書が出版された当時、国内的には、昭和の終焉（1989 年）、バブル経済の崩壊（1990 年）・55 年体制の終焉（1993 年）を経験し、国際的には、東西冷戦が終結している（1989 年から 1991 年）。バブルの崩壊は「第 2 の敗戦」、その後の経済的停滞は「失われた 10 年」・「失われた 20 年」と称されているが、日本社会は今後の展望を描き切れていない。

　井上は、まず、経済的・物質的困窮も含めて「日本社会が抱える最も深刻な病理は何か」と問いかけ、最も深刻な病理として「三つの貧困問題」──同質社会の神話と融合した「関係の貧困」（象徴天皇制）・中間共同体の専制に根差す「共同性の貧困」（会社主義）・政治を談合と無答責に導く「合意の貧困」（55 年体制後の民主制の在り方）──を指摘する。そして、これらの問題への有効な処方箋として「批判的民主主義」（Critical Democracy、以下 CD）の構想──批判的合理主義・熟議民主主義・リベラルな人権理念の統合──を提案する。

第 4 章　『現代の貧困』── 批判的民主主義の制度論

　奇しくも、本書の岩波現代文庫版が出版された 2011 年 3 月 16 日の直前の 3 月 11 日 (以下「3.11」) には、東日本大震災及びこれに伴う福島第一原子力発電所の事故が発生し、エネルギー政策全般・原子力施設の安全規制・放射線規制・緊急時の対応など (以下「エネルギー・環境政策」) の立て直しが大きな課題となっている。エネルギー・環境政策は、経済活動・日常生活を営むうえで全国家的な重要課題であり、そのごく一部分である原子炉設置許可処分だけを取り出しても、複数の専門的技術的知見を基礎とした判断を必要とする。これらの点を受け止めたうえで、地震津波等の災害時・原子力発電所の事故の前後に避難や生活再建等の対応を強いられる地域住民及び地方自治体の声をどのように意思決定に結びつけるかは、政策の内容の正当性以上に困難な課題である。安倍政権が 2014 年に策定した「第 4 次エネルギー基本計画」の第 5 章は「国民各層とのコミュニケーションとエネルギーに関する理解の深化」と銘打たれている。この分野において、「成立した立法の「正当性」を否定する人々もなおその「正統性」を承認しうる条件を探究することが、[……] 焦眉の課題である」(井上 2014、iii 頁) との問題意識は、政権内部においても部分的には共有されている。

　以下では、まず、井上達夫が『現代の貧困』において展開した「批判的民主主義論」(以下「CD 論」) の基礎にある「合意」及び「熟議」の意義とその制度的含意を確認する。次に、エネルギー・環境政策における決定過程の正統性と政策内容の正当性を制度的に統合するための試みについて、地方自治・原発訴訟の展開・原子力法改革に焦点を当てて検討する。最後に、CD 論からみた日本の政策決定過程の評価と改革の方向性について述べ、本章の結びとする。

2　民主制における合意と熟議の意味と制度

2.1　民主制における合意

　まず、井上は『現代の貧困』において、民主制における合意の意義につい

て再検討を促す（213-215頁）。すなわち、民主制理解の場面において、正統性の根拠を合意に求める立場は非常に根強い。一般的な民主制理解は次のようなものである。「利益や価値の対立をめぐる実践的対立は、純理論的対立と異なり、その調整のためには統治権力の樹立を必要とする。しかし、人の人に対する支配を正当化する根拠は、被支配者の合意しかない。かかる合意に基礎を置く統治こそ、治者と被治者の同一性を実現し、社会的対立を非強制的に調整・解消できるからである。そして、かかる合意による統治を制度化したものが民主制である」。

しかし、井上によると、民主制を合意による統治と捉えることは「実は「便利な嘘」に過ぎない。民主制は、その正常な作動形態においてさえ、多数者による少数者支配である」。

もし、民主制の正当化根拠が、合意による統治ではないとすると一体何か。井上は、社会的対立を調整するために民主制が要請されるというのは事の半面に過ぎず、対立する社会的諸力の解放による競争の活性化が社会全体を発展させる活力を与えるという効用を強調する。もちろん、かかる論争や競争が無秩序な闘争により社会を崩壊させないようにするための仕組みが必要であり、民主制は多数決原理という集合的決定ルールを採用する。

では、合意は民主制に関わりがないのか。当然ある。社会的対立諸力のうちの多数化した部分が、他に対して圧政的になる「多数者の専制」は民主制の内在的危険である。合意による統治は、多数者による支配という民主制の積極的正当化根拠ではなく、民主制に対する制約原理としての少数者保護（拒否権の保障）を要請する（215頁）。

さらに、このような民主制と合意の関係は、どのような制度的含意を持つのか。井上は、次に見るように、反映的民主主義（Reflectional Democracy、以下 RD）モデルと CD モデルを対比しつつ、民主制と司法審査の関係を考察する必要があると述べる（215-228頁）。

まず、民主制理解をめぐって、しばしば、代表民主制と参加民主制が対比されるが、根本的には、代表原理や参加の意義の解釈を分化させる 2 つの民主主義モデルないし理念型（RD 及び CD）の違いが重要である。理念の平

面における違いとして、RD は、民主制の存在理由について政治的決定への民意の反映度の最大化に求めるが、CD は、民主制の存在理由について権力の腐敗と悪政に対する批判的コントロールと修正プロセスの保障に求める。

また、政治過程と意思決定原理・政治主体の意義についても、2 つのモデルの理解は対立する。RD は、政治的規模の拡大と人民の欲求の多様化を踏まえつつ、これらを所与として民意反映度を最大化するため、政治過程は社会的資源の分配を要求する多様な利益集団の駆け引きや交渉による妥協を通じた利益調整の場として機能すべきとされる（239 頁。範例はレイプハルトがかつて多極共存型デモクラシーと呼んだスイス・ベルギーである）。人民は権力主体であり、人民が権力を共有するためにコンセンサス原理が採用され、レファレンダム等の直接的統制を重視する（参加は権利である）。これに対して、CD は、政治社会の拡大によって同質性を喪失し、根幹的な価値についてさえ解釈が多元化したことに注目し、政治過程を多様な価値解釈の間の自由な批判的討議による公共的価値探究と変容──「熟議 (Deliberation)」──の場として位置付け、立法府・執行府の事後的統制を重視する（236 頁。範例は英国のウエスト・ミンスターモデルである）。意思決定においては、政治の責任主体である人民 (特に多数者) の責任を明確にし、無原則な妥協を排して政策体系の競争と試行錯誤的淘汰を促進するため、熟議を経たうえでの多数決原理を貫徹させる（参加は責任である[1]）。

そして、民主的政治過程の規範的側面については、RD は、民主的決定の正統性に関し、多様な利益集団に参加機会を公正に保障する手続に従ったコンセンサス調達過程から独立した実体的評価基準の先在性を否定する（純粋手続的正義である）。これに対して、CD は、規制理念として実体的公共価値の存在を想定する故に民主的政治過程の可謬性を認め、民主的決定の批判的再吟味と試行錯誤的修正の必要性を承認する（不完全手続的正義である (219 頁)）。

さらに、民主的政治過程の意味・選挙制度や政権運営・地方分権・少数者の権利保障を次のように位置付ける。まず、RD においては、人民の多様な利益に要求をできるだけ広範に包摂し公平に算入できるよう、少数者にも政

治過程内部における集団的拒否権を付与する。多様なアクターに権力共有を保障し、その結果生ずる交渉コストの肥大化を穏健な範囲内に抑制することが制度設計上の目標となる。選挙制度・政権運営について、標準的制度には、穏当な議席配分最小限得票率制限を付した比例代表制・多党制と連立政権の統治形態がとられる。分権化なども様々な部分集団に政治的拒否権を付与し、民意反映度を最大化するコンセンサス形成を促すために採用される。レファレンダムは、国政レベルでは少数者を排除する傾向があるため、地方自治体レベルで拒否権行使の手段として使われる（221頁）。

これに対して、CDにおいては、多様な政治アクターにコンセンサス原理の下で権力を共有させるのではなく、権力交代を促進させることと多様な政治理念とそれが含意する政策体系をテストする機会を与えることが眼目となる。比較第一党に単独で政権を担当させると同時に、比較第一党の地位を流動化させやすい小選挙区制が望ましい。集権化と分権化については、トクヴィル流にいえば、地域エゴを抑制する「政治的中央集権」は貫徹されるが、地域固有の事柄に干渉する「行政的中央集権」は排除される。少数者保護は政治過程内部における拒否権ではなく、政治過程外部の司法による人権保障に求められる（222頁）。

井上の合意論の特徴は、合意の意義を、多数者による支配の積極的正当化根拠ではなく、少数者たる諸個人の拒否権の保障に求め、その拒否権は政治過程内部ではなく民主制の外部にある司法部における違憲審査において発動されるべきであるとする点とその実現手段である議会制を積極的に評価する点にある。これによって、「誰が間違っていたか」（主体的責任）と「何が間違っていたか」（主題的責任）が明らかになり、「失敗から学ぶ」ことができる。そして、制度論的には、熟議を可能にする空間を創出するための政治改革（特に議会改革）と並行して、司法改革を推進すべきだということになる（224-225頁）。

2.2 民主制における熟議

井上のCD論において、熟議はどのような意義を持つのだろうか。

井上のCD論は、民主制と理性の支配の統合を企図する点で、公民的共和主義の系譜に属する熟議民主主義論と狙いを共有している[2]（240頁）。第1に、利益集団多元主義を排して、共同討議による公共的価値探究の場——質の高い討議を通じた変容と決定の場——として民主的政治過程の再生を企図している。第2に、少数者の権利保障を政治過程ではなく司法審査によって実現することによって、主に違憲審査を通じたリベラルな人権理念の実現を図っている。第3に、「失敗から学ぶ」意義を強調することから、人民の責任とシステムの長期的な成長を重視している。

特に第1点と第3点に関して、橋本努は、「熟議を疑う」（熟議の不完全性を補う）視点として、「可謬型と熟成型」の分類を提案する（橋本2014、151頁）。まず、「可謬型」は、政策立案の際に大胆かつ独創的な政策案が出されていない可能性（認識の限界）を重視し、大胆な変化を生み出す仕組みを重視する。次に、「熟成型」は、政策が醸成されていく時間に注目し、醸成により熟議の補完を目指す。「可謬型」は議会における議論を通じた大胆な価値の闘争や仮説の提案を重視するのに対して、「熟成型」は議会以外の場（日常生活の場）も含めた判断の醸成と実行性（政策実現力）に目を向け、一度廃案になった法案の再提によるシステムの成長を重視する。橋本も指摘するように、井上は「可謬型」と「熟成型」のうち「可謬型」の側面を強調しつつ、2つの型の利点を統合しようとしている。

2.3 熟議の制度設計の意義と執筆者の視点

既に指摘した通り、熟議民主主義論や井上のCD論において、熟議の「質」の向上とそのための制度設計が課題とされているが、熟議に参加する主体・議論の質・決定の質・決定の法的性格・制度設計について、その構想の具体

2 民主制における合意と熟議の意味と制度

化には次のような課題がある。

　まず、議論の主体について、いかにして議論の中に世間の主要な立場や影響を受ける国民・住民の意思を公平に組み込むかが課題である。そのためには参加者の選び方が重要な課題である。また、議論の質について、サンスティーンも指摘するように、討論は多数派の暴走の抑制にも、集団的分極化の促進にも寄与する（サンスティーン 2012、39-71 頁）。集団的分極化は、隠れていた対立を解放（争点を明確化）するという便益をもたらす反面、集団における決定の正統性を疑わせるから、CD 論にとっても深刻な課題である。そして、決定の質について、実現可能な政策の選択肢は多くないが、考慮すべき事項は多い。このため、体系性を損なわない限りにおいて考慮事項の選択・重み付け、これらを現実に調和させるための条件付け、議論において選択された政策の実現時期の管理が必要になる。さらに、現状、議会が踏まえるべき「民意」とされているのは世論調査のみである。最後に、仮に「民意」が議論を経て形成されたとしても、議論の質と決定の質は、アジェンダ設定や議論の前提となる情報の質によって影響を受ける。さらに、上記の主体が議論を経て形成した意思の法的位置付けも課題である。

　では、政治社会の正統性を保ち、議論及び決定の質を高めるために、どのような制度が必要か。私は、井上の合意論及び CD の構想——開かれた自由な批判的討論を条件として、多数者支配型民主制を政治過程で貫徹するとともに少数者の権利保障を政治過程内部で行わずに裁判過程において行う——自体に異論はない。そのうえで、次の視点を指摘しておきたい。

　第 1 に、現実の政策課題に関する熟議において、橋本の「熟成型」も「可謬型」も重要だと考えるが、「熟成型」の意義は決して看過すべきではないと考える。まず、3.11 後のエネルギー・環境政策において、大胆な政策転換が求められており、「可謬型」が重要であることは間違いないが、現実の政策選択は、白地から行えるわけでも無限に選択肢があるわけでもなく、技術的な蓄積と工程管理が重要である（高レベル放射性廃棄物の処分を想起せよ）。

　第 2 に、「熟成」や「失敗から学ぶ」場についてはより広い視点が必要である。すなわち、試行錯誤というからには、立法・執行・行政・司法からこれ

らの各機関へのフィードバックを循環的なプロセス（以下「法的政策サイクル」）として理解すべきである。特に、地方自治体による問題発見・社会実験の蓄積と国法への取り込み、既に制定された法律や条例の行政による解釈・運用と、議会及び行政へのフィードバックに目を向けるべきである。さらに、政策課題に関する司法審査は、概ね行政訴訟や民事訴訟の形式で行われるから（違憲審査はこれらの過程で行われる）、行政訴訟や民事訴訟を個別に検討すると同時に、これらの相互関係も議論の対象とし、判決を各機関がどのように受け止めるかを検討すべきである。

　第 3 に、これまで、代議制・内閣・行政・科学技術等の専門家によって構成された審議会・裁判所による審査等が提案されてきた。近年、専門的技術的知見を要する問題領域においても、これらの知見に不確実性があり論争的な価値判断を伴う場合に、討論型世論調査（Deliberative Polls、以下 DP）・コンセンサス会議・計画細胞・参加型予算・流域委員会等の市民参加の仕組みが国内外で実践されつつある（フィシュキン 2011）。「熟議」の制度の運用においては技術的な「熟練」も必要である。また、これらの法的意味の確認とともに、システム全体の改善に向けた提案が必要である（国内の実践については（小林 2007）を参照）。

　そこで、上記の 3 点を念頭に置き、国と地方の役割分担と、日本のエネルギー・環境問題における日本固有の問題である行政訴訟と民事訴訟の判示内容と併用の功罪について確認し、3.11 後の原子力法改革における熟議の制度の運用について評価したい。

3　エネルギー・環境問題における熟議と制度

3.1　国と地方自治体の役割分担

　まず、民主主義も誤りうるという立場からは、立法過程における「質」の確保が問題となる。元来、法案の提出及び運用の場面で「質」の確保を期待されていたのは官僚組織であったが、政治的中立性への疑義から、審議会と

3 エネルギー・環境問題における熟議と制度

法制機関の役割が重視されるようになった（川﨑2014、63-69頁）。また、国レベルでは省庁間の垣根が高く総合性の実現が困難であるうえ、問題を発見する住民からの距離も遠い。近年まで、日本では、国の公文書保存義務や情報公開制度も貧弱であり（最初の情報公開条例は1982年に制定されたが国の情報公開法制定は1999年であった）、現在でも、司法審査の主体・対象とも非常に狭い（行政事件訴訟法の2004年改正及びその見直しにおいて団体訴訟の導入すら先送りされた）。また、環境影響評価法は、一定規模以上の事業の開始時点のみを対象としており、事後評価はあるものの、許認可の更新を対象としていない。そのため、公開された公式記録が残らず、学習機能が働きにくい。環境問題において、科学的知見や技術的対策には不確実性や限界があるため、通時的な学習機能が不十分であることは大問題である。

このような限界を一部補ってきたのが地方自治体である。まず、地方自治体が、（時には住民からの苦情を受けつつ）法律を解釈・適用する過程で、一定程度は総合性・多様性を実現してきた。また、地方自治体は、問題対処型立法（公害防止条例等）はもちろん、行政通則法（行政手続・情報公開・個人情報保護、基本ルール設定型立法）についても、部分的には国に先行して条例を制定し、住民の行政ニーズに応えてきた。

もっとも、地方自治体の長・議員・職員の能力にはばらつきがある。また、前阿久根市長による専決処分の濫用は記憶に新しく、「政策法務」の担い手は議会の構成員ではなく自治体職員である。さらに、地方自治体による適正な権限行使を促進しつつ、創意工夫を損なわないような枠組法を制定するべきである。同時に、高度の科学的・技術的知見を要し、政策の失敗の影響が広範に及ぶ問題領域については、専門家の知見や地方自治体の長・住民の意見を排除するだけでは正当性も正統性も得られない（民主党の「政治主導」の問題点については後述）。だからこそ、地方自治体の行政過程——規則制定や計画策定——において、審議会・パブリックコメント・公聴会に加えて、様々な熟議の制度が実施されてきた。

3.2 環境訴訟における行政訴訟と民事訴訟の併用の功罪

　次に、少数者の権利保障及び議論の熟成のための重要な場として、司法審査がある。日本では、行政訴訟における主観訴訟の間口が極めて狭いために、環境訴訟において代替的な救済方法が模索され、民事訴訟（人格権・環境権に基づく民事差止め請求・損害賠償請求［国家賠償を含む］）や住民訴訟（高松高判平成 6・6・24 判タ 851 号 80 頁・織田ヶ浜事件差戻後高裁判決）の利用価値が探究されてきた（淡路 1980）。
　訴訟による救済ルートの使い分けについて、裁判所は、公共施設設置・供用過程のような複数の段階からなる行政活動を公権力性の「ない行為」と「ある行為」を分ける「個別分析的アプローチ」を採用していた時期があった。すなわち、行政活動のうち公権力性のない部分を対象として民事訴訟による救済ルートを認める代わりに（大阪地判昭和 49 年 2 月 27 日判時 729 号 3 頁・大阪空港事件地裁判決等）、行政訴訟による救済ルートを否定していた（最判昭和 39・10・29 民集 18 巻 8 号 1809 頁）。ところが、大阪空港事件最高裁判決（最大判昭和 56・12・16 民集 35 巻 10 号 1369 頁）は、空港管理権と航空行政権の「一体不可分論」により国営空港の供用に公権力性を認め、行政訴訟の可否も要件も示さず民事差止め請求を却下した。その後、新潟空港事件最高裁判決（最判平成元・2・17 民集 43 巻 2 号 56 頁）は、行政訴訟による救済ルートを承認し、国道 43 号線事件（最判平成 7・7・7 民集 49 巻 7 号 2599 頁［差止め］・最判平成 7・7・7 民集 49 巻 7 号 1870 頁［損害賠償］）は、民事訴訟による救済ルートを前提に請求を認容するに至った（宇賀 2013b、181-185 頁）。
　原子力訴訟も環境訴訟の例外ではなく、行政訴訟と民事訴訟の併用を通じて発展してきた。まず、行政訴訟の判決の骨格は、伊方最高裁判決及び福島第二最高裁判決によって形成された（最判平成 4・10・29 民集 46 巻 7 号 1174 頁・最判平成 4・10・29 判時 1441 号 50 頁）。すなわち、原子炉等規制法（以下「炉規制法」）23 条 1 項の取り消し・無効確認請求において、①原子炉設置許可処分において住民への意見聴取がなくても憲法 31 条（適正手続条

3 エネルギー・環境問題における熟議と制度

項）違反ではない。また、②原子力委員会等の科学的・専門技術的知見を尊重し、③司法審査の在り方として「看過しがたい過誤、欠落」がないかを判断する。④違法性判断の基準は裁判時の科学技術水準により、⑤証明責任として真偽不明の場合の敗訴リスクは原告側に負わせるが資料は被告から提出させ、⑥設置許可処分において「基本設計」のみを安全審査の対象とする（詳細設計・工事方法・運転管理・放射性廃棄物処分は後続処分で審査する）。

また、もんじゅ二次訴訟は民事訴訟及び行政訴訟を通じて争われたが、特に注目されるのは行政訴訟である。福井地裁は、当初、無効確認訴訟・民事差止訴訟について住民（原告）の請求をいずれも棄却した（福井地判平成12・3・22 訟月46巻5号2081頁）。これに対して、高裁判決（名古屋高裁金沢支判平成15・1・27 判時1818号3頁）は、住民（控訴人）の原子炉設置許可処分の無効確認請求を認容したが（住民側はこの段階で民事差止訴訟を取り下げた）、同最高裁判決（最判平成17・5・30 民集59巻4号671頁）は住民側の請求を棄却した。

さらに、民事差止訴訟を通じて人格権侵害の有無が争われた志賀原発訴訟では、地裁は原告側の請求を認容したが（金沢地判平成18・3・24 判時1930号25頁）、高裁は請求を棄却し（名古屋高裁金沢支判平成21・3・18 判時2045号3頁）、最高裁は上告を棄却した（平成22・10・28 判例集未登載）。事故後初めて提起された大飯原発訴訟では、人格権侵害を根拠とする民事差止請求が認容された（福井地判平成26・5・21 判例集未登載。現在控訴中である）。

住民側が民事訴訟を好む理由は、次の点にある。すなわち、原子炉設置許可処分の取消訴訟や無効確認訴訟においては、審査の対象や争点が限定され（⑥基本設計論等）、裁判所が行政による法律および審査基準のあてはめの妥当性を後追い的に判断する（②③⑤）。これに対して、民事訴訟では、行政の基準地震動等に関する想定に捉われずに独自の視点で「具体的危険性」の立証・反証を行える（もっとも、志賀高裁判決は行政の判断過程を内在的に追いかけ、その合理性を追認した）。逆に、技術には科学と異なり政策判断が入るが、法律家による「裸の安全論争は不毛」であるとの立場からは、行政訴訟において工学の判断が尊重されるべきであり（高木2005、370頁）、民事

訴訟の鑑定人による「具体的危険性」の立証は、行政訴訟より「ガリレオ裁判」的な危険があると評価されよう。

現在、諫早湾において、ノリ養殖等の漁業被害が干拓事業によるものか否かを確認するための開門調査を命ずる判決（福岡高判平成22・12・6判時2102号55頁）と、営農者らによる開門の差止め仮処分決定（長崎地決平成25・11・16判例集未登載）が下されるという異例の事態が生じている（最高裁は判決・決定の両方について間接強制を命じている）。判断が分かれた理由は、主に国の中途半端な訴訟遂行姿勢にもあったが、原発訴訟においても、論理的には相矛盾する民事訴訟判決・決定や行政訴訟判決が下される可能性があるため、何らかの調整ルールが必要である（4で後述）。

3.3　原子力法における合意・熟議と制度的実践

では、科学的・技術的・専門的試験を要するが、影響を受ける市民の範囲が広い原子力法において、熟議はどのようにして実践されているのだろうか。まず、立法過程においては、3.11後には、「東京電力福島原子力発電所における事故調査・検証委員会」（政府事故調）・「東京電力福島原子力発電所事故調査委員会」（国会事故調）・「福島原発事故検証委員会」（民間事故調）・「福島原子力事故調査委員会」（東電事故調）の4つの事故調査委員会が設置された。国会は中間報告を受理しただけで、中間報告そのもの（事故と津波のみならず地震の関係）に関して踏み込んだ議論をしていない点は大きな問題である。しかし、公表された報告書等を踏まえて、2012年以降に原子力法改革が行われたことは政治への専門的知見の導入の事例として画期的である（ただし、民主党政権が「政治主導」を理由に専門家の知見の導入を渋った点は評価できない。川﨑2014、63-69頁）。

また、従前、環境基本法13条は原子力法を対象外としていたが、2012年には原子力規制委員会設置法により原子力規制委員会が創設され、同時に13条が削除された。原子力法制は環境基本法の傘下に編入され、炉規制法の改正が行われた（過酷事故対策やバックフィットの導入等。炉規制法43

条の 6。地震・津波・火山の影響も審査基準に組み込んだ）。2013 年には、環境影響評価法 52 条 1 項の放射性物質に関する適用除外規定が削除された。

　もっとも、改正後も原子炉設置許可（変更）処分において、地元自治体の「同意」・防災計画の有無・住民への公聴会は要件とされていない（炉規制法 43 条の 3 の 6）。ところが、現実には、制定法上は根拠のない「原子力安全協定」が、立地市町村・道県と電力会社の間で締結され、施設の変更や燃料輸送計画の事前了解・協議について規定している。立地市町村や道県知事の事前了解は、「議会の意向」や「住民の世論」を踏まえて行われる。また、2015 年度予算において、立地自治体に再稼働後に交付される予算が計上されている（朝日新聞 2015 年 1 月 14 日。「やらせ問題」と「協定」の全体的な評価は 4 で後述する）。

　次に、行政過程（計画策定過程・個別処分）及び司法過程において、熟議はどのように実践すべきか。従来、エネルギー政策や個別処分を巡る知識や判断能力について、専門家と一般市民・科学技術の専門家と法曹のギャップのみが問題にされてきた。宇賀克也は、「行政手続に関するその他の問題」のコラム（「住民参加」）において、現在 Public Involvement の手法が検討されていると述べ、(1) 討論型世論調査（DP）に肯定的に、(2) 原子炉変更許可処分における「シンポジウム」に否定的に言及する（宇賀 2013a、452-457 頁）。

　(1) 民主党政権時代、総合エネルギー調査会基本政策分科会の答申とパブリックコメントに加え、2012 年 8 月 4-5 日には「エネルギー・環境の選択肢に関する討論型世論調査」（以下「本件 DP」）が実施され、2030 年段階での望ましい電源比率及び原子力発電の占める比率について討論が行われ、同年に報告書が作成された。「エネルギー・環境の選択肢に関する討論型世論調査第三者検証委員会」が作成した報告書は、本件 DP について次のように指摘する。①政権からの独立性はある程度保たれていたが、準備時間の都合で初動を政府・資源エネルギー庁が仕切った。②RDD 法により参加者を無作為抽出することで代表性を保障しようとしたが、世代間の公平性への配慮に欠けていた。③討論資料に偏りはなかったが、わかりづらかった。④公平な討論はほぼ実現されていた。⑤世論調査としての側面が強調されすぎてお

り、プロセスの公開性・透明性が不十分で、国民的議論を喚起するには至らなかった。⑥使用方法を明示せずに実施したことも課題である。また、八木絵香曰く（八木2013）、報道は、本件DPの解釈として⑦熟議を経て一般市民の意見はゼロシナリオに傾いたという印象を与えた。しかし、⑧一般市民に比べて本件DPの参加者の意欲が相当高かったことと⑨その実現のための工程や代替的エネルギー源について意見が分かれた点は強調すべきであり、⑩国民は2030年の電源構成の数字に基づくシナリオではなく、シナリオが示す社会の像や方向性を選択していたと解釈すべきであり、アジェンダ設定をもう少し柔軟に行うべきであったと指摘する（評価は後述。自民党政権交代が策定した「第4次エネルギー基本計画」（2014年4月）は、本報告書に言及していない）。

(2) 個別処分（炉規制法23条）の司法審査において「専門技術的知見」が尊重される意義として、従来は「専門技術的裁量」や「工学的裁量」に置き換えられることが多かった。しかし、原子炉設置許可処分の耐震設計については、「専門技術的知見」にも幅がある（例えば、地震予測の有効性については地震学内部でも見解が分かれる）。また、耐震設計については、地震学・地震工学・原子炉工学など複数の領域の総合的知見が必要であり、異分野の専門家の意思疎通や統合的知見に基づく意思決定が必要である。残念ながら、2011年6月の玄海原発の設置変更許可の際に、地方自治体首長が協定に基づき同意を与えるか否かを判断する際のシンポジウム（原子力安全・保安院主催。2012年改正前）において「やらせ」が発生した。宇賀克也は、行政手続法の規律対象ではないものの同法1条の精神に反し、憲法の適正手続の理念にも反すると批判する（熟議には程遠い）（宇賀2013a、452-457頁）。

そして、司法審査において、アジェンダ設定の自由度が低いことと裁判官の専門性が欠如していることが指摘される。前者は立法過程と行政過程に委ねるしかないが、後者について、進行協議期日審理方式のほかに、カンファレンス尋問方式が提案されている。そのうえで、「専門技術的裁量」に代えて、「敬譲」概念の導入を提案する。すなわち、「裁量」は専門性を持つ官僚の判断を信頼して委ねるという肯定的な意味も持ちうる。これに対し

3 エネルギー・環境問題における熟議と制度　73

て、「敬譲」は本来であれば裁判所は全面審査を行うべきところ、行政の専門性に敬意を表して一歩引き下がるという意味である。そして、敬譲型審査は、その前提である「対論」――反対意見への説明だけではなく反対意見を吸収したうえで行政としての最善知探究――を通じて専門性が発揮された場合に限り正当化できる (3)。

　では、立法・執行・行政・司法における熟議の制度的実践について、どのような法的評価が可能か。3.11 後の立法過程において、事故調の専門的知見が導入されたことは画期的であった。これに対して、行政過程（計画策定過程）において、DP が「世論調査」に留まるとすれば、政府側に応答義務はない（フィシュキンの監修は世論調査としての性格を維持するための介入である）。しかし、DP を法的政策サイクル内に位置付け、審議会・公聴会・パブリックコメントの一形態やこれらに替わる意思決定の手段であるとすると、応答義務が発生する。エネルギー基本計画は、政策の全体像に過ぎず、個別の再稼働に関する許可処分（原子炉設置許可処分等）とは直接連動していないが、同計画は許可処分を集計した大枠を定めたものでもある（原発の再稼働と電力会社への再生可能エネルギーの供給申し込みへの回答保留は一定程度連動している）。本件 DP が、審議会・パブリックコメントと併せて実施されたとはいえ、本件 DP との違いについて説明していないことは行政手続法 1 条の精神に反する。

　さらに、「協定」に基づく同意・「シンポジウム」における意見聴取とアドホックな補助金の交付は、主体的責任及び主題的責任を曖昧にする。むしろ、炉規制法を改正し、専門家同士の対論だけではなく、原子力災害対策特別措置法 5 条の地域防災計画の策定義務を負う範囲の自治体の長への意見聴取と住民への公聴会の実施を義務付けるべきであり（河川法 16 条の 2 第 3 項から第 5 項と比較しても見劣りする。いずれも同意権は意味しない）、防災計画の策定を許可要件に組み込むべきである。もちろん、正当性（専門家間の対論）及び正統性（地方自治体の長への意見聴取及び住民への公聴会の結論）のある結論が一致するとは限らないが、一致した場合にはこれらを踏まえた決定こそが敬譲型審査に値する。さらに、行政訴訟・民事訴訟や民

事訴訟同士の判決・決定の衝突については、訴訟ルートを一本化するか、衝突した場合の優先順位を決めるかの選択が必要になる（後述）。

4　批判的民主主義論からの展望

　筆者は、3.11 の東日本大震災とこれに伴う福島第一原発事故を経ても、政策担当者や企業の幹部に失敗から学ぼうとしないものがいることに強い衝撃を受けた。本章では、『現代の貧困』において展開された CD 論を手がかりとして、合意及び熟議の民主制における意義を確認した。まず、民主制は、社会的諸力の解放による競争の活性化のために存在するが、混乱を避けるためには多数者による支配と少数者の権利保障が必要である。民主制における合意の意義は、合意がない場合に少数者保護の必要性を示すという機能にある。また、人民の可謬性を正面から認める場合、人民の思考や判断の長期的な変容・熟成が必要であるということになり、民主的政治過程における熟議は、変容・熟成を促進するために欠かせない。本稿は、エネルギー・環境問題の特質（科学的・技術的知見の不確実性や細分化された知の統合の必要性）に鑑み、「熟成」の視点から地方自治・司法における熟議と意思統一が必要であると述べた。

　さらに、前節では、事故前後の立法・執行・行政・司法の各過程における実践について検討するため、地方自治と司法に焦点を当てた。以下では、CD 論からみたこれらの評価と改革の展望を述べ、結びとしたい。

　まず、住民の懸念やニーズを発見し、中央省庁の縦割りを克服を試みる場合、地方公共団体の役割を過小評価するべきではない。同時に、高度の科学的・技術的知見を要する場合や行財政能力が欠落している場合には地方公共団体（特に市町村）の過大評価も禁物である。

　また、日本の環境訴訟において、行政訴訟の原告適格や処分性の要件が狭く捉えられ、かつ、行政訴訟において裁判官が行政の判断に対して敬譲的な審査を行ってきたために、環境訴訟の原告は行政訴訟に加えて民事訴訟を併用してきた。このことは、原子力訴訟においても例外ではない。しかし、諫

4　批判的民主主義論からの展望

早の開門調査の是非をめぐる判決・決定における矛盾は、民事訴訟への依存の限界を浮き彫りにするとともに、原発訴訟においても同様の問題が起こりうることを示唆している。

　そして、各種の事故調査委員会から専門家の知見が政治過程に導入され、炉規制法改正において、バックフィットの導入・過酷事故対策の義務付けの法定や、地震・津波・火山の影響等が審査基準に追加された点は画期的であった。しかし、原子炉設置許可処分には、学際的な知見・判断が必要であり、各分野の専門家の見解でさえ分かれている。「神話」の崩壊後も、炉規制法上、事故時の避難計画は許可要件とされておらず、地方公共団体の長に対する意見聴取も住民への公聴会も規定されていない。これに対して、原子力安全協定は存在し、予算が通過すれば再稼働を承認した立地自治体には補助金が公布される。CD論からは、国及び地方の主体的責任と安全性に関する主題的責任を曖昧にし、地域エゴを促進する行政的中央集権との誹りを免れない。防災計画を許可要件とし、地元自治体への意見聴取・関係住民の公聴会（いずれも同意権までは意味しない）を許可手続に組み込み、これらを「対論」による「最善知探究」の場とするべきである。

　さらに、立法・計画策定・個別処分の各過程において、DPは、透明性を高めて実施すれば、「国民的議論」を喚起する道具になりうるが、法的政策サイクルに組み込む場合と組み込まない場合がありうる。前者の場合、政治化する可能性があるものの（小林2007。北海道のコンセンサス会議）、行政手続に組み込むと法的位置付けは明確になる（DPをレファランダムの際に使うのは政治の責任を曖昧にするから避けるべきである）。また、後者（世論調査等）の場合、意味は不明確になるが適用先は広がる。さらに、DPにおいて、アジェンダ設定の自由度を上げ、世代間衡平に配慮すれば、政治にも訴訟にもない独自性を発揮できよう。

　最後に、裁判所は、原則として行政の判断に対して全面審査を行える。これに対して、専門家や関係者の熟議を経て出された結論には、敬譲的であらざるをえない。繰り返しになるが、裁判官は、工学だけに捉われるのではなく、行政が最善知探求義務を果たしている場合に限り敬譲型審査を行うべき

である。さらに、訴訟制度は、長期的には行政手続における対論・熟議の制度の整備及び団体訴訟の導入・本案判断の成熟等を条件に行政訴訟・民事訴訟のいずれかに一本化するか、判決の齟齬を調整するルールを設けるかを検討するべきである。私は、救済手段の選択肢を残す必要性があるから、行政訴訟と民事訴訟を併存させたうえで、判決・決定の優先性を決める調整ルールを設けるべきであると考える(4)。

註

(1) 過労死問題（貧困、第 2 章、169 頁）が解決されれば、この議論の説得力は増すはずである。
(2) 公民的共和主義の系譜に属する熟議民主主義論は、「熟議の日」に肯定的であり、「正解」を暗黙の前提としたうえで、人民が自然に正解（合意）に達するとする傾向があり、RD 的な面を持つ。
(3) 最善知探求義務は、井上の存在志向的多元主義と同義である（201-213 頁）。（交告 2014、28-32 頁）
(4) 定期航空事業の騒音が問題である場合、免許の適法性を争う行政訴訟より、騒音の総量と時間帯を争える民事訴訟が望ましく、選択肢を残すべきだとされる（宇賀 2013b、182-185 頁）。

文献一覧

キャス・サンスティーン（2012）『熟議が壊れるとき——民主政と憲法解釈の統治理論』（那須耕介編・監訳）勁草書房。
淡路剛久（1980）『環境権の法理と裁判』有斐閣。
井上達夫（2014）「序——立法学における〈立法の哲学〉の基底的位置」井上達夫編『立法学のフロンティア 1 立法学の哲学的再編』ナカニシヤ出版。
宇賀克也（2013a）『行政法概説 I 行政法総論（第 5 版）』有斐閣。
宇賀克也（2013b）『行政法概説 II 行政救済法（第 4 版）』有斐閣。
川﨑政司（2014）「立法における法・政策・政治の交錯とその「質」をめぐる対応の在り方」井田良・松原芳博編『立法学のフロンティア 3　立法実践の変革』ナカニシヤ出版。
交告尚史（2014）「原子力安全を巡る専門知と法思考」環境法研究第 1 号、1-33 頁。
小林傳司（2007）『トランス・サイエンスの時代——科学技術と社会とつなぐ』NTT 出版。
髙木光（2005）『行政訴訟論』有斐閣。
橋本努（2014）「可謬主義と熟成主義の立法過程論」井上達夫編『立法学のフロンティア 1 立法学の哲学的再編』ナカニシヤ出版。
ジェイムズ・S・フィシュキン（2011）『人々の声が響きあうとき——熟議空間と民主主義』（曽根泰教監修・岩木貴子訳）早川書房。
松本充郎（2014）「原子力リスク規制の現状と課題」『阪大法学』63 巻 5 号、57-101 頁。
八木絵香（2013）「エネルギー政策における国民的議論とは何だったのか」『日本原子力学会誌』55 巻 1 号、29-34 頁。

5 『普遍の再生』
―― どのようにして？ そしてどのような？

『普遍の再生』　（岩波書店、2003 年）

米村幸太郎

🏵 1　本書の目的

　『普遍の再生』はかなり広範な主題を論じている。だがそれは本書が雑多な論集だからではなく、本書が向き合い批判する対象の性格に由来する。その対象とは普遍を否定する立場、より正確に言えば、普遍的妥当性を有する規範的原理の存在・認識可能性を否定する、かつ／または、普遍的規範を探求する実践を無意義あるいは不当なものとして退ける立場、とまとめられよう。この立場を反普遍主義と呼んでおこう。この反普遍主義は特定の理論的対象というよりも、より大きな一個の「現実」とでも表現すべき対象である。というのも、この反普遍主義は現実世界の様々な局面に見いだされるのみならず、それを支える様々な論理、およびこの立場へと人を誘う様々な心理的様態に応じて実に多様な形をとるからである。この「現実」を批判し、普遍的規範原理の探求実践への信頼を回復しその意義を証明することこそ、『普遍の再生』というタイトルに託された井上の目的である。

　この目的を達成するためには、反普遍主義が顕在あるいは伏在している個々の問題様態にわけいっていく必要がある。また、そこに内在する論理を摘出し検討するとともに、その論理を生み出す心理の様態も明らかにされ批判されなければならない。というのも、普遍を否定する論理と心理はヴァラ

エティに富むだけでなく、互いに錯綜し強化しあう関係にあるからである。さらに、普遍的規範原理の探求実践へのコミットメントが持つ積極的含意を明らかにすることで、反普遍主義へと人を誘う「誤解」を正すことも必要となるだろう。かくして本書は現実政治の具体的イシューから法哲学上の理論動向まで、一見雑多にも見える内容を含むことになるのである。

　本書におけるこれらの作業の梃子、ないし背景的前提となっているのは、井上がこれまでも擁護してきた普遍主義的正義理念と、それが含意するいくつかの制約的原理である。とはいえ、この正義理念自体の解明の作業は、主として他の著作に委ねられている。本書では、むしろ井上自身の正義理念論を下敷きにしつつ、反普遍主義的な現実動向を批判することに重心が置かれている。その意味で、本書は井上正義論の現実への応用的展開を企図したものとしても位置付けられるだろう。

　本書で取り上げられる具体的政治動向や法理論の個別的な批判はそれ自体としても重要であるが、それら全てを立ち入って検討することはできない。そこで本章では、本書における井上の反普遍主義批判の全体像の提示と、その成否の検討に射程を限定したい。まず次節で井上が分析し批判する反普遍主義の「論理と心理」を大きく4つに整理しよう。その上で、第3節において2つのごく小さな疑問を提示したい。

2　反普遍主義の論理と心理

2.1　二重基準と自己欺瞞の罠

　普遍的規範原理を否定する人々の第1の（しばしば無自覚な）方策は、二重基準的にそれを使いわけながら、しかもその事実から目をそらすというものである。他者の行為を規律したいと望む者は、しばしば規範原理の普遍的妥当性を標榜する。だが、それは普遍的に妥当するのだから同時に自らをも規律してしまう。これは都合が悪い。そこでわたしたちは往々にして自分を欺く。すなわち、普遍的妥当性を持つ原理に訴えかける一方で、その原理が

自らをも拘束することを都合良く忘れ、否定しようとするのである。井上の批判の第一は、この欺瞞性の暴露にある。

　この自己欺瞞に陥る危険性は、普遍的な規範を積極的に提唱しその実現を声高に叫ぶ側にこそ大きい。というのも、普遍的規範の実現を欲する主体は一般にその実現のための力の自由な行使を望む。よって、自らの意思と力を規律する普遍的原理の存在は、普通の人々以上に彼らにとって枷となるからである。井上はここから覇権国家米国の外交政策や、グローバリゼーションの進行に伴ってますます無視できない存在になりつつあるNGOのような超国家的主体にもこのような二重基準と自己欺瞞の問題を見いだす（普遍、序及び第3章。なお本稿では以下普遍に関する参照は2003年版の頁数または章番号のみを示す。書誌詳細は凡例を参照のこと）。

　そして超大国やNGOだけでなく、わたしたち自身もまた、この自己欺瞞の罠から免れているわけではない。本書第1章の戦争責任論は、この自己欺瞞の罠を自国の文脈に即して指摘してみせたものと言えよう。そこでの批判の中心は、わたしたちが戦争の被害者として考えるとき支持している責任原理を、加害者の立場に立つときいとも容易く忘却する点にある。一旦自らの責任と恥辱と向き合う局面に立ち至ると、わたしたちもそのような普遍的原理からどうにかして目を背けようとするのである。

2.2　普遍と覇権の同一視からのシニシズム

　一方、このような普遍的原理の二重基準的使用の現実、とくに超大国によるそれは、普遍的規範原理の存在自体を「いかがわしく」見せる。普遍とは結局のところ「彼ら」が「我ら」を都合よく支配する現実を隠蔽し合理化する装置にすぎないのではないか。かかるシニカルな懐疑は、普遍的規範を特定主体が掲げる規範にすぎないと断じ、故に「彼ら」が押し付けてくる規範の「我ら」への普遍的妥当性を否定する論理の苗床となる。

　本書では、この種の論理の一形態としてアジア的価値論の主張が検討に付されている（普遍、第2章）。アジア的価値論について井上は、人権概念をそ

の思想史的出自を根拠に退けながら、同様の出自を持つはずの主権概念を肯定的に受容するという不整合を犯している点も問題であるが、より問題視されるべきは、その背後にある認識枠組であると主張する。普遍の受容を阻むのは「我ら」と「彼ら」を異なった存在とみなすわたしたちの認識枠組の帰結でもあるからだ。井上によれば、かかる認識は差別実践一般に伏在する以下のような逆説的事態により生じる。すなわち、差別実践はその正当化のために、差別的取り扱いの正当化根拠足りうるような「劣った」属性を被差別集団の「本質」であると主張する。そして差別実践が構造化されると、被差別集団のメンバー自身がかかる「本質的属性」を自己のアイデンティティの基盤としてみなすことを余儀なくされ、結果、かかる無根拠な差異を肯定的シンボルとして倒錯的に受容することで差別の克服を図るという経路をたどりやすい。こうして差別者被差別者双方に、「彼ら」と「我ら」には本質的な差異が存在するという認識機制が定着することになる。

まさにこうした事態が、オリエンタリズムとアジア的価値論との関係においても成立していると井上は指摘する。オリエンタリズムは、アジアには欧米と根本的に異なる「本質」があり、さらにこの本質を認識・対象化し変革する能力は欧米だけにあると主張するが、アジアに欧米と異なる固有の本質ありとするアジア的価値論の認識的前提はまさにこのオリエンタリスト的心性の裏返しである。そして、この認識的前提は本来多様であるはずのアジアを単色的な地域とする誤解を誘発する点でも不当であるし、人権と民主主義がアジアと欧米が共に突きつけられている普遍的課題であることを不可視化する点でも不当であり解体されるべきである。「我ら」と「彼ら」が共に服すべき規範原理の存在を認めることは、覇権的主体への盲従ではなく、むしろ覇権の的確な批判のためにこそ要請される。

2.3　普遍主義の国家構想と多元的生

普遍主義に対する更なる批判は次のようなものである。近代主権国家の現実態である国民国家は「民族的・文化的少数者を同化抑圧し」、「対外的に

は排他性・自己中心性をむき出しにしている」(xv頁)。すなわち近代主権国家という普遍の理念は、多元的な生のあり方の共存を可能にするどころか、それらの強制的同化によって成立する。このような視角からは、普遍主義は画一化や常軌化を要請し、結果、多様な生き方の抑圧同化へと道を開くのだ、と。

このような異議申し立てに対する井上の回答は次のように要約できる。すなわち、正義の理念的中核として普遍化不可能な差別の排除を考える立場に対してはこのような批判はあたらない。普遍化不可能な差別の排除は、単なる類型化要請や個体的差別の排除を超えて、自らの規範的主張が自他の視点を反転させてもなお受容しうるものであるかを吟味する反転可能性要請を含意する。そしてこの反転可能性要請に立脚した普遍の理念は、画一化や常軌化とは無縁であり、むしろ人々の多様な生を可能にする。この点を井上は多文化主義とフェミニズムという2つの実例に即して検討している。

多文化主義は、民族文化的少数者が多数派の社会文化に同化吸収されることなく、つまり異なった存在のまま社会に生きることを求め、そのための種々の方策を要求する。かかる要求に対して普遍主義的正義理念からの含意としての反転可能性要請は、当該要求を受容しうるだけでなく、彼らの文化的実践の保護が彼ら内部のさらなる少数者の抑圧へと結びつく危険を制御する論理を与える点で、多文化主義の主張する多元的生を可能にしつつその限界を適切に制約する。この問題の限界事例の1つとしてアーミッシュの親が子弟に公教育を受けさせることを拒む権利があるのか否かが争われたヨーダー事件が想起されるが、反転可能性要請からすれば、親(ないし集団全体の)文化的宗教的自律の追求は、子の自律を犠牲にしてまで追求さるべきではないと井上は主張する。

またフェミニズムの立場からは、普遍主義的リベラリズムが生の領域を公と私の2つに区分した上で、公的領域にのみ正義を貫徹させ、私的領域については性別役割分業などの深刻な性差別を放置していると批判される。だが井上によれば、反転可能性の要請を基底とするリベラリズムは、そのようなアプリオリな干渉領域の限定にはコミットしない。反転可能性要請は国家に

よる個人への介入の正当化理由の吟味を要求するのであり、むしろ何が私的領域かはこの観点からは不断に見直されるべきことになるのである。

2.4 歴史的文脈主義の虚妄と対話法的正当化

一方、「我ら」への自足によって普遍を否定する論理も存在する。この一形態が歴史的文脈主義に依拠した反普遍主義である（第7章）。すなわち、規範の妥当根拠、存在根拠は特定の個別的な歴史的文脈に求められ、したがって規範の内容解明も、普遍的な哲学的抽象原理によってではなく、歴史的文脈の内実によって達成される。よって規範的原理は歴史的文脈を共有する者たちの間を超えて妥当することもなく、その探求において普遍的原理に依拠することもない。

歴史的文脈主義に対し井上が反問するのは、第1にその歴史的文脈なるものの非自明性である。「歴史が哲学に代わりうると信じている人に聞いてみたい。[……] 一体、どの伝統、誰の伝統に依拠するのか」（245頁）。さらに、依拠すべき文脈の内容が自明ではない以上、真の歴史的文脈について競合する解釈が発生することになるが、この点は歴史的文脈主義を自壊的な立場へと追いやるとされる。というのも、歴史的文脈主義は競合する解釈間の優劣を当の解釈が事実的与件の最良の再構成である点に求めなくてはならないが、この主張は、最終的にそれ自体普遍的妥当性を有する解釈評価原理へのコミットメントを必要とするからである。要するに、井上によれば、歴史的文脈主義も結局のところ普遍的原理に依拠せずには一貫した主張たりえない。

こうした歴史的文脈主義への退行は、普遍主義に対する誤解にも根ざすと井上は分析する。その誤解とは、普遍主義が基礎付け主義を必然的に前提しているという見方である。すなわち、普遍的正義の探求は、基礎付け主義的な正当化、すなわち異論の余地の全くない証明を規範的判断の正当化条件として要求する。だが、そのような確実な証明など不可能である。よって普遍主義のプロジェクトは誤っている、と。

だが、井上によればこれは誤解である。基礎付け主義的正当化は確かに不可能事である。だがそれはそもそも正当化という営みの適切な理解ではない。正当化とは異論を持った特定の相手に対して自らの主張の正しさを示そうとする営為であり、常に話者あるいは論議に相関的である（対話法的正当化）。したがって、正当化に際して要求される事柄は、相手の提示する異論の内容に相関して異なってくる。さらに、正当化は常に論議相関的なので、ある論議の文脈においてある信念が正当化されたという事実は別な論議の文脈において当該信念が正当化されることを意味しない。また、正当化がなされたとしても、そのときわたしたちは自らの主張が批判や異論の余地を残さない真理であると標榜しなければならないわけではない。井上に従うならば、普遍的規範原理の内容を探求することは、むしろ正当化実践の性質上、常にさらなる論議への開放性を有することになるのである。

3　2つの疑い

　以上、反普遍主義に対する井上の批判の骨格を示した。その指摘はいずれも鋭く、全面的に賛同したくなる切れ味を備えている。だが私は、一方でそれをかすかにためらう気持ちも感じる。私のためらいが単なる私の逡巡気質以上のものに由来することを示すためにも、ここでは2点を検討したい。1つ目は、普遍主義的正義理念の帰結であるとされる反転可能性の要請に関わる点であり、2点目は、対話法的正当化理論と普遍主義的正義理念との結合についてである。

3.1　反転可能性とアーミッシュのケース

　既に述べたように、井上はヨーダー事件について、アーミッシュの親の要求が反転可能性の要請に基づいて退けられるとしている。アーミッシュの「子の宗教的自律を犠牲にした親の宗教的文化的自律の追求は正義理念が含意する反転可能性のテスト——自他の立場・視点を反転させたとしても受容

可能か否かのテスト——をパスせず、多様な文化を形成する人々の公正な共生の条件を損うもの」(211 頁) だというのである。だが、周知のように反転可能性には複数の定式化が存在し、そこから何が導かれるのかにも争いがある[1]。さらに、反転可能性に関する井上自身の記述にも若干の揺れがあるように思われる。以下では反転可能性についてのありうる理解を検討し、それぞれからアーミッシュの問題について井上が主張するような結論が導出できるのかを考えたい。

　反転可能性の要請は「A が B に対して ϕ することが許されるのは、A が B の立場に立ったとしてもそれを受容できる場合に限られる」といった単なる立場の交換の要請として理解されることがある。だが、良く知られているように、この理解の下では「心優しいマゾヒスト」のような色々な不都合なケースが反転可能性の要請をクリアしてしまう。そして同様に、このアーミッシュの親の信念もまた反転可能性要請をクリアしてしまうだろう。というのも、アーミッシュの親は子供に身につけさせたいと願う宗教的価値観を既に自ら有している以上、公教育を受けられずアーミッシュ独自の宗教的生を押し付けられる子供の立場に身を置いたとしても喜んでそれを受け容れるだろうからである。

　もちろん、井上は反転可能性要請に対するこのような単純な理解を採用していない。彼は、反転可能性が要求するのは、自他の異なる「環境的条件」だけでなく異なる視点をも反転させた上で規範的信念の受容可能性を問うのことだと度々注意を喚起している（たとえば自由、139 頁）だが、次は「視点」の反転とはいかなることかが問題になるだろう。たとえば、リチャード・ヘアは単なる立場交換のテストの不十分さから選好を含んだ反転を提案したが、これと同様に選好の反転を井上の「視点の交換」は意味しているのだろうか？　そうではない。井上の言う視点とは選好や快苦のみならず選好自体に対する評価も含む広範な主観的要素なのである[2]（たとえば自由、141 頁）。

　そうだとすれば視点交換反転可能性要請は次のように要求するだろう。すなわち「A が B に対して ϕ することが許容されるのは、A が B の立場、つ

まり B の選好、選好についての評価的価値観、世界観等を有しつつ B の状況におかれたとして、φ されることを受容できる場合でなくてはならない」。しかし、世俗社会から相当程度隔離された環境におかれ宗教的価値観に基づく教育を受けることが、ただちに子供の立場から否定的に評価されることになるとは限らない。子供はその親の決定が自分の人生に及ぼす意味を恐らく理解できず、子供は親が言うのだからそれに従うべきだとか、あるいはなんとなくといった理由からこれを受容してしまうかもしれない[3]。したがって、この視点の交換も含めた反転可能性要請も、件のアーミッシュの親の規範的信念を排除できるのかは明らかではない。

　この批判に対して井上はさらに次のように応答するだろう。自他の視点からの受容可能性とは、まさに自他の視点から受容可能な理由によって自己の要求を正当化する責任を引き受ける「道理をわきまえた（reasonable）」主体にとっての受容可能性である。それは単なる事実上の受容や重要蓋然性ではなく、規範的制約を組み込まれた受容可能性――受容すべき理由があるということ」である（企て、25-26 頁）。そうだとすれば、反転可能性要請が求める「受容」とは単なる「同意」とは区別されなければならない。同意はその理由を問わず決定の結論に対する賛意の表明のみを要求する。自己利益から、あるいは単になんとなくであっても、同意は同意として成立する。だがここでの受容はこのような意味での同意を超えて、決定自体だけではなくその理由を含めた肯定的評価を下すことを要求するのである、と[4]。

　なるほど、しかしそうだとしても、この点はアーミッシュのケースを救済するには足りないだろう。子供は決定を正当化する理由なるものをそもそも理解しないかもしれないし、たとえ理解したとしてもその理由を肯定的に評価する可能性は依然として排除できないからである。

　これを避けるための方策として考えうるのは、理想化された視点に訴えることであろう。すなわち、反転可能性要請において交換されるべき視点とは、何らかの意味で理想化された視点である。そして、そのような理想化を施された子の視点から見れば、自らの宗教的自律を制約するような決定は受容できないのだ、と。だが、理想化された子の視点がそのように都合の良い

ものであるためには、単なる完全情報や道具的合理性以上の前提を理想化に読み込まなくてはならない。アーミッシュの親の決定をその正当化理由をも含めて子供が否定するためには、アーミッシュ的な共同体教育において否定される自律等の価値を肯定的に評価している必要がある。だがそのためにはアーミッシュの子弟は非アーミッシュ的な価値観を育むように育てられなければならない。だがまさにそのように育てられるべきかがここでは問題となっていたはずである(5)。

3.2 反転可能性と自律の価値

　結局、反転可能性の要請がアーミッシュの親の信念を首尾よく掣肘できるためには、自律が誰にとっても価値であるという前提が置かれなければならないように思われる。この前提は本書では明示されていないものの、井上の理論全体の理解としては適切なものであろう。実際、井上は他の著作において、善き生の特殊諸構想としての諸価値（すなわち「良く生きるとはどういうことか」についての解答を構成する価値）である「人格完成価値」と、そのような良き生の特殊構想を構想追求する主体自体の存立基盤となる価値である「人格構成価値」を区別し、自律は後者に属すると述べているからである（他者、101-107 頁）。この価値論上の区分の当否はここでは脇に置いておこう。ここで注意したいのは、この自律の（人格構成的）価値は、普遍化可能性や反転可能性の要請それ自体とは別の理論的要素であるということだ。

　このことが井上のリベラリズム全体にとって直ちに問題となる、と言いたいのではない。正義理念は、「そこから自動的に結論が演繹できるような公理ではなく、様々な問題について、それが生起する具体的文脈を踏まえて提示される具体的な議論の真摯性・公正性をテストする制約条件」（岩波人文書セレクション版へのあとがき）である以上、他の理論的前提が付加されない限り具体的な結論が導出されない場合があるのは、むしろ当然であるだろう。しかし、井上はここではあくまで普遍主義的（正義）理念へのコミットメントが多元的生の追求に対する適切な限界線を引きうると主張をしているので

あった。そうだとすれば、普遍主義的正義理念の帰結である反転可能性の要請が他の理論的要素なしには上記の結論を導きえないという以上の議論は、反転可能性原理単体の潜在能力の限界をやはり示しているということになるのではないだろうか。これは少なくとも本書における井上のプロジェクトにとっては不都合であるだろう。

3.3 対話法的正当化と公共的正当化

関連してさらに問題にしたいのは次の点である。井上は「反転可能性要請はその名から二者関係の反転を連想させるとしても、それに限定されない」と述べる（企て、23 頁）。しかし、だとすると要請されているのは一体どこまでの主体との反転なのだろうか？ ある箇所で井上は、正義の公共的正当化要請は「論議に参加していない他者に対する普遍化不可能（反転不可能）な差別をその論議の背景的信念が含む場合には、その背景的信念の批判的再吟味を求める」（260 頁、傍点井上）と述べる。この記述からは、反転可能性要請は、その原理や決定の影響を受ける主体全員と反転を行うことを要請しているのだと理解すべきようにも思われる。

だが、本書において普遍的規範原理の探求実践の性格付けを与えるとされた対話法的正当化理論の内容は、やや異なった理解を示唆する。対話法的正当化理論によれば、正当化は常に論議相関的実践であり、論議の相手に相関して正当化に必要となる事柄も変わってくるのであった。ところで、そこでの「相手」とは現実の相手でなくてはならないだろう。そうでなければ正当化は「孤独な独白行為」に逆戻りしてしまうからである。そして「異論の余地のある判断であっても、現実に異論を唱える者がいなければ、正当化する必要はない」とされる（260 頁）。したがって、「論議に参加していない他者」が現実に異を唱えていない場合には、対話法的正当化はわたしたちの判断が正当化される必要はないと述べなくてはならない。そうだとすれば、反転可能性要請において反転さるべき視点の範囲は「現実に論議に参加している者」に限られてしまうのではないだろうか。

井上は、「もちろん、異論を抑圧している場合は他者の沈黙は異論の不在を意味しない」と付け加えてはいる（260 頁）。だが、この補足は上述の疑念を解消してくれない。抑圧の内実をどのように考えるかという問題は措くとしても、例えばある種の先天的障害の故に論議に参加しえない者、あるいは動物の「沈黙」は、いかなる意味でもわたしたちの抑圧の結果であるとは言えないだろう。

さらに、対話法的正当化理解のもとで「異論者」たるべき必要条件として、次のことが提示されていることは、さらなる疑念を招く。すなわち、対話法的正当化の下では、「(3) 異論者は問題の判断に反対する具体的な理由を示さなければならない。すなわち異論者はかかる反対理由の基礎となる自分自身がコミットした信念体系をもたなければならない」（260-261 頁、傍点米村）。だが、現実にわたしたちのどの程度の範囲の人々が自分自身がコミットした信念の「体系」を有しているだろうか。この条件は、正当化の名宛人たる他者の範囲をさらに大きく限定することになるように思われる[6]。

正当化の相手となることと、普遍化不可能な差別の禁止という正義理念が要請する考慮の範囲に入ることとは別だと井上は応じるかもしれない。確かに正義の正当化実践は、現実に異論を提示し合う体系的コミットメントの保持者たち相互の実践である。そのような相互の正当化実践にあたってそれが正義についての主張としての資格を得るための必要条件が、普遍主義的正義理念がもたらす反転可能性をはじめとする諸制約なのだ。そしてこれらの理念的制約の 1 つたる反転可能性要請において反転の対象となる他者は正当化の名宛人だけではなく、その規範的主張の（あるいはその規範的主張に基づく実践の）影響を受ける全ての主体なのである。普遍主義的正義理念が対話法的正当化理論に「規範的な基礎と制約を与える」（262 頁）とはそのような意味に解されねばならない、と。

だが、一方で井上は反転可能性について次のようにも述べている。「自他の視点からの受容可能性とは、まさに自他の視点から受容可能な理由によって自己の要求を正当化する責任を引き受ける「道理をわきまえた (reasonable)」主体にとっての受容可能性である。それは単なる事実上の受容や受容の蓋然

性ではなく、規範的制約を組み込まれた受容可能性——受容すべき理由があるという意味での"acceptablity"——である。すなわち合意調達の可能性が公共的正当化を制約するのではなく、逆に公共的正当化の可能性が合意と拒否の適切な理由を制約するのである」(企て、25-26頁、傍点米村)。この記述からは、反転可能性要請にとってその受容可能性がレレバントである主体、つまり言い換えれば普遍的規範原理を探求する者たちがその主張に際してその視点からの受容可能性を気にかけなければならない主体とは、上述のような恐らくかなり強い意味での適理的(reasonable)な主体にやはり限定されていると理解しなければならないように思われるのである[7]。

4　結びにかえて

　本書は自己欺瞞に陥りがちなわたしたちの心性を戒め、二重基準的な実践を前に易々とシニシズムに陥ること、そして普遍的規範原理の探求を諦め歴史的文脈に自足的に自閉することの誤りに気づかせてくれる。そして、これらを通じて、本書は普遍的規範原理の探求の不可避性を再認識させ、その意義への健全な信頼を回復してくれる。この点における本書の意義は、以上の私の小さな疑念によっても失われることはないだろう。ただ、どのようにして、そしてどのような普遍が帰結しているのかには注意が必要である。本書で開示された普遍の姿は普遍主義的正義理念だけによっているのではなく、また強い意味で適理的な主体の間だけで成り立つ普遍のように私には思われるのだ。

註

[1] 反転可能性を含む、一般に普遍化可能性要請の含意として論じられる複数の原理の比較検討を行うものとして(瀧川 2006)。

[2] 別な箇所ではかなり広く「理想・世界観」までも含むものとされている(企て、24頁)。

[3] 瀧川は反転可能性に対するいくつかの解釈を検討しているが、その中の「視点交換のテスト」と呼ばれている解釈と、ヘアが「選好を含んだ反転原理」と呼ぶものは若干異なっている。cf. (Hare 1963) (Hare 1981)

[4] この理解を決定的に支持する記述はたとえば(企て、25-26頁)である。また本書には「公平として受容しうるような公共的な正当化可能性」という表現もある(229頁)。後者

の記述に忠実であろうとすれば、受容すべき規範的理由とは公平性についての理由でなければならないように見える。この点は若干他の記述と齟齬を来すようにも見えるが、ここでは脇においておきたい。また、普遍化可能性の要請について井上と類似の解釈を示唆するものとしてたとえば（Reinikainen 2006）。
(5) これは主体の理想化に関わるより一般的な問題の一部である。cf.（Hawkins 2008）
(6) この点は、マーサ・ヌスバウムが政治的リベラリズムについて、適理性（reasonableness）を単なる認識的条件として理解するのは、解釈によっては、普通の人の大半の包括的教説を「穏当（reasonable）」ではないものとして退ける結果を生むと指摘していることを思い起こさせる（Nussbaum 2011）。
(7) この点がどこまで深刻な問題を生じさせるのかについて、これ以上検討する余裕はない。だが、これは政治的リベラリズムに対して、その公共的理由を構成する主体があくまで適理的な主体に限定されていた点が問題の1つとみなされていた点を思い起こさせる。この点についてたとえば（Friedman 2000）。なお、政治的リベラリズムの擁護を標榜しつつ、井上の立場に近接する構想を提示している論者としてジョナサン・クォンが挙げられる（Quong 2011）。だが、詳細な検討は他日を期すこととしたい。

文献一覧

井上達夫 (2006)「公共性とは何か」井上達夫編『公共性の法哲学』ナカニシヤ出版、3-27 頁。
井上達夫 (2007)「憲法の公共性はいかにして可能か」井上達夫編『岩波講座憲法 1 立憲主義の哲学的問題地平』岩波書店、301-332 頁。
瀧川裕英 (2006)「公共性のテスト――普遍化可能性から公開可能性へ」井上達夫編『公共性の法哲学』ナカニシヤ出版、28-53 頁。
Forschler, S. (2007) "How to Make Ethical Universalization Tests Work," *The Journal of Value Inquiry* 41: 31-43.
Friedman, M. (2000) "John Rawls and the Political Coercion of Unreasonable People," Victoria Davion and Clark Wolf (eds.), *The Idea of a Political Liberalism: Essays on John Rawls*, Rowman & Littlefield, 16-33.
Hare, R. M. (1963) *Freedom and Reason*, Oxford University Press.（山内友三郎訳『自由と理性』理想社、1982 年）
Hare, R. M. (1981) *Moral Thinking: Its Levels, Method, and Point*, Oxford University Press.（内井惣七・山内友三郎訳『道徳的に考えること――レベル・方法・要点』勁草書房、1994 年）
Hawkins, J. S. (2008) "Well-Being, Autonomy, and the Horizon Problem," *Utilitas* 20(2): 143-168.
Nussbaum, M. (2011) "Perfectionist Liberalism and Political Liberalism," *Philosophy & Public Affairs* 39: 3-45.
Persson, I. (1989) "Universalizability and the Summing of Desires," *Theoria* 55(3): 159-170.
Quong, J. (2011) *Liberalism without Perfection*, Oxford University Press.
Reinikainen J. (2006) "The Golden Rule and the Requirement of Universalizability," *The Journal of Value Inquiry* 39: 155-168.

6 『法という企て』
── 人格への卓越主義？

『法という企て』　（東京大学出版会、2003年）

大屋雄裕

　1986年に『共生の作法』を上梓した井上達夫は、(1992年に名和田是彦・桂木隆夫との共著で刊行した『共生への冒険』を除けば) 十数年にわたってまとまった書籍の刊行から遠ざかる。この間に公表された論文群が示唆してきた井上法哲学の枠組を本格的に提示したのが、世紀転換期に相次いで刊行された4冊の単著──『他者への自由』(1999)、『現代の貧困』(2001)、『普遍の再生』(2003)、そして『法という企て』(2003)であり、本書はその末尾を飾るとともに助手論文以来の研究の柱の一つであった法概念論領域について再論したものだということになるだろう。
　ある意味ではそのことが、本書の「雑多な」構成にも反映している。後半が扱う「法動態論」の対象は、法・政治の関係としての立憲主義、立法・司法の関係としての違憲審査制から、共同体論・憲法論・競争論・幸福論へと及んでいる。一見すると脈絡のない寄せ集めに見えかねないこれらの章は、しかし、前半で構築された理論枠組を現実的な諸問題へと応用・展開するという位置付けにあり、その意味で、井上法哲学の実質化を担っていることになるだろう。

第6章 『法という企て』—— 人格への卓越主義？

1 理論枠組の構築

1.1 「正義への企て」としての法

　本書は 4 部・10 章からなる。第 1 部「法理念論」は「法とはいかなる企てか」という副題の通り、法の概念的な性質を解明することを目指したものであり、その主張は序において以下のように簡潔にまとめられている。

> 第 1 に、法とは正義への「企て」である。法は正義と同一ではない。不正な法も法でありうる。しかし、正義の探求を企ててさえいないとみなされうる秩序は法ではない。第 2 に、法は「正義への」企てである。法が企てているのは単なる秩序維持や予見可能性保障でも、愛や幸福の成就でもなく、否それら以上に、正義の実現である。（企て、i 頁。以下注記のないものは同書より。）

　「金を払え」という法的命令と強盗による脅迫とは区別することができるか。この問いに対して井上は、法が内在的に備える正義要求という解を提示する——「法は客観的に正義に適合しているか否かに関わりなく、正義に適合するものとして承認されることへの要求を内在させている」（6 頁）。井上によれば、法は単なる命令ではなく規範であり、それによって指図される行為が理由（reason）によって正当化可能であることが、法が法であるためには、求められる。そしてこのために、理由の開示や説明、異議や不服の申立てといった制度を通じて法の正当化を争う権利が、法の存在にとって本質的な要素として基礎付けられることになるわけだ。

> 正義要求は正義適合性を含意せず、法は自己の正義要求の実現に失敗しうる。しかし、まさにそれゆえに正義要求は達せられざる正義の実現に向けての不断の自己改革の営為に法をコミットさせる。法は正義をめぐる論争を打ち切る有権的決定の体系ではなく、正義を標榜するがゆえに正義適合性の批判的再吟味に開かれた試行的決定の体系である。（10 頁）

　個々の法は正義と一致しないかもしれない。むしろその正当性が、倫理的

にも制度的にも常に問い直しに開かれている必要がある以上、正義と一致し
たとして議論が終結することは決してない。法は永遠に到来することのない
正義へと向けた実践、「正義への企て」なのだということになるだろう。

　だが、正義とは何か。『共生の作法』において井上が、正義と不正義を区
別するためのさまざまな基準（criterion）、原則（principle）をその内容とす
る正義構想（conceptions of justice）と、対立するそれらがすべて前提して
いるはずの・共通して依拠しているはずの正義概念（the concept of justice）
とを区別していることを想起しよう（作法、31 頁）。そして正義概念によって
示される正義の意味は「当事者の個別的同一性による規範的判断の差別化の
排除」（7 頁）、すなわち典型的には私が私であるという個体的同一性を根拠
としたエゴイスティックな正当化の排除なのであった。

1.2　法の支配の理論的再生

　そしてこの普遍主義的要請が、井上によれば、法の支配の実質をなすもの
である。第 2 章「法の支配」において井上は、ジューディス・シュクラー
がその背景として 2 つの異なる考え方があったと整理していることを紹
介している。すなわちアリストテレスに由来する「理性の支配（the rule of
reason）」モデルが人民の感情や情熱を抑制することを法に期待しているの
に対し、モンテスキューに典型的な「制限政府（limited government）」モデ
ルは政府による恣意的な暴力行使を抑制することを重要な機能と考えてい
る。そしてシュクラー自身は、前者が「理性的」に自己の行動を抑制できる
ような知的・倫理的エートスを備えた人々あるいは彼らが構成する社会階層
が政府の行動を握っていることに依存している点を指摘し、そのような条件
を欠く現代においては、すべての人々が共有できる考え方としての「恐怖か
らの自由（freedom from fear）」によって支持される後者が中心的なものと
なると考えたのであった。

　だがこれに対し、シュクラーの立場が現状を「正しいもの」として無根拠
に想定し・その侵犯のみに問題を限定する危険性を指摘し、保護に値する恐

怖とそれ以外を弁別する基準の必要性を主張する井上は、双方の問題に答えるためには「正しさ」の基準としての正義概念が不可欠であると主張する。

> 「恐怖からの自由」としての法の支配は、我々が攪乱されることを恐怖する現状の正義適合性を理性的吟味に開く「理性の支配」に裏打ちされていない限り、権力に対する批判的統制原理としての機能を法の支配から奪う。しかし、いかなる部分集団も自己の理性の特権的優位を標榜し得ない民主社会では正義適合性判断は鋭い論争の的となる。正義を志向する理性の支配としての法の支配を、正義の論争化が不可避な民主社会において、法的判断への公共的信頼を保持しうるような仕方で貫徹することは果たして、またいかにして可能か。(44-45 頁)

そして、ここで示された法の支配の理念的再生に向けた課題を満たすためにこれまで想定されてきたさまざまな議論（形式化・実体化・プロセス化）に換えて井上が提唱するものが、「理念化プロジェクト」である。民主的な意思決定は、普遍化可能な理由付けに基づいた論議を通じて行なわれなくてはならない。だがその決定が正義にかなっているかどうかが、常に問い直しに開かれていなくてはならない。ある決定が正義に合致しているかを事前に確定することはできないから、多数者の提案する選択肢を実行に移してみることにし、問い直しを通じてそれが誤っていたことが明らかになれば提案者の責任を問うべきだということになるだろう。これを可能にするものが、井上による法の支配の〈強い構造的解釈〉である。

このようにして、政治哲学的な批判的民主主義構想（貧困）と、その結果として実現される権力行使が正義にかなったものとなることを保障するための批判的統制原理である法の支配とが、結合されることになる。民主主義を支える批判的な熟議プロセスを統制する理念こそが、正義概念なのである。

井上によれば、法は単に「人間行動を準則の支配に服せしめる企て」（ロン・フラー）ではない。組織化・構造化された略奪であってもフラーが導いたような「法内在道徳（internal morality of law）」を満たすことができ、それにより予見可能性を備えることが可能だからである。法の支配の〈弱い構造的解釈〉もまた、予見可能性を前提として人々が行動を調整することを

(典型的には権力に制裁されるような選択を回避するという形で）可能にする程度に留まる点が不十分であると評価されなくてはならない。法が（組織された）強盗と異なるためには、それが「正しい準則」に基づいていること、その実質を問う「正当化を争う権利」を備えていることが要求されることになるのだ。

ここで注目すべきなのは、そのために想定されるのが典型的には「司法審査制と結合した立憲主義的人権保障制度」(65頁) であることを認めつつ、本質的な保障を井上が立法の正当化への要請に置いていることだろう。

> 多数の専制に対する防御は、反転可能な公共的正当化の要請を立法過程を支配する多数者に課すこと、すなわち、多数者が少数者になったとしても受容し得るような理由による立法の正当化の要請に求められる。(65頁)

立法が正義にかなっていることを司法が事後的にチェックするのではなく、民主的論議自体が普遍化可能な理由に基づいて行なわれることにより、正義にかなった立法が実現することこそが、井上にとっての正道なのである。その後「立法学」プロジェクトへと発展する萌芽を、ここに見出しておくべきではないだろうか。

1.3 法の存在をめぐって

これらの基礎の上に、第2部において法の性格をめぐる考察が据えられることになる。第3章では、人間行為に関する事実によって根本規範 (Grundnorm) に妥当性が与えられていることを踏まえてケルゼンの法理論が法実証主義の一環として捉えられる。そしてケルゼン自身の理解に反し、裁判所の法適用に先立って法的標準とそれ以外との区別が行なえないと主張しているために彼の議論はルール懐疑に陥り、裁判所による法創造を全面的に認めざるを得ないことになっていると、井上は指摘する。ここではその批判が、ケルゼンのように法の終局的決定性を中心とする法観念では、判決が下される前に法適用の正当化について論理的に争うことが無意味になっ

てしまう（あるいは法体系の外側における「道徳的・政治的論議」(103 頁)に留まってしまう）という理由に基づいていることを確認しておこう。言い換えれば井上の批判は、法を正当化体系として捉えることを前提とした帰謬法[1]になっていることになる。

同様に第 4 章では、ドゥウォーキンの理論が「現存法（the existing laws）」的な法観念を批判したものと捉えられている。この見方によれば法は事前に特定可能な確立したルールの集合ではなく、「第一次的には人々のあいだの権利義務関係として存在する」(126 頁)。法命題も、事実の有無により真偽が決まるような「法規についての命題（propositions about laws）」ではなく、確立された法（settled law）をもっとも良く正当化する政治理論に対して整合的であるときに真であるようなもの、その意味で法規・事実にのみ依存する判断と独立にあり得るようなものと位置付けられることになるだろう。法と法外の存在を区別する基準も、その真偽を定める標準ではなく正当化の文脈に求められることになる。

> 法と超法的道徳、在る法と在るべき法の区別も、異なった種類の標準の集合の間の区別としてではなく、異なったタイプの規範的ディスコース（規範的論議実践）の間の区別として、したがってまた、それらを性格づける異なった正当化の文脈の全体構造の間の区別として捉えらるべきものである。(139 頁)

これらの議論を通じて「正義への企て」としての法という法概念論と、普遍化可能な理由による正当化という正義概念論とが結び付けられ、そこから正義の理念化プロジェクトとしての批判的民主主義（政治哲学的次元）と正義審査保障（法概念的次元）が展開するという構図、井上法哲学の体系が描き出されることになる。具体的領域に関する後半の議論は、この体系が持つ意義を示すために置かれていると考えることができるだろう。

2 問題への適用

2.1 論議から自律的な個人へ

　ボーク最高裁判事指名失敗問題を契機として「正義への企て」としての法の意義を展開する第5章は、その典型と考えることができる。そこでは、法がルールの適用ではなく正義構想をめぐる論議であるという主張の意義が、コンセンサスとしての法という描像を否定する形で、詳述される。

> このような法理解に立つならば、法は論争において沈黙するどころか、論争においてこそ雄弁に自己の本質を語り始める。法はもはや確定的なルールの異論なき合意の内に封鎖されてはおらず、社会の決定の歴史をその最善の相において照らし出す複雑ではあるが全般的な整合性を持つ正義構想の展開として解釈されるが、論争的な法の問題においては、まさにこのような構想に訴えて何が法であるかが論議されえ、かつ、論議さるべきなのである。(167頁)

　そしてその故に、人々は論議を担い得る主体・自己決定的な個人である必要があり、自律性に干渉しようとするさまざまな試みが排除されるべきということになるわけだ。民法、特に不法行為法の基礎に関する棚瀬孝雄の議論を批判した第8章も、この文脈から理解することができよう。
　すなわち棚瀬は、「孤立した諸個人がアカの他人同士として、自己への干渉を拒否し相手への干渉を自制しあうような社会」(224頁)を個人的正義、加藤雅信のように「福祉国家的社会保障の基礎にある責任の社会化・集合化を徹底して救済普遍化を図る立場」(224頁)を全体的正義にのみ立脚するものと位置付けてその双方を退け、その中間にある共同体的正義を重視し、不法行為法再建の基礎として定位したのであった。だがこれに対し井上は、個人的正義への批判として関係的配慮を・全体的正義に対して個人責任原理を強調する姿勢は両立不能なのではないかと指摘し、濃密な人間関係を基礎とするべき関係的配慮を普遍化することは概念的にも現実的にも不可能で

98   第6章 『法という企て』——人格への卓越主義？

あり・不法行為責任の一般的基礎にするのには問題があるという診断を加えている。

> 関係的配慮には、それにふさわしい固有の人間関係の場がある。そこから切断してこの配慮を擬制的に普遍化する試みや、この場を法の領土に併合する試みは、関係的配慮を活性化させるよりも、むしろ、希薄化ないし腐食させる傾向がある。関係性を法理論の中で位置づけるにあたっては、このことに特に留意する必要があるだろう。(232頁)

ここから読み取ることができるのは、「人間の相互依存性と自己責任性との間の緊張」を「古くからのアポリアの一つ」(227頁)と認め、法以外の場所においては関係的配慮や相互依存性が優越的な地位を占め得ること、そのような場所こそが個々人にとっては重要なものであり得ることを認めつつも、正義に基づくべき法の世界においては自律的な個人の理念を断固として守ろうとする井上の姿勢だろう。

2.2 自己決定に対する脅威

そのような観点から、自己決定に対する脅威の典型と想定されるのが、パターナリズムと卓越主義である。まず井上が、平等・自由の価値理念をめぐる状況を憲法学との対話の糸口として展開した第7章において、功利主義を肯定的に評価していることを確認しておこう。多くの論者が功利主義を批判対象としてそれぞれの正義論を構築してきたこともあり、一般的には現代正義論の敵対者と位置付けられることの多かった功利主義だが、井上によればそれは、何を功利として評価するかが各自の選好に委ねられているという意味において自由を、すべての個人の持つ功利が均等な重みで集計されるという意味において平等を、その議論に内在させているのである。これと比較してもなお近代人権思想の基礎である「個の尊厳」への危機として名指されるものこそ、パターナリズムに他ならない。

パターナリズムは、国家の個人に対する知的・倫理的優越性の前提の下に、後見的配慮という形での、国家の個人に対する共生・干渉・操縦（マニピュレーション）を要請する。そこで前提されているのは、賢明な慈父たる国家によって保護され、しつけられるべき未熟な子供としての個人の像ではないか。そうだとすれば、それは、いかにして個の尊厳の理念と両立するのか。[……]当の個人よりも国家の方が、その者の利益をよく知っているという標榜の下に、個人の権利主張を否定することを国家に許すパターナリズムは、個人の人格性に対する、一層深い次元での侮蔑を伴っているのではないか。（208頁）

よく知られた「二重の基準論」批判（182-187頁）もまた、精神的自由の経済的自由への優位という価値基準が無根拠に前提され・法的に強制されていくという卓越主義への批判に加え、経済的自由の規制がしばしばパターナリスティックであるとの認識から成り立っていることも、ここで確認しておこう。

3 卓越主義の問題性と必要性

3.1 卓越主義の罠

さて井上は幸福論である第10章において、法を幸福実現の手段と考えることの危険性として5つの罠、すなわち利己主義・功利主義・パターナリズム・卓越主義・共同体主義を挙げて批判を加えた。特に卓越主義、すなわち倫理的に卓越した生き方の実現として幸福を捉え、その実現のために個々人の人格を倫理的完成（perfection）へと善導することを法・政府の任務と考える立場については、それが「善き生の範型を公定し、それと異なる幸福理想を追求する人々をこの範型に押し込め、あるいは排除するために、法的権力を利用する」（280-281頁）ことになる点を指摘し、幸福実現の手段として法を捉える視点にその原因を求めたのであった。

第6章 『法という企て』── 人格への卓越主義？

> 法がなしうるのは、多様な幸福理想を追求する人々にその自由を保障するとともに相互尊重の制約を課し、人々が幸福追求のために必要とする資源の公正な分配を図り、各自の幸福追求活動の負の外部性（騒音、景観破壊、汚染など）を抑制・是正・調整することである。［……］特定の幸福理想の手段に法を還元する卓越主義は、複雑な「ゴルディアスの結び目」を一刀の下に断ち切ったアレクサンダー大王のように問題を単純化する。だからこそなおさら、それは誘惑的で危険な罠である。（281頁）

だが、「個の尊厳」や個人の自律性はそれほど容易に前提してしまってよい価値なのだろうか。まず我々は、それが（とりあえずは）人類を構成する各個体の自己決定とそれを通じた利益が尊重されることを約束し、それによって確率的には人類全体の幸福や自由が増大することを期待していること、逆に言えば集団的利益とはあくまで確率的な関係に留まり矛盾・背反する可能性を抱えていることを確認しておく必要があるだろう。もちろんこのことは井上によっても、反功利主義的な正義論において自由・平等といった理念が全体福祉の最適化といった集団的利益を制約する「横からの制約」（ノージック）・「切り符」（ドゥウォーキン）として機能していることを指摘する際に、正当に踏まえられている（197頁）。

3.2 人権の根拠問題

すると次に「個の尊厳」に立脚する人権が・集合的な種の存続を対象とするアニマル・ライツ[2]とは異なる種類の権利であるということが導かれるだろう[3]。閉鎖的環境で・個体数増大によって生息環境が悪化している動物種を前にしたとき、我々は、種の存続を維持するために特定の個体を除去するという対策を考えるだろうし、これがアニマル・ライツと矛盾するとは思わない。だがそのように集団全体の利益のために犠牲にされることを拒否する機能が（反功利主義的正義論の考えているように）人権だとすれば、「冷たい方程式（the Cold Equations）」状況[4]において特定個体の除去（それによる生存個体数の最大化）という選択肢は採れないということになる。

ここから「個の尊厳」と人権とは人間に特権的に保障されたものだという議論に進むならば、その正当化はどこにあるのか、それは端的な種のエゴイズム（作法、第2章）なのではないかという疑問が提起されるはずだ。この問いに対する一般的・伝統的な反応は、人間が・そして人間だけが理性的な自己決定を通じて自己の幸福に配慮する能力を備えているからだというものになるだろう。

3.3 個人という卓越主義？

　だがこのような議論は現代において、極めて疑わしいものになっているのではないだろうか。たとえば安藤馨の指摘するように、個々人の自由な選択やそれを担う人格の存在が当該個体の幸福実現の妨げになる場合も考えられるだろう（安藤 2007）。他者に、あるいはシステムに配慮してもらうことによってより幸福な人生を送ることをある個体が選択したとして、「個の尊厳」に立脚する人権概念はそれに対してどのように対応すべきなのだろうか（大屋 2014）。「自己を奴隷化する契約は可能か？」という問いが自由の限界を問うものとして突き付けられ、リバタリアニズムがその可否をめぐって混迷するときに、リベラリズムは「個の尊厳」を掲げることによって対抗した。自由を手放すことは尊厳を失うことだと、そこでは前提されていたように思われる。だが自己に対する配慮が自由の代償として約束されるときにも同様の反論が通用するのだろうか。なぜ我々は、正義のあり方をめぐって論争し、集合的決定の根拠を問い、その正当性を問い直し続けるような「逞しきリベラリスト」でなくてはならないのだろうか。

　むしろ井上自身が共同体的正義を退け・個人的正義を法の基礎付けとして選択したことによって、そのような社会を構成する「孤立した諸個人」としてのあり方を背負うよう個人に強制している、そのための道具として法を利用しているとすら、言い得るように思われる。仮にそうだとすれば、自由かつ自己決定的な主体を前提として卓越主義の問題性を指摘する井上の議論自体が、そのような主体性を個体に強制する卓越主義になっているという構

造を指摘することができるだろう。

3.4　対話法的正当化理論

　いやむしろ問題は、すでに（一応は）自己決定的な主体である我々にとってその自律性を手放し得るかという点にではなく、我々の世界に新たに到来した個々人——将来の個人であるはずの子供たち——に対してそのような選択を強制することが認められるかという点にあるのかもしれない。井上が『普遍の再生』において展開した対話法的正当化理論を思い出そう（普遍、第7章）。そこでは①現実に正当化が必要なのは異論を唱えるものがいる場合に限られるとされる一方、②異論が抑圧されている場合にはその限りでないとされていたのであった。だがこの主張は、子供の意思に反して義務教育を受けさせることができるかと問われたときに、問題に直面することになる。子供に十分な意思表示能力を認めるとすればその意思に反した強制は許されず、認めないとすればその決定によって異論が抑圧されているからやはり強制は許されないことになるからだ。我々はどのようにして、教育を通じて子供たちを我々の社会へと迎え入れることができるのだろうか。

　もちろんこの問題に井上が無自覚であるわけではない[5]。成人の場合においてすら個々人の判断力・批判力は必ずしも常に十分ではなく、かつてのように自律的で自己決定的な個人を自明の前提として採用できないことは、たとえば以下のように認められている。

> 本当に個人は自分自身の幸福の最善の審判者であり、それに対して最大の関心をもつ者なのか。現実には人間は弱いものであって、アルコール依存症とか、麻薬やギャンブルへの耽溺が象徴的に示しているように、むしろ自分で自分を破滅させることがままあるではないか。［……］たしかに、自殺のような回復不能な選択や、麻薬使用のように本人が後悔しても自力更生の困難な選択など、衝動的行動の抑制や更生支援のためにパターナリズムが必要な場合はある。（275-276頁）

　だとすればパターナリズムには許容される余地があり、その介入が認めら

れる場合と認められない場合、自己決定可能な主体であることを卓越主義的に強制すべき場合とそうでない場合とを切り分けるべき基準が必要になってくるのではないだろうか。その点に言及しないまま、パターナリズムや卓越主義が典型的に陥る問題のみを指摘することで自律的個人を基礎にするリベラリズムを正当化することは不公正なのではないか、との指摘もあり得るところだろう。

3.5 「個の尊厳」への企て？

だが、この点には別の解釈が可能かもしれない。2011年の日本法哲学会学術大会（統一テーマ「功利主義ルネッサンス――統治の哲学として」）パネルディスカッションにおいて、法が命令という形式を取ることにおいて対象者の主体性を必要とし、かつ尊重していると指摘した大屋報告（大屋 2012）に対し、ここで大屋が人格の存在を事実として前提したり正当化しているのではなく・あくまでも擬制として想定しようとしているという点は理解しつつも、その限りにおいて井上が賛意を示していることを参照しよう（井上 2012、89 頁）。そしてすでに見てきたように、井上にとっての正義は特定の正義構想を正当化するような形でいま・ここに現前するものではなく、むしろ問い直しの可能性を常に保障するもの、その意味で永遠に到来することのない・否定的に想定されるよりない存在だったはずだ。あるいは同様に、自律的で自己決定的な個人と彼らにより構成される社会もまた、井上にとって自明の現実としてその存在が前提されるものではなく、その実現が（決して到来しないにもかかわらず）目標として常に目指されなくてはならない理想だということになるのかもしれない。

このように考えるならば、あるいは井上達夫の「逞しきリベラリズム」もまた、「個の尊厳への企て」として理解すべきだということになるだろうか。仮にこの読みが正しいとするならば、そのことを示している点において『法という企て』こそ井上法哲学の 1 つの結節点であったということになるのだろう。

註

(1) 前提を真と仮定すると不合理な結論が導かれることから、前提を誤りだとする議論。
(2) 動物の権利一般には、以下で論じているような種を単位とする権利とは別に、不当に虐待されない・生命を奪われないなど個体が持つ権利として人権と同じ構造を持つと考えられるものも含まれるが、ここではそれらに言及しない。
(3) このことは、たとえば森村進によってつとに指摘されている（森村 1998）。
(4) トム・ゴドウィンの SF 小説「冷たい方程式」において描かれた状況（Godwin 1954）。致死性の疫病が流行している惑星へ血清を届ける途上の小型宇宙船で密航者が発見されるが、宇宙船には正規の搭乗員のために最低限の燃料・酸素しか搭載されていないため、目的地に到着するためには搭乗者・密航者のうち誰かが船外へと投棄されなくてはならず、さもなければ燃料不足で全員が死亡することになると想定されている。同様の極限的状況とその解決策をめぐって多くの SF 作品を生み出す基礎となった。
(5) 口頭での発言としてではあるが、2000 年 5 月の東京法哲学研究会における井上報告に対する質疑において、子供に関する問題は例外として扱われるべきと考えていることは確認している。

文献一覧

安藤馨（2007）『統治と功利——功利主義リベラリズムの擁護』勁草書房。
井上達夫（2012）「統治理論としての功利主義」日本法哲学会編『法哲学年報 2011 功利主義ルネッサンス——統治の哲学として』有斐閣、82-91 頁。
大屋雄裕（2012）「功利主義と法——統治手段の相互関係」日本法哲学会編『法哲学年報 2011 功利主義ルネッサンス——統治の哲学として』有斐閣、64-81 頁。
大屋雄裕（2014）『自由か、さもなくば幸福か？——21 世紀の〈あり得べき社会〉を問う』筑摩選書、筑摩書房。
森村進（1998）「人権概念の問題」日本法哲学会編『法哲学年報 1997　20 世紀の法哲学』有斐閣、281-298 頁。
Godwin, T. (1954) "The Cold Equations," *Astounding Science Fiction*, Street & Smith, vol. 53(6) (August 1954): 62-84.（「冷たい方程式」伊藤典夫編『冷たい方程式』ハヤカワ文庫 SF、早川書房、2011 年、151-197 頁）。

7 正義に基づく『自由論』

『自由論』　（岩波書店、2008 年）

大江　洋

　「自由とは何か」「自由とはどうあるべきか」という、現代社会において根本的に重要な問題はいかにして語りうるのか。自由をめぐってさまざまな緊張を呼び込むような時局的問題が次々と立ち現れる現在において、自由論を深めることの意義は殊のほか大きいだろう。本章では、『自由論』を主たる手がかりにして、井上の主張する「正義に基づく自由論」を検討していきたい。井上による法哲学やリベラリズム論の理論的骨格をなす正義論的視点は、氏の自由論においても貫徹されている。したがって本書は井上理論の入門書としても位置づけうる。

1　自由論の諸相

1.1　自由と秩序の不可分性

　チャールズ・テイラーによる「悪魔的な」論述（Taylor 1985, p.219）を井上はまず取り上げる（自由、7-8 頁、以下、井上『自由論』の頁表記については、煩雑さを避けるために頁数のみを表記する）。宗教的活動の自由が認められる一方で交通信号の多さから交通規制が厳しいロンドンと、宗教は廃止されても交通信号の少なさから交通規制についてはそれほど厳しくないアルバニアの

首都ティラナの、いったいどちらがより自由なのか。自由を単に外的障害の欠如として捉えるならば、煩瑣な交通規制の少ないアルバニアの方がより自由であるという不合理な結果になりかねない。そこで、単なる自由の量によって自由が保障されている程度を判断するのではなく、どのような質の自由が保障されているのかが重要であるとテイラーは述べる。

こうしたテイラーの議論に対して井上はおおよそ次のように反論する（9-13 頁）。①宗教的自由が保障された英国において宗教に関する選択可能性は潜在的なものを含めればかなり広い、②選択可能性のより広い保障を目指す交通規制のような「調整的規制」と、行為そのものの規制を目的とする「禁圧的規制」はその性質がまったく異なる、③質的な自由（自由の質）の高低は単純に異論なく決められるようなものではない。

テイラー論から示唆されることとして、一定の社会的秩序（規制）の中で自由は成立するということを井上は挙げる。「秩序は自由と両立可能」であり、秩序構想を想定しない自由はありえない（「秩序なくして自由なし」）。よって、検討さるべきは「自由の秩序」である。では、自由の秩序が求める自由とは一体どのようなものなのだろうか。

1.2 「2つの自由論」の錯綜

その多義性がつとに知られているところである自由概念に対して「1つの応答」（24 頁）として井上が理解するものが、アイザイア・バーリンの有名な「2つの自由」論である。他者からの干渉を受けずに自身の領域を確定する消極的自由概念は「権力からの自由」として理解され、「自分自身の主人」として自己決定・自己支配を行っていく積極的自由概念は「権力への自由」として理解されうる（25-27 頁）（cf. バーリン 1971）。

バーリンが提起するこうした2つの自由の内部には、それぞれ錯綜した要素や難点があると井上は述べる。まず、積極的自由に関しては次のような錯綜・難点が存在しているとされる（29-32 頁）。①積極的自由を、とりわけ積極的自由の個人的次元の発現形態である自律観念を尊重しようとするな

らば、集合的な決定によってさえも侵されてはならない「個人の自己決定領域」が設定されるべきであり、それによって積極的自由は消極的自由に重なっていく。②積極的自由は単なる干渉の欠如・排除にとどまらず、それは自己支配という高次な自由を達成することである、という考え方を安直に推し進めるならば、「真の自我」と標榜される状態や種々の外的権威（「プラトン的哲人支配」「一党独裁」等々）と積極的自由は簡単に同一化されてしまう危険がある。③高次の自由である積極的自由を享受する位置に自分は到達したとして、逃避・孤立的に己の砦に退却してしまう恐れがあり、その状態は消極的自由の難点（「私生活への逃避」）として論じられてきたところと通底する。

では消極的自由についてはどうなのか。井上によれば、消極的自由を実現するためには種々の干渉・障害が排除されねばならず、その排除されるべき干渉・障害の中に自らの「抑え難い衝動」やハンディキャップが含まれるとすれば、そこでの消極的自由（の保障）は自由実現の条件・状況の調整を配慮したものとなり、「積極的自由と交錯してくる」(32-35 頁)。

2　自由と関わる秩序論

2.1　秩序あるいは専制のトゥリアーデ

自由の行使条件や自由の固有の難点を考慮するならば、その調整・解決は「自由の概念規定で片付く問題ではなく」(39 頁)、自由を支えまた自由を適正に制約する秩序のありようを検討する必要が出てくる。そこで井上は秩序論の考察に向かう。

秩序の安定性確保のためにはどのような方策が採用されうるのか。換言すればそれは国家の必要性・意義の問題となる。だが、国家による暴走の危険を念頭に置くならば、秩序維持を十分に意識した上で国家存在を不要とする思想を検討する意味があるのかもしれない。井上はその有力な代替的思想として「醒めたアナキズム」を取り上げる。検討の中で、秩序維持を市場の

機能（警備保障会社等）に任せる市場アナキズムについても、各々の共同体にその成員が所属することによって秩序維持を図る共同体アナキズムについても、当該主体単独で秩序維持を行うには専制化の危険があるとされる（52-58頁）。

　秩序主体（秩序形成原理）固有の暴走の危険性を踏まえ、国家－市場－共同体の各主体が抑制・均衡する形で社会全体の秩序維持がなされるという視点を井上は提起する。曰く、「自由が生息しうる"よく秩序づけられた社会"は異質な秩序形成原理が競合し補完しあう社会」（62頁）である（「秩序のトゥリアーデ」）。ただし、この秩序のトゥリアーデ（三幅対）が常に健康な状態であるわけではない。特に1つの秩序主体が暴走し、他の秩序主体に悪影響が及び、病理状態を示すことがある。これを井上は「専制のトゥリアーデ」と名づけている。

　各秩序原理間の抑制・均衡論を単純に解釈すれば、1つの秩序原理にゆがみが生じ暴走したときには、それを抑制する他の対抗的な秩序原理の出現（たとえば、共同体によるインフォーマルな抑圧に対抗する「毅然たる"法治国家"」（83頁）の出現）が期待される。秩序のトゥリアーデによる均衡抑制が強調され、その構想によって「自由の各位相がもつ魅力を生かしつつその危険性を制御してゆく」（62頁）ことが目指されていく。

2.2　トゥリアーデ論の底にあるもの

　では、各秩序原理が足並みを揃えて歪み暴走した場合（専制の三位一体？）はどうなるのだろうか。たとえばグローバル化・規制緩和の名の下、労働法による規制は少なければ少ないほど良いという思想から雇用の流動化・市場化が進む場合を考えてみよう。雇用流動化が促進されることによって自社の利益が増大するような産業の代表的経営者が政府の各種諮問機関に入り込み規制緩和を煽り、自らの利益に適した法制化へと進めていく。そこでは、無効とされた解雇を金銭的に解決する制度や、解雇基準を例外的に緩和する地域（解雇特区）を特区として認める制度が設定され、さらには「余剰」労

働者たちが「追い出し部屋」に集められ半ば強制的に会社から追われていくことも可能な限り不可視化される。金銭解決制度や解雇特区制度は、本稿執筆段階でわが国において実現化されたものではないが、現実のものとなる可能性は決して小さくない。こうした状況は他の秩序主体の中に脱出口が容易に見つかるようなものではないだろう。

井上はトゥリアーデ論に関して想定されうるこうした疑問・批判に対して次のような応答を準備する。3つの秩序原理の抑制・均衡が目指される秩序のトゥリアーデ論は、「大まかな展望にすぎ」ず、実際には「複雑な相互乗り入れや、競合関係」が存在している（61頁）。さらに、秩序のトゥリアーデ論は「自己回復力をもって持続する諸力の安定調和状態ではなく」（114頁）、1つの秩序原理の暴走の危険性や各社会固有の秩序の崩れ方（「自由の病み方」）に対して「われわれの目を開かせる」（86頁）ものだとされる。言わば、状況判断の視点として有望な枠組みだと井上は捉えている。では、そうした暴走や病み方をどのような根拠で「暴走している」「病んでいる」と判断し、またあるべき秩序（の抑制・均衡）の方向性はどのように定められるのか。

3　正義に基づく自由論

3.1　自由の「師」としての正義

広く知られているように、長きにわたりリベラリズム研究を精力的に行ってきた井上は正義を根本理念として置くリベラリズムを展開する。リベラリズムを字句どおりに「自由主義」として、つまり自由を根本理念として考えることに井上は異を唱え、正義を根本理念とすべきだという立場を採る。自由の魅力と危険性の両面を合わせて考慮していく秩序論にとっても、その根本理念には自由ではなく正義が設定される。『自由論』において（再刊時に付加された「場外補講　リベラリズムにおける自由と正義の位置」において）、井上は「判断の原理的指針となる価値理念」（114頁）や、「自由に代わる価値理念」（116頁）として正義理念を基底的に位置づけている。

第 7 章　正義に基づく『自由論』

　ではなぜ正義がリベラリズムの根底に置かれるべきなのか。井上は次のように述べる（125-127 頁）。正義の具体的なありよう（正義構想）を論ずるときに、各々の主張が単なるすれ違いに終わっているのではなく衝突していると言えるためには、それらの主張に通底する概念があるはずである。たとえば分配的正義をめぐる主張をする際には、その主張が平等主義的なものであれ、自由の徹底的な尊重を志向するいわゆるリバタリアン的なものであれ、両者に共有される概念がなければならない。それが「正義概念（the concept of justice）」である。その正義概念を井上は「普遍主義的正義理念」と呼び、「普遍化不可能な差別の排除の要請」をその内容とする。普遍主義的正義理念（普遍化不可能な差別の排除）をリベラリズム（の秩序構想）の基底に位置づけることにより、種々の欺瞞的主張を排除する目的で各々の正義主張の「真摯性・誠実性をテスト」（128 頁）することが可能となる。そこでは自己主張のエゴイスティックな正当化は排除される。

3.2　他者への自由

　井上によれば、自由の概念規定を深めるだけでは、自由に解き放たれた自己（「自己力能化 self-empowerment」）が他者を支配する危険性に対して制約をかけることができない。こうした危険性に対しては、自他の立場を仮想的に入れ替えて自己の主張の正当性を検討してみること（「反転可能性」要請としての普遍主義的正義理念）が必要だとされる。井上曰く、「〔普遍化不可能な差別とは〕自分が他者だったとしたら受容できない理由による差別といってよい」（127 頁）。この反転可能性は状況の反転に加えて、各自が有している視点の反転をも意味している。視点の反転を想定する限り、「もし自分がユダヤ人だったとしても抹殺されることを受忍する」（135 頁）というナチ狂信者の立場を排除することも可能となる。
　では自他の視点をそれほど簡単に反転させたり入れ替えたりすることが果たして可能なのか。このことについて井上は次のように述べる（139-141 頁）。確かに「自我の檻」から誰も完全に離脱できるものではないが、自己の

視点をそのまま肯定することと他者の視点を配慮しようとすることの倫理的質は異なる。こうした視点反転による他者への配慮はさらに積極的に捉えることが可能だと井上は主張する。批判的に自己を吟味し、その結果としての「倫理的自己変容」の道が開かれる可能性である。もちろんこの自己変容のプロジェクトはチャレンジングなものであり、決して成功・達成を保障するものではない。しかし、そのチャレンジなくして豊饒さに思いがけず出会う「他者への自由」は達成されない。

4 井上自由論の立ち位置

以下、井上の他の著作にも若干触れつつ、井上の説く自由論の全体構造の特質を筆者なりに再構成し、さらなる課題を紙数の範囲で考えてみたい。

4.1 規範的自由論として

本書で井上は自由の秩序という、社会的秩序の中での自由の位置づけを検討し、正義に基づく自由論を提起した。だが自由の病み方や自己絶対化の危険性を踏まえた抑制原理（同時にそれは自由の陶冶原理でもある）としての普遍主義的な正義論の妥当性を仮に認めるとしても、そもそも自由の本質に立ち入らずして、自由論は十分に語られたことに果たしてなるのだろうか。秩序論・正義論を深めることで自由（論）の難点を抑制し、その魅力を高めようとする井上の論述は水際立った鮮やかさを確かに示すが、己に否定しがたく迫ってくる自由自体の実存的不安（自由と言う名の刑に処せられている人間存在）の解明や、あるいは逆にそもそもわれわれは決定論の呪縛から解き放たれているのかという疑問に本書は答えているのだろうか。

井上自身、倫理学事典のまさに「自由」という項目を執筆した際に、これらの想定されうる疑問に対する応答に当たるような言及を行っている。自由概念は「意志の自由」と「価値としての自由」に分別される。前者は形而上学・哲学的なものであり、「人間の存在を規定し制約する事実の問題」で

ある。後者は倫理的なものであり、「希求さるべきもの、実現さるべきもの」である。仮に人間の意志の自由が「神の摂理」や「自然法則」に決定されていたとしても、それは「人間界の抑圧と支配の克服」を目指す価値としての自由とは次元が異なる（井上 2006、407 頁）。

井上の説く自由論とは、前述のように自由の「魅力を生かしつつその危険性を制御」（62 頁）することに眼目があり、自由についての決定論的な課題を解こうとするものではない。自由の価値をその危険性とともにどのように評価し、その（社会的な）ありようをどのように組み立てていくべきかという、規範的な自由論にその射程を限定していると思われる。自由概念を単独で本質主義的に検討するという発想ではなく、「正義－他者－自由」間の「内的連関」（他者、225 頁）を考察することで自由の（規範的な）立ち位置を定めようとしたようにも読める。

4.2　利己性と正義感覚の間で

だが規範的な性格を持つ井上の自由論にも、決定論的な観点とは次元を異にする「人間の存在を規定し制約する事実の問題」がある。議論の前提となる固有の複合的・重層的な人間像の問題である。井上は自らの立論においてその人間像を「空虚な主体」としてではなく、自らの来し方行く末を踏まえ、良き生の構想を追求していく「厚い自同性をもつ自己解釈的存在」（作法、235 頁）として描く。初期の著作である『共生の作法』において具体的に次のような人間像が示される。「大抵の人間は正義感覚をもつ一方で、正のエゴイストと負のエゴイストを自らの内に住まわせている。人はこの三者の間で揺れ、ときに「公正」に、ときに「利己的」に、まれに道徳的英雄として振舞う」（作法、53 頁）。

正義と対立する存在として、正のエゴイストとしての利他主義者と負のエゴイストとしての利己主義者を井上は挙げる。自由論との関わりにおいては後者が非常に重要である。人間存在の中に否定しようとしても否定しきれない要素である利己性の要素を井上はさまざまな表現で執拗に示そうとして

4 井上自由論の立ち位置

いる。曰く、自己欺瞞、他者抑圧の欲動、専制のリビドー、権力欲、我欲、自己力能化等々。特に、自由は実存的とも言える主体的決断を核心としているために、「自由の理念自体の内に正義理念と対立する要素が既に含まれて」(作法、117頁) おり、したがって「正義から独立に定義された自由は自己中心性を脱却できない」(154頁) のである。

幸いなことに人間存在とは利己性だけに終わる存在ではなく、またまれなる「道徳的英雄」の出現を期待して待つ必要もない。「大抵の人間」が有するとされる正義感覚に着目することで、利己性問題に対応する方向性が見える。正義感覚の存在を前提とすれば、利己性の発露に対してどこか後ろめたさを感じるはずだ。そのことがうかがえる記述がある。「普通の人間は負のエゴイズムに従うときでも、その不道徳性の意識を完全には払拭できない。負のエゴイズムは彼らにとって隠さるべき「本音」であって、「建前」として打出し得るほどの正当性をもたない。」(作法、53頁)。

自己力能化としての自由を野放図に広げさせないための制約力の人間学的根拠を井上は正義感覚に求めていると言える。『共生の作法』における記述以降、正義感覚についての井上の直接的言及はほとんどないが、井上の主張する正義論、とりわけ正義の普遍主義的要請や反転可能性論などに関して、われわれ自身に埋め込まれたとも言える正義感覚の存在なしにその説得力は高まらないだろう。井上正義論は、人間の利己性や自己力能化の傾向からその必要性が示され、また正義感覚の存在 (利己性との併存) によってその実現可能性 (荒唐無稽でないこと) が示唆される。つまり、井上正義論は2つの対照的な方向から人間学的に二重に根拠づけられている。

人間存在の尊厳・誇りの最後の一線は、われわれ各自の中の正義の感覚によってかろうじて利己性の魔手から守られていくのではないか。井上自身の任務ではないのかもしれないが、こうした人間像と結びつく正義感覚のありようやその陶冶手法を検討することが、関連する重要な研究課題だと考えられる[1]。

4.3 正義による制約・支援の射程

　井上法哲学の基軸として位置づけられる正義論は、人間の利己性と正義感覚の併存という人間学的洞察による根拠を有している。その負の側面である人間の利己性、自由の力能化の危険性を抑え込むために、正義感覚に裏打ちされた一連のアイデアが提起される。すなわち、可謬性の自覚（を迫ること）、正義の普遍主義的要請、（各々が置かれた状況や各自が持つ固有の視点の）反転可能性などである。「正義理念の規制力」（企て、16 頁）に関する諸理論を井上は組み立てていると言えよう。自由に対するこうした制約原理・手法は、力能化の対象とされる側にとっては自由の支援枠組みと捉えられる。上述の秩序トゥリアーデ論もそうした支援に関する構想と理解できる。

　では、こうした制約をどこまで進めていくべきなのだろうか。エゴイズムや自己力能化との接点を持つ存在である自由に対して、正義理念はどこまでも制約をかけるべきなのだろうか。当初井上の論述には、正義と自由の両立のために正義の制約が及ぶ領域と、制約が及ばない「「自分がこれを選んだから」で済む生活領域」（作法、118 頁、傍点原著者）を截然と分けている箇所も見られた。だが、自らの正義論はフェミニズムが批判するような公私二元論（領域区分的発想）に立つものではなく、正義による制約・介入にふさわしい公共的理由があれば（反転可能性などの正当化手法によって）制約・介入が認められるものであり、制約から超越した「聖域」を設けるものではないとして、理由による区分を強調する形で理論を緻密化させている（普遍、227 頁）。

　確かに、正義が及ぶ領域と及ばない領域を区分していくことは、後者における支配・抑圧の存在を不可視化してしまう危険性を持つ。けれども、理由による正当化手法も別種の難点を持っている。理由による正当化手法は、原理的にオープンエンドな性質（主題的にも時間的にも）を少なからず持つがゆえに、正当化の「過不足」の危険性を常に抱え込むのではないか。また、普遍化可能な（一応の）理由を説得的に構成することに長けた者を有利にし

てしまうことも考えられる。

　利己性とともに人間存在に併存する正義感覚がある限り、正義原理・理念の正当化が荒唐無稽なものだとして捨て去られることはないだろう。では、正義感覚を持たず、正義理念を共有しないエゴイストが存在するとすれば、そうした者に対して井上はどのように応接するのか。単なる指図でない当為言明にエゴイストがコミットしている限り、区別さるべき対応の根拠を個体自体の差異以外の点でエゴイストは示せない。ゆえにエゴイズムは「非論理的」「非合理的」であり、合理性は一般的には非合理性よりも評価されるので、正義原理は「一応の道徳的正当性をも有する」と井上は述べる（作法、71-82頁、傍点原著者）。この点に関して、井上が論理・合理性の根拠で割とあっさりエゴイズム批判を終わらせているのも、正義理念ゆえの、ひいては正義感覚がわれわれに迫る独特の力の存在ゆえのことではないだろうか。

4.4　冒険としての他者接遇

　最後に、正義理念をこうした制約手段に終わらせずにさらなる「高次の平面」に発展させようとする井上の志向性について論じてみたい。

　『共生の作法』において井上は、求められるべきリベラリズムの理念型は「社交体」であるとし、そこから「会話としての正義」モデルを提唱した。そこでの会話とは、しばしば強引な舵取りをもってなされるような特定の目的遂行のためのコミュニケイションではない。それは、相互性を意識した、旅の車中での見知らぬ他者との会話であり、終わりがないという点では「永遠に未完の連載小説」（作法、252頁）なのである。

　『共生の作法』においては、「可謬性の自覚」が己の信念体系の「地平を拡げる貴重な契機」（作法、199頁）となるという記述はあるものの、積極的に自己の成長を示唆するような議論はあまり見られない。一方、『他者への自由』においては、自由が持つ自己絶対化・自己力能化への危険およびそれに対する制約原理としての正義理念の重要性を大前提としつつ、その先の議論を展開している。エマニュエル・レヴィナスの論述を引き合いに出しなが

ら、「師」や「無限」的存在として他者を捉え、そこから視点反転などを行うことが正義に基づく自由論の展開した姿だとされる。積極的に解された他者の受容は、「狭隘化した自我の殻から私を脱皮させ新たな成長過程に引き込む創造的破壊のモメンタム」(他者、234頁)となる。正義原理の制約を超えて、自由が鍛え直され(自由の陶冶)、己の生の豊饒化への可能性が開かれうるという志向性である。もちろんそうした豊饒化に向けた自己変容の道行きは簡単なものではなく、それは場合によっては己を深刻に傷つけ「アイデンティティ・クライシス」(159頁)に陥るような試練なのである。けれども自己変容の試み・企てを行うことではじめて、思いがけない生の豊饒さにめぐり合うこともある。井上曰く、「自己変容・自己豊饒化は、他者の自由を尊重する責務の根拠ではなく、もしわれわれが幸運であればこの責務の履行がわれわれにもたらしうる『他者からの贈り物』」(158-159頁)なのである。

「脱皮」「成長」という卓越主義に親和的とも思われる用語を繰り出す点において、「卓越主義を排除」(147頁)するはずの井上(リベラリズム)論が一見矛盾を来たしているようにも理解されうる。だが、特定の善き生と結びついた人格像を志向しない点、および飽くまで自己変容の可能性を示唆しそこへ誘うだけであるという点において、井上論は卓越主義ではない。正義感覚に依拠した議論だけでなく、可能性・贈り物としての魅力的な生のありようを提示することによって、正義にもとづく自由論の説得力・実現可能性を井上は高めようとしたのではないか。ただし、成功が保証されない(失敗の可能性も大いに考えられる)冒険としての他者接遇の旅に全員が出かける、もしくは好んで積極的に出かけようとするとは限らない。種々の「企て」を志向するところが井上理論の真骨頂であるが、企て志向の人間像がいかなるものとなるのか、冒険へ誘う根拠・動機はわれわれの生の事実に埋め込まれたものなのか、等々さらなる興味深い検討・解明課題が存在する。

註

(1) 正義感覚についての国内の法哲学者による先駆的業績として、野崎綾子の「『親密圏』と正義感覚」という論文がある。野崎は、「自由な〔家族などの〕親密圏を保持するために、構成員が守らなければならない最も基本的な『文法』として、正義感覚が要請される」(野

崎 2003、174 頁）と述べ、同時にその陶冶の必要性をも論ずる。

文献一覧

井上達夫（2006）「自由」大庭健ほか編『現代倫理学事典』弘文堂、407-409 頁。
野崎綾子（2003）「「親密圏」と正義感覚」『正義・家族・法の構造変換――リベラル・フェミニズムの再定位』勁草書房。
アイザイア・バーリン（1971）『自由論』小川晃一ほか訳、みすず書房。
Taylor, C.（1985） "What's Wrong with Negative Liberty," *Philosophy and the Human Sciences: Philosophical Papers* 2, Cambridge University Press, 211-229.

8 『世界正義論』
——「諸国家のムラ」をめぐる疑問

『世界正義論』 (筑摩選書、2012 年)

浦山聖子

　グローバル化が進展する中、社会が抱える様々な問題が国境を越えた広がりを持つと同時に、その解決についても、一国内で利用可能な選択肢のみから解決策を選ぶ必要はなく、国際社会を頼った解決が可能である。このような中で、正義は国境を越えるか、そして、国際社会を律すべき正義とは何かが重要な問題となっている。本稿の目的は、井上達夫が国際的な文脈における正義について論じた著書、『世界正義論』について批判的に検討することである。国際的な文脈における正義の問題は、近年、英米法哲学・政治哲学では "global justice" という総称のもとに論じられている。日本語では「グローバル・ジャスティス」とカタカナ書きで表されることもあるが、井上はこれを「世界正義」と訳し、本書で、世界正義を 5 つの問題系に分けて論じている。井上の世界正義論の大きな特徴は、世界正義の複数の分野に渡る包括的な構想を示していることであり、本稿では、この 5 つの論題における井上の立場を、私が特徴的であると思う点に重点を置きつつ要約した上で、全体の基盤となる世界秩序の構想である「諸国家のムラ」について疑問を提起し、批判的検討としたい。

第8章 『世界正義論』──「諸国家のムラ」をめぐる疑問

1 井上達夫の世界正義

『世界正義論』において、井上は、世界正義論がいかなる論議領域であるかは、それがいかに論じているかではなく、何を論じているかによって、より良く理解できるとし（世界、34頁　なお本稿では以下世界に関する参照は頁数または章番号によって行う。書誌詳細は凡例を参照のこと。）、世界正義を5つの問題系に分けて論じている。本章では、この5つの問題系及び各問題系における井上の立場を簡単に示し、井上世界正義論の特徴を明らかにする。

1.1　世界正義の5つの問題系

井上は、『世界正義論』において、世界正義を①メタ世界正義論、②国家体制の国際的正統性、③世界経済の正義、④戦争の正義、⑤世界統治構造の5つの問題系に区別する。その上で、英米法哲学・政治哲学におけるリベラリズム復権のきっかけを作ったとされるジョン・ロールズ（John Rawls）が、その国際的正義論である「諸人民の法」において、リベラルではないが、正義の共通善的観念を持つ「節度ある階層社会」の寛容を説き、諸人民の法における人権の尊重原則に、表現の自由や政治的権利などの市民的政治的権利を含めなかったことなどを、ある問題系への解答から別の問題系への解答を機械的に導き出している例として批判し、世界正義の理論が適格であると言えるためには、各問題系にその問題系固有の解答を与える複眼性が必要であると言う。同時に、各問題系への解答を相補う形で一体化させ、全体として公正な世界秩序の形成の促進に寄与することを目指す包括性も必要であるとしている。（世界、第1章）

1.2　メタ世界正義論

　第 1 の問題系は、正義の理念が国境を越えて成立するか、世界正義の可能性そのものを問う「メタ世界正義論」である。メタ世界正義論をめぐって、井上は世界正義の可能性への 3 つの懐疑を批判的に検討し、いずれの立場も斥けている。第 1 に、ロールズが、正義が要請される条件とした「正義の情況」が国際社会には成立しないという再構成されたリアリズムの主張、第 2 に、悪しき秩序であっても、正義の実現より秩序の維持が優越すると主張する諦観的平和主義、第 3 に、飢饉や災害からの救済など、最小限の人道的義務を超え、経済的平等をもたらすための分配的正義の理念は、法体系などを共有する国内社会にしか成立しないことを、正義の理念の内在的要請とする内在的限定論である。内在的限定論としては、まず、ロールズが、正義の主題であるとした社会の「基本構造」——主要な社会制度が、「社会的協働」から得られる利益と負担の分配を決める方法——が統一された権力を持たない国際社会には存在しないことを、分配的正義が国際社会に成立しない理由とするジョン・ロールズ＝サミュエル・フリーマン（Samuel Freeman）の議論を取り上げ、グローバルな政治経済制度など、社会的協働の制度枠組みを成す基本構造は国際社会にも存在するとしている。次に、国家は、国民に対して、国家の集合的決定の合作者としての責任を負わせるため、自国民に対しては、最小限の人権保障や人道的支援を超えて、平等な処遇をなすべき責任を負うが、他国民に対してはこのような特別な責任を負わないとするトマス・ネーゲル（Thomas Nagel）の議論を取り上げている。これに対しては、正・不正が問題となる決定的条件は合作者責任の押しつけではなく、集合的決定への服従の強制であり、国際法が拘束力を持つことから、現行の世界秩序においても集合的決定への服従が強制されており、世界正義の問題が成立するとしている。（世界、第 2 章）

1.3 国家体制の国際的正統性

　第 2 に、国家を支配する体制の正統性が国際的に承認されるための条件を主題とする問題領域がある。井上は、国家体制の正統性の国際的承認には、その体制が領域と人民に対して実効的な支配を確立していることのみで足りるとする実効支配還元論を次のように批判する。ある国家の支配体制の正統性を国際的に承認するとは、その支配体制に、領域内の資源を使用・処分する権限など、極めて大きな特権——井上は、このような特権の中で最大のものは、法の制定・執行、条約の締結など、国内社会における秩序形成維持の権能を政府が独占することであるとし、「国際秩序特権」と呼ぶ（世界、153 頁）——を与えることを意味する。実効的な支配さえ存在すれば、そのような特権を受けることができるという状況は、国内の政治勢力に力ずくで政権を奪い取るインセンティヴを与え、政情不安を助長しかねない。

　井上は、立憲主義的少数者保護の仕組みを組み込んだ民主的体制やそれによる市民的政治的権利の保障を国家体制の国内的正統性承認の条件であると同時に、当該体制の国際的な正統性承認の条件であるとし、その理由を、政治的責務の根拠を、国家が提供した便益のコストの負担に求めるフェア・プレイ論を再構成し、次のように説明する。国家の政治的決定は、すべての人の意向を常に反映できるわけではない。政治的意思決定システムとしての国家は、政治闘争の敗者が、自己の考える正義のあり方とは異なる決定であっても、それを認め、尊重するという「道徳的コスト」の負担によって維持されている。国家がもたらす便益とは、政治闘争の勝者が、自己の考える正義構想を、敗者を拘束して、集合的決定として実現するという「統治便益」である。自己の意に沿わない政治的決定であっても、その決定を尊重すべき政治的責務が存在するのは、政治闘争の勝者であるときには、自己の考える正義を集合的決定として実現し、敗者であるときには、その決定の尊重を拒否することが「道徳的なただ乗り」に当たるからである。井上は、このような政治的責務の論拠を、功利主義、リベラリズム、リバタリアニズムな

ど、対立・競合する様々な「正義構想（conceptions of justice）」に、それが真摯な正義構想であると言えるための共通の規範的テストを課す「正義概念（the concept of justice）」──二者の個体的同一性における違いに言及することなしには正当化できない「普遍化不可能な差別の排除」を規範的核心とする──の要請であるとしている。但し、政治闘争の敗者の地位が固定されることなく、誰しもが政治闘争の勝者になりうる可能性を持つのでなければ、以上の議論は単なる欺瞞に終始してしまう。したがって、以上の議論が成り立つためには、国家は、政治闘争の勝者と敗者、支配する側と支配される側を現実に転換しうる民主的体制を具備し、政府に対する批判的言論などを可能にすべく市民的政治的権利を保障しなければならない。同時に、政治闘争で勝者にはなりえず、民主的決定に影響力を及ぼす可能性がない構造的少数者に対しては、社会の主流派の偏見・差別を禁じ、保護する仕組みが存在しなければならない。以上が、国家の支配体制が正統であると言えるための条件であり、国内的に正統性がない体制を国際的に承認することは、実効支配還元論を認めるに等しいため、国際的な正統性の条件でもあるとしている。（世界、第 3 章）

1.4　世界経済の正義

　第 3 の問題領域は、世界的な貧困問題を背景として、国際社会における経済的再分配の可能性を主題とする「世界経済の正義」である。世界的な貧者の支援の規範的論拠については、従来、国内社会を念頭に理論化されてきた分配的正義の理論を国際社会に適用できるかという分配的正義のグローバル化ないし積極的義務の問題として論じられてきた。

　このような論争状況に対し、トマス・ポッゲ（Thomas Pogge）は、従来は、ロールズの「諸人民の法」の代替案として、財やサービスの消費における天然資源の利用に比例して課税する「グローバル資源税」を提案していたが、近年、世界的な貧困蔓延の原因を現在の先進国が先導して築き上げてきたグローバルな制度的秩序のあり方に求め、世界的な貧者への支援を先進国

による加害行為への補償として構成する消極的義務論を展開し、反響を呼んでいる。ポッゲによれば、豊かな先進国の居住民は、世界的な貧者を救うべき積極的義務があるのではなく、「他者を害すべきではない」という消極的義務に違反している。井上は、このポッゲの理論的発展について、再分配に消極的なリバタリアニズムの論者を取り込むと同時に、表向きには救済する義務の存在を是認しつつも、「われわれのせいではない」として、実際には救済のための負担を敬遠しがちな先進国居住民を世界的な貧困問題に真剣に向き合わせることを狙いとするものであるという理解を示し、高く評価する。このポッゲの立場をめぐっては、井上が取り上げているジョシュア・コーエン（Joshua Cohen）の批判に典型的に見られるように、グローバルな制度的秩序のあり方と世界的な貧困の蔓延に有意な因果関係が認められるのかという疑問が頻繁に投げかけられ、因果関係の経験的立証が問題になっている。これに対し、まず、井上は、IMF（国際通貨基金）主導のグローバルな経済体制など、グローバルな制度的秩序が途上国の経済的発展の障壁になってきたという議論は、そのような負の影響が存在しないという議論に対して、証拠として優越的であると考えて無理がないとする。次に、グローバルな制度的秩序のあり方が途上国の経済的発展を阻害しているか否かをめぐって、決定的な経験的証明は難しいが、それにも拘わらず、われわれは、ポッゲの主張に分があるか否か、制度的秩序の改革を行うべきか否かなどを判断しなければならない。このような状況では、事実をめぐる判断ではなく、選択肢が持つ価値をめぐる判断に依存せざるをえないとして、世界的な貧困問題の切迫性を考慮するならば、先進国側の負担を責任に見合う水準に留めることで、制度的秩序の変更を見送るよりは、先進国側に本来課すべき負担を超えた負担を課す可能性があるとしても、制度的秩序の変更を実現することが優先的な価値を持つとする。

　井上自身は、積極的義務論と消極的義務論は、それぞれに異なる利点と弱点があり、相補的に結合することで、一方の弱点を他方の利点で補うことができるとし、両者を支持する。国際社会における分配的正義の原理としては、「人間的品位を保持するために必要な最低限の生活水準を万人に確保す

る」という「尊厳保全最小限」原理を相対的に受容可能性が高いものとして挙げ、このためのコスト負担については、制度受益と負担の比例原則が適切であるとしている。井上は、世界的な貧困問題解決のための具体的な戦略として、ポッゲが示したようなグローバルな制度的秩序における障壁の除去を「根治療法」として挙げるほか、「対症療法」として、税収を世界的な貧者の救済に充てる目的で、国際的な活動や経済取引などに課税する世界税の徴収を支持している。また、移民政策を、グローバルな制度的秩序における障壁の除去や世界税が実現するまでの「過渡的対症療法」として位置づけている。移動の自由は他の権利の前提であることから、移動の自由の制約は、これを前提とする他の権利の制約を意味するため、その制約には特別に重い理由による正当化と制約手段の限定を必要とし、医療従事者のような国民の生命に直接関わり、育成コストも高い人材については、引き抜きの規制などが許容される一方、それ以外の分野では、移民規制に慎重であるべきだとしている。移動の自由の核心を「自分の〈居場所〉を選ぶ自由」であるとし、このことは、人材の流出しがちな途上国政府に対し、自国の経済的発展のために必要な政策を実施し、自国民が自国に留まることを可能にし、また、先進国政府もそれを支援することを要請するとしている。(世界、第4章)

1.5 戦争の正義

世界正義論の第4の問題領域は、戦争や人道的介入など、国際社会における武力行使の正当性を問う「戦争の正義」である。井上は、戦争原因の正・不正を規範的に区別するか否か、目的を達成するために戦争を手段として使用することを正当であると考えるか否かという2つの基準によって、戦争の正義論を積極的正戦論、無差別戦争観、消極的正戦論、絶対平和主義の4類型に分類する。このうち、戦争原因の正・不正を区別し、正当な戦争を侵略に対する自衛に限定し、その限りで戦争の遂行を是認する消極的正戦論を支持する。消極的正戦論に対しては、身勝手な戦争を自制する一方、自国外での暴政や内乱に対する人道的介入を正当化することができず、自国外で

苦境にある人々の放置を容認してしまうという批判がある。これに対し、消極的正戦論が、戦争の自制を求めるのは、国家を統治する体制を確立・維持し、不当な体制である場合に、それを改革するのは、当該体制の下で生きる人民自身であるという政治的自律を尊重するためであるとし、介入主体が好む体制を押し付ける「強要的介入」は認められないが、人民自身の体制変革を支援する「権能付与的介入」は消極的正戦論の立場からも承認することができるとしている。

消極的正戦論の原理を実現するための集団安全保障体制として、常任理事国の拒否権の濫用の抑制などの安保理改革の必要性を説きつつも、国連を、国家及び地域連合体、国際的市民団体などの国家を越えた多様な主体の利害を調整するために現在利用可能な選択肢の中で最も広い包含力と信用を持つとして、評価している。国際的な集団的安全保障体制の正統性の最低限の条件として、ご都合主義的な制裁・介入を行わないという「一貫した実施可能性」と意思決定に伴うコストは決定主体が引き受けなければならないという「権力は義務付ける」という2つの原理を挙げている。(第5章)

1.6　世界統治構造

国境を越えた正義を実現するための世界秩序のあり方を構想する「世界統治構造」が第5の問題領域である。代表的な構想としては、国家を越えた権力主体による統治に期待する議論として、単一の政府に権力を集中することによって、世界の統治を構想する世界政府論や世界を複数の地域ごとに統合し、地域的な政治体間の権力の均衡・抑制によって世界の統治を構想する多極的地域主義がある。逆に、NGOなど、国際的な活動主体に権力を分散し、世界規模の市民社会の形成に期待する議論もある。井上は、これらのいずれの構想も斥け、主権国家対等原則を基軸とする主権国家システムを再評価した「諸国家のムラ」という構想を提案する。主権国家対等原則は、軍事的経済的実力において圧倒的な格差を持つ諸国家を対等な存在として扱う。主権こそ、弱小国が、強大国の軍事的経済的実力を背景とした圧力を拒否す

ることを可能にする。井上の構想、「諸国家のムラ」の中心的要素は「脆弱性の共有」である。「諸国家のムラ」においては、すべての国家は、長期的かつ包括的な相互依存関係で結ばれ、いずれの国家も他の国家なしに自足的に存在することはできない。国際条約などの「ムラの掟」を破った場合には、この相互依存関係から排除される「国際的ムラ八部」の制裁に合う。井上によれば、グローバル化による主権国家システムの基盤浸食とは、一部の強大国による覇権的影響力の高まりであり、相互依存関係によって覇権的支配を抑制することが「諸国家のムラ」の狙いとなっている。（世界、第 6 章）

　以上のように、井上の世界正義論は、主権国家体制のもと、相互依存関係で結びついた各国家の政治的自律の尊重を基礎とするものである。国家体制の正統性の国際的承認は、国内社会における秩序形成維持の権能を独占する特権を付与することを意味し、実効的な支配が存在するというだけで、国内的な支持を得ていない集団にこのような特権を認めることは、人民の政治的自律を掘り崩しかねない。民主政の型式は一様ではないが、正統性なき国家体制に対しては、民主的な政治体制において中心的役割を果たす市民的政治的人権の保障を可能にするための支援が求められる。戦争は、侵略に対する自衛に限定され、民主的体制がないからと言って、直ちに人道的介入が正当化されることはないが、人民自身の体制変革を支援するための介入は、政治的自律を後押しするものとして認められる。また、世界的な貧者の救済をめぐっては、各国家の経済的発展を可能にするために、公正なグローバルな制度的秩序の形成を促進すると同時に、すべての人が品位をもって生きるために必要な生活水準を確保するための国境を越えた支援が求められる。

2　「諸国家のムラ」をめぐる疑問

　井上の世界正義論の最大の特徴は、世界正義の個々の分野の議論が別個に進む中で、メタ世界正義論から世界統治構造まで、世界正義の複数の分野に渡る包括的な構想を示していることであるだろう。とりわけ、全体の基盤となる世界秩序のあり方をめぐるアイディアを提示している点で、井上の世

128　第 8 章　『世界正義論』——「諸国家のムラ」をめぐる疑問

界正義論は格段に構想力に富む。しかし、その一方、井上の秩序構想である「諸国家のムラ」には十分に明らかではない点も存在している。本章では、「諸国家のムラ」の詳細及び「諸国家のムラ」と個々の分野の議論の関係について疑問を提起したい。

2.1　現在の主権国家体制と「諸国家のムラ」の相違

　第 1 の疑問は、現在の主権国家体制と「諸国家のムラ」の違いについてである。「正義の情況」が国際社会には成立しないという再構成されたリアリズムの主張の検討をめぐって、井上は、「正義の情況」を構成する条件の 1 つである、主体間の能力の近似的平等が現在の国際社会にも当てはまり、諸国家間で脆弱性が共有されているとする。井上によれば、経済のグローバル化が、先進諸国の途上国の原料・労働力・消費市場への依存を高めているほか、核兵器へのアクセスが開かれてきたことによって、弱小国であっても、核兵器を開発・保有しうる場合には、強大国に脅威を与えうる。また、超大国であっても、グローバルな秩序形成における指導的影響力は、経済的軍事的な実力だけでなく、その正統性にも依存するため、国際世論や協力国の支持を無視することはできない。さらに、民主的政治体制を持つ超大国は、国内世論による批判的統制にも晒されている。したがって、現在の国際社会においても、超大国といっても、一方的な抑圧や搾取をすべての弱小国に長期的に加えることは不可能であるという意味で、脆弱性を完全に免れることはない（世界、68-74 頁）。他方で、井上は、現在の国際社会で超大国である米国と EU の地域統合は、世界の他の地域と脆弱性を共有しがたく、現在の国際社会を「諸国家のムラ」へ再構築する試みの主要な障害であるとしている（世界、381 頁）。すると、現在の国際社会で共有されている脆弱性と「諸国家のムラ」で求められる脆弱性は、どのような点で異なるのだろうか。

2.2 国力の格差と相互依存関係、世界経済の正義

　第 2 に、「諸国家のムラ」における世界経済の正義についても疑問を提起したい。「諸国家のムラ」では、国家が相互に経済的に依存し、他の国家なしには自足的に存立できないことによって、諸国家間で階層的な支配関係に陥らないことが期待されている（世界、375-379 頁）。しかし、国力に格差がある国家どうしでは、相互依存関係にあったとしても、強大国の影響を強めることにならないだろうか。階層的な支配関係に陥らないためには、単に相互依存関係にあるだけでは足りず、諸国家の経済的実力を均衡させることが求められるのではないだろうか。すると、世界経済の正義として、人間的品位がある最低限の生活水準を万人に確保するだけでなく、諸国家間の経済的格差を一定以内に収めることが、求められるのではないだろうか。

2.3 「諸国家のムラ」における正統性なき国家体制

　第 3 に、国家体制の正統性承認の問題と「諸国家のムラ」の関係をめぐる疑問である。井上は、民主的な体制が存在することを国家体制の正統性の国際的承認の条件としているが（世界、126-136 頁）、民主的な体制を持たず、国家体制の正統性が国際的に承認されない国家は、「諸国家のムラ」の相互依存ネットワークに参加できるのだろうか。もし国家体制の正統性が国際的に承認されない限り「諸国家のムラ」の相互依存ネットワークに参加できないならば、「諸国家のムラ」の相互依存関係は、一部の国家間の関係にとどまってしまう。国家体制の正統性の有無の問題は、「諸国家のムラ」においてどのような位置づけを持つのだろうか。

　秩序構想である「諸国家のムラ」の詳細及び「諸国家のムラ」と個々の分野の議論の関係が明らかになることによって、井上世界正義論の全体像が一層明確になると思われる。

第II部

9 分配的正義

藤岡大助

　ジョン・ロールズが『正義論』を世に問うて以来、正義論の地平は大きく開墾され、今日に至るも法哲学はその実りを享受している (Rawls 1971)。ロールズの何が革命的であったかと言えば、私見では、分配的正義についての答えを、正義の二原理として直接に提示したことにあると考えている。政治的決定に至るための制度装置として我々は民主主義を信奉しているが、多数の専制を熟議によって緩和することはできても、完全に除去することはできない。また、現実に我々の政治社会が達成できる熟議の条件も、理想的な条件とは程遠く、多数の専制を緩和することすら難しいのが実情である。さらに、我々が自らを民主社会の主権者として自覚するとき、その政治的決定が正義に適ったものであることを願うが、何が正義に適うのかを知りたくても知る手がかりすら乏しいという状況にある。そんな中に、ロールズは、民主的討議過程が検討すべき答えの候補として、正義の一案がここにあることを示したのである。そして、その後の法哲学の活況も、ロールズに触発された多くの哲学者たち——代表的にはロナルド・ドゥオーキンやロバート・ノージックなど——によって、同じ挑戦を引き受ける代替的理論が提示されてきたことによる (Dworkin 2000, Nozick 1974 など)。

　では、井上達夫は、分配的正義の問題に対していかなる答えを提示してきたのであろうか。実のところ、井上はこの問題に対して直接的な回答を示し

第9章 分配的正義

ているとは言いがたい。しかし、正義に関わる多くの画期的な理論を打ち立ててきた事実は、その業績と分配的正義の問題とが疎遠な関係ではありえないことを意味するだろう。そこで本章では、井上法哲学における正義論の骨格をなす3つの主要な議論——すなわち、「正義概念論」「リベラリズム論」「世界正義論」——を検討し、これらがいかなる含意を分配的正義に対して持つのかを探ることにしたい。

1 正義概念論からの示唆

1.1 正義概念と正義構想

　正義についての関心は、2つの異なるレベルに分かれる。ひとつは、正義が何を命じるのかについての、実質的な内容を問う問題である。正義の名のもとに主張される、個々の正義構想（ないし正義観、正義原則）であり、ロールズが分配問題に対して示した二原理は、このレベルに属する。それに対して、正義とはそもそもいかなる理念であるのかを探求する問題がある。ここで探求されるのは、正義の名を冠して主張される内容は、いかなるステータスを与えられ、また、主張自体がどのような制約に服さなければならないかを明らかにすることである。このように、正義とはいかなる概念であるかを問う関心を、正義概念論と言う。従って、正義概念論は正義構想に対しては、メタな関係に位置づけられる。

　井上は、この正義概念についての分析を通して、正義概念が実質的な内容を持つことを突き止め、従って、分配的正義を含むすべての正義の名のもとに展開される主張（正義構想）が一定の制約に服さなければならないことを明らかにしたのである（作法、第1、3章）。

1.2　正義定式

　井上の正義概念の分析は、「等しきは等しく、不等なるは不等に」という

正義定式から始められる。「等しきは等しく、不等なるは不等に」という正義定式は、その実際の等・不等の基準を補われない限り空虚な公式に過ぎないと批判されてきた。しかし、井上は、何が正義の内容を充足しているかは、基準が補われない限り解答不能であるとしても、何がこの定式に抵触しているかを示すことはできるとする（作法、36-37、41-43頁）。

「等しきは等しく、不等なるは不等に」という定式に抵触するのは、等しきを不等に、不等なるを等しく、扱うことである。これは、2つの場合の取り扱いにおいて、「一方がもち他方がもたないいかなる特徴を挙げることもできないのに、2つの場合を差別的に扱うこと」および「両者に共通ないかなる特徴も挙げることもできないのに、2つの場合を等しく扱うこと」（作法、45頁）を意味する。もちろん、ここまで進めたとしても、何が等しいかの基準が補われなければ実質的内容を持つには至らないが、しかし、比較の基準として挙げられうる候補に対して、一定の制約が存することが導かれる。それは、比較の実質的基準として、自己同一性をあげてはならないという禁則であり、正義はそれを排除するのである（作法、45-47頁）。

なんとなれば、正義定式が、等しいか等しくないかの比較をしているということは、既にその比較対象が自己同一性を有するものではありえず、比較の基準は、比較されている対象が共有することが可能な属性でなければならないことを含意しているはずだからである。従って、「2つの場合を区別する要因として当事者の個体的同一性しか挙げることができないのに、両者を差別的に扱うことは許され」（作法、47頁）ず、基準は抽象化された属性でなければならないことが導かれるのである。これが、正義概念論が正義構想に対して持つ実質的意味内容である（作法、47頁）。

1.3 エゴイズム

抽象化された属性ではなく、個体的同一性を異なる取り扱いの基準に据える思想は、エゴイズムと呼ばれる。「私が私であるから」という理由で、異なる取り扱いを求めるのがエゴイズムであり、正義はこれを端的に退ける。

第9章　分配的正義

　エゴイズムは個体についてのみ現れるとは限らない。自己との関係性を理由に、ある対象に対して他とは異なる特別な取り扱いを要求する場合も、拡張された利己主義として、正義の範疇から退けられる。自己と特別の関係にある集団――民族や国家など――に対して、まさにそれが自己の属するものであるがゆえに、他の集団よりも特別な取り扱いを要求することは、正義の名を冠しては主張しえないのである[1]（作法、49-50頁）。あるいは、ことさらに正義を振りかざさなくとも、そのような行為に及ぶときは、正義の観点から批判されるのである。たとえば、自らの属する集団の中では、同胞愛に基づく弱者救済を唱えながら、外に対しては弱肉強食をものともしない態度をとることは、拡張された利己主義である。また、別の例でいえば、国際平和に対する人的貢献をどう分配するかという問題を考えてみたとき、「わが子を戦場に送りたくないから」という理由で、その応分の負担を果たそうとしないことは、拡張された利己主義ともみなしうるだろう（他の事情の考慮によって結論が覆ることを否定するものではないが）。

　正義が排除するエゴイズムは、利己主義的に現れるとは限らず、利他主義的に現れることもありえる（作法、50-52頁）。自分だけに犠牲を強いる場合に、あるいは自分の属する集団だけに犠牲を強いる場合に、それは現れる。他の国がほとんど守っていない約定に対して、「わが国だけは」守らなければならない、とする態度は、正義を超える美徳ではあっても、正義には反するのである。あるいは、他の国には認められている権利を、「わが国」だけは放棄する、とすることも同様であろう。

　もっとも、主要な法哲学者によって提案されている分配的正義構想のほとんどは、正義の概念に抵触するものではない。しかし、実際の政治的場面での分配問題を考えるとき、しばしば拡張された利己主義の罠に陥りやすい。そのことを戒めるうえで、井上の正義概念論には、なおも分配的正義に対する重要な貢献が汲み取れるとみなすべきであろう。

2　リベラリズム論からの示唆

2.1　公共性問題への挑戦としてのリベラリズム

　井上は、リベラリズムの思想伝統とは、何らかの特定の結論を支持して結集しているものとしてよりも、共通の特定の問いへ回答しようとする営為として理解した方が適切であるとする（作法、206-216 頁）。リベラリズムが答えようとしてきた問いとは、「善の諸構想の多元性を所与として承認せざるを得ない状況において、社会的結合はいかにして可能か」（作法、214 頁）という問題である。

　この問いが孕むアポリアは、次のようなジレンマにある。人々は自らの信奉する善き生についての価値観を正しいもの、妥当要求のあるものとして主張しうる。他方、そうした価値観は複数存在し、ときに互いに対立競合する関係にある。こうした状況のもとで、政治社会がある 1 つの価値観のみを承認し、他を排除したならば、排除された価値観の信奉者からは、その政治社会は公共性の担い手として拒絶されるであろう。他方、政治社会が高次の公共性を標榜するならば、いずれの価値観に対しても妥当要求を尊重していないとして、やはり拒絶されることになるのではないか（他者、96-97 頁）。即ち、「価値対立において人々の共存を可能にする公平な枠組の設定への要請と、人々の価値志向の真正性を尊重することへの要請とはいかにして調和させうるのかという問題」（他者、103 頁）こそが、リベラリズムの中心的な問いなのである。

2.2　価値世界の構造化と正義の基底性

　井上によれば、リベラリズムは、我々の善き生をめぐる価値観について、価値世界を次のように構造化して理解することによって、このアポリアに適切に回答することができるとする（他者、105-107 頁）。1 つは、「善く生きる

とはどういうことか」という問いの解答に関わる価値であり、「人格完成価値」と呼ばれるものである。リベラリズムが乗り越えるべき価値対立下にある人々が最も先鋭に対立しているのは、まさにこの価値である。聖書の教えに従って生きるべきか、コーランの教えに従って生きるべきか、あるいは無神論の世界観のもとで生きるべきか、といった問題には、和解や合意は期待しえない。

　もう1つは、「善く生きるとはどういうことか」という問いを発し、それに答えようと真摯に取り組む人にとって、その営為が可能となるような諸条件に関わる価値であり、「人格構成価値」と呼ばれる。例えば、所得、衣食住、教育、社会的尊重といった価値は、いずれの教えに従って生きる者であっても、必要な価値であり、それらは、様々に異なる人格完成価値を抱くいずれの者にとっても、最も根幹にある「善く生きるとはどういうことか」という問いを探求するうえで不可欠の価値なのである。

　このように価値世界を構造化したとき、人々の善き生についての妥当要求を尊重しつつ、なおも政治社会が公共性を標榜しうるための原理が析出される。それを「正義の基底性」と呼ぶが、それは「正義の公共性」「正義の独立性」「正義の制約性」という3つの原理からなる。「正義の公共性」は、「正義は政治社会の構成原理であり、政治社会における公私の力の行使を規制するとともに、公権力によって強行されうるものである。」とし、「正義の独立性」は、「正義の原理は、「善き生」の特殊構想に依存することなく正当化可能でなければならない。」とし、「正義の制約性」は、「「善き生」の特殊構想が正義の要求と抵触する場合、後者が優先する。」とする（他者、98頁）。

　「正義の基底性」のもとでは、公共性を標榜する位置にあるのは、「正義」の原理である（正義の公共性、正義の制約性）。「正義」が公共性を標榜できるのは、「正義の独立性」により、それが人格完成価値に導かれるさまざまに異なるいずれの善き生の特殊構想からも独立に正当化されているからである。従って、正義を正当化しているのは、人格構成価値である。正義が公共性を持ちうる条件をこのように構成することで、いずれの人格完成価値の観点からも不公平なものとして拒絶しえないのである。他方、正義は、いず

れの人格完成価値に対しても、その妥当要求を否認してはおらず、真正なものでありうる余地を尊重している。こうして、正義の基底性の観念によって統治される社会は、リベラリズムが取り組むアポリアに回答しているのである。

2.3 自己解釈的存在

　では、価値世界が人格構成価値と人格完成価値とに構造化され、それゆえ、正義の基底性が承認されるのはなぜなのか。その「最深奥の理由」は、善き生の構想は集合的決定の対象とすべきものではないという点にあり、これを支えているのが、人々を「自己解釈的存在」として捉える人間学的基礎である（他者、110頁）。自己解釈的存在とは、「「私は何者であるのか」、「私にふさわしい生とは何か」」を問い求める自同性解釈を通じて人格完成価値としての善き生を探求し、且つ、善き生についての自己の解釈を己れの自同性の基盤とする」（他者、111頁、傍点原著者）ような自我である。こうした自我にとって、追求される善き生が、真摯な妥当要求を持つものであることは当然である。また、その追求の営みは、各人の主体的な判断を通してしか達成されえないものであり、他者にその判断を代行させることは原理的に不可能である。その意味で、価値の解釈と実現の責任を各人は逃れられないものとして負わされている存在なのである。

　もちろん、人格構成価値が具体的に何であるか、またさらに人格完成価値が具体的にどのようなものであるのかについてさえ、リベラリズムの中でも見解は分かれることは自覚されている（他者、113頁）。しかし、それらの観念を受肉させることを考えれば、自己解釈的存在として人々をとらえる人間学的基礎は、なおも分配的正義を考えるうえで一定の視座を示しうると言いうるだろう。少なくとも、人々を自己解釈的存在として捉えることで、分配される財の質と量に関わる指針を引き出すことができる。質の面において、人々に分配されるべき財は、単に満足や生存をもたらすためのものではなく、道徳的人格として人格完成価値の自己解釈を可能とするような機能を持

つ人格構成価値に根ざすものでなければならない。たとえば、刹那的な満足のために蕩尽されてしまう危険性のある現金給付よりは、自己解釈を可能とする能力を涵養するための教育機会の充実に、重きがおかれるかもしれない。

また、量の面においては、人格完成価値を自己解釈するために十分な量が保障されていなければならない。かろうじて読み書きのできる初等教育は十分ではなく、最低でも社会を知りうる中等教育、望むなら高等教育へと進みうる機会の保障が要請されるかもしれない。リベラリズムの根底にある人間学的基礎についての彫琢がすすめば、「何の平等か？」という今日の分配的正議論の中心的な論点に対しても、一定の含意を読み取ることはできるのではないだろうか[2]。

3 世界正義論からの示唆

3.1 正義の普遍性と国境

井上の近年の主要な関心の1つに、世界正義論への考究がある（世界）。世界正義論は、「国境を越えて妥当する正義の探求」（世界、24頁）であり、井上の整理によれば、その問題系は「メタ世界正義論」「国家体制の国際的正統性」「世界経済の正義」「戦争の正義」「世界統治構造」という5つに分類される。このうち、分配的正義の問題として世界正義を考察しているのが、「世界経済の正義」である。そして、そこでの問題関心の中心にあるのは、豊かな国の人々が貧困に喘ぐ国の人々に対して何を為すべきかという問いであり、経済的財をめぐる分配的正義の問題である。

井上が世界正義を語るときの前提は、「正義論は国内的正義論に留まりえず、世界正義論として自己を貫徹せざるをえない」（世界、19頁）という認識である。分配的正義の問題は、それが語られるとき、多くは同じ主権の下に服する市民社会が想定され、国内の分配問題として論じられてきた。しかし、国内において正義の名において要求される原理が存在するのであれば、

正義の普遍的性質により、それをアプリオリに国内にのみ限定される理論として想定することは、矛盾を孕むことになる。正義の名の下に展開される分配原理が国内的に妥当するのであれば、国際的にも当然に妥当するはずである。もし、ある正義の原理が国内に留まるとするならば、それを挙証する責任は両者を分け隔てようとする者の方にこそあることになる。かかる認識のもと、井上は、分配的正義をあの手この手で国内に縮減しようとするロールズやデイヴィッド・ミラーなどの理由を検討するが、結論的には説得的な議論を提示できていないことを手厳しく批判する（世界、177-193、203-209頁）。

特段の理由がなければ、正義に国境はない。そして、説得的な特段の理由は、示されていない。このことは逆に言えば、「世界正義」において展開される正義は、国内の分配問題に対しても理論的有効性を持つことを意味するだろう。

3.2　消極的義務論と制度的加害論

井上の世界経済正義の顕著な特徴の1つは、ポッゲの議論に依拠しつつ、これを主に消極的義務の問題として捉えている点である（なお、井上の立場は、積極的義務としての問題設定を排除しているわけではない）（世界、193-220頁）。消極的義務とは、各人に認められた正当な権利に対して人々はそれを尊重する消極的な義務を負い、それを侵害した場合には、加害者として原状回復への責任を負うとする観念である。消極的義務と対置される積極的義務は、誰かが何らかの救済の必要な状況にあるとき、当人にその状況への因果的責任が何らないときにおいても、善き隣人として救助する義務を負うとする観念である。そして、一般に、救済の義務としては、消極的義務においての方が強く要請され、積極的義務においては、救済者の状況が考慮されたうえで義務を負いうるに過ぎないとして、弱く要請されるという非対称性を持つとされる。

「世界経済の正義」の問題を消極的義務論の問題と考えるということは、第三世界の多くの人々が貧困に苦しんでいる現状は、それらの人々が本来持

つべき権利が侵害された状態であり、そして、裕福な先進国民は、そのことに対して権利侵害者として消極的義務違反の関係にあるとみなすことである。消極的義務違反である以上、その侵害者である先進国民には、積極的義務に依拠する場合よりもはるかに強く、救済措置を講ずる責任が求められるのである。

　通常、豊かな先進国民は、自らの直接の行為によって、第三世界の貧困を引き起こしているとは認識していない。人々の直接的な行為にのみ着目している限りは、加害の事実は隠蔽されていても、制度に着目することで、加害の事実は浮き彫りにされる。グローバルな経済構造の枠組みの中で生活し、一方の者が利益を他方の者が損益を割り当てられるとするならば、そしてその割り当てが正義に反するものであるならば、制度を媒介として一方は他方を加害している、と言うことが可能である。これを制度的加害論と言うが、こうした観点に立てば、消極的義務違反が示されるのである（世界、209-210 頁）。

3.3　分配的正義としての尊厳保全最小限原理

　本来承認された権利が侵害されているとき、原状を回復すべきことを指令する正義が匡正的正義であり、本来承認されるべき権利分配がどのようなものであるかを示すのが、分配的正義である。消極的義務論は、権利侵害者が被害者に対して負う義務であることから、消極的義務と匡正的正義とは直接の関わりを持つが、忘れてはならないのは、匡正的正義は分配的正義を前提として初めて成立するという点である。何が保護されるべき権利であるかが明示されなければ、侵害行為自体を同定できないが、保護されるべき権利を定めるのは、分配的正義だからである（世界、214-218 頁）。

　分配的正義と現状との比較が権利侵害の有無を同定するのであり、権利侵害に対して因果的な関係を有する者が消極的義務違反者として、強い救済責任を負うことになる。そして、因果的関係は、先に述べた制度的加害論によって結び付けられているのである。分配的正義についての論争を不問にし

たまま、匡正的正義だけを問題にすることはできない。では、侵害の有無を同定する分配的正義構想は、何であろうか。井上が支持しているのは、尊厳保全最小限原理（decent minimum）と呼ばれるものである。

尊厳保全最小限原理とは、「人間的品位を保持するために必要な最低限の生活水準を万人に確保する」基準である（世界、245頁）。これは、人間的品位を欠いた状態ではあるが生存は保障されている「生存最小限（subsistence minimum）」（世界、246頁）よりも強い観念である。前節でのリベラリズム論に関する検討を踏まえれば、それはおそらく、自己解釈的存在としての最低限の人格構成価値を保障するものであることが意図されていよう。

3.4 分配的正義論一般への逆照射

以上、いくつかの検討によって、井上の世界経済正義についての主要な道具立てをみてきた。尊厳保全最小限原理という分配的正義に達しない生活水準にある人々は、尊厳保全最小限原理への権利を侵害されている状態にある。これを引き起こしているのは、グローバルな経済構造であり、豊かな社会で暮らす先進国の人々は、この制度枠組みで利益を享受している以上、消極的義務違反を犯しているのであり、強い救済への義務を負う。

以上が、井上の世界経済正義についての要諦であるが、分配的正義一般へと換骨奪胎すれば、次のような示唆が得られよう。我々の社会において成立している経済体制——それは、所有権の設定とそれを保護する法体系によって実現している——のもとで暮らす人々の間に、一方は、その体系において成功を収めて利益を享受し、他方はその体系において不成功に終わる。そして、不成功者が、尊厳保全最小限原理の指示する生活水準に達しない場合、成功した者は不成功に終わった者に対して制度的加害による消極義務違反を犯していることになる。資本主義というルールが、競争原理によって成功者と不成功者を分かち、不成功者が尊厳保全最小限原理に達しない場合には、不成功者の失敗に対して権利侵害が発生していると言えるだろう。弱者の救済は、強者の善意によって為されるものではなく、制度を媒介に引き起

こされた強者の道徳的咎からくる義務なのである。福祉国家における再分配は、強者の弱者に対する「施し」なのではなく、強者の弱者に対する「弁済」なのである。

この認識は、『税と正義』において、リアム・マーフィーとトマス・ネーゲルが示した知見と通底するものがある[3] (Murphy and Nagel 2002)。マーフィーとネーゲルは、租税法学において展開されてきた伝統的な租税負担の基準が、課税前所得をあたかも所与の原状とみなしていることを批判し、人々が課税前所得に対して何らかの権限を持つかのように考えることは誤りであると主張する。道徳的に正当な原状とみなすべきなのは、分配的正義によって支持された人々の所有権の配置であり、それは課税後にもたらされるものでしかありえない。世界経済であれ国内経済であれ、我々の経済システムが、多くの人々を明らかに不正といえるような貧困にとどめおくとき、豊かな人々があたかも現状に所与の権限があるかのようにみなし、積極的義務の範疇で救済を構想するのは、間違いなのである。貧しい人々が本来持つべき権限は、正義に適った分配であり、それに達していないことは、権利侵害とみなすべきで、豊かな先進国民も資本主義経済体制の勝者も、消極的義務違反を犯しているのである。

しかし、問題は、尊厳保全最小限原理それ自体の正当性である。尊厳保全最小限原理は、尊厳保全最小限を超える余剰の分配に関しては、それがどのように分配されて然るべきかについては、特に指令するものではない。最小限を保障するという理論構成は、人々に配分される財が平等のパタンを持つことよりも、十分な量が配分されていることの方が、道徳的観点からは重要であるとする、ハリー・フランクフルトが提唱していた十分主義と通底するものでもあろう (Frankfurt 1987)。この点は、本人に帰責できない運の影響によってもたらされる格差そのものを不当とする「運の平等論」とは異なる立場と言える[4]。

もっとも、尊厳保全最小限原理は、実現可能性などを考慮したうえで導かれた原理であり、あくまでも世界正義の文脈で支持するものとして提示されている（世界、245頁）。もちろん、リバタリアン的な分配的正義構想から

平等主義的色彩の濃い分配的正義構想まで百家争鳴のさなかにある理論状況に対して、現実的な落としどころとして、尊厳保全最小限原理は受容可能性の高いものであると言えよう。しかし、国境を超える正義の普遍性を考えれば、原理的には二重基準は許されないはずである。国際的に妥当する分配原理は、説得的な理由が示されない限り、国内においても通用するはずである。尊厳保全最小限原理それ自体のいっそうの精緻化と、競合する他の理論に対する正当化という、分配的正義論の本丸への侵攻を願ってやまないものである。

註

(1) 愛は、個体性への関心が本質であるので、正義とは排他的な関係にあると指摘される。愛の主張としては、可能である。
(2) 「何の平等か？」という問題は、今日の分配的正義論の主要争点となっており、それについての井上の紹介論文として、(井上 1989)。
(3) なお、井上は尊厳保全最小限原理が「コスト負担分配の公正」に関する別の原理によって補われなければならないとし、「制度受益と負担の比例原則が適切な指針だと私は考えている」とする (世界、245-246 頁)。
(4) 「運の平等」は、エリザベス・アンダーソンが「平等主義者」が共有している発想として指摘したものであるが、アンダーソン自身はこれを批判的に扱っている (Anderson 1999)。

文献一覧

井上達夫（1989） 「平等〔法哲学の側から〕」星野英一・田中成明共編『法哲学と実定法学の対話』有斐閣、85-97 頁。
Anderson, E. (1999) "What Is the Point of Equality?," *Ethics* 109,no.2: 287-337.
Dworkin, R. (2000) *Sovereign Virtue*, Harvard University Press. (小林公・大江洋・高橋秀治・高橋文彦訳『平等とは何か』木鐸社、2002 年)
Frankfurt, H. (1987) "Equality as a Moral Ideal," *Ethics* 98(1): 21-43.
Murphy, L. and Nagel, T. (2002) *The Myth of Ownership Taxes and Justice*, Oxford University Press. (伊藤恭彦訳『税と正義』名古屋大学出版会、2006 年)
Nozick, R. (1974) *Anarchy, State, and Utopia*, Blackwell. (嶋津格訳『アナーキー・国家・ユートピア──国家の正当性とその限界』木鐸社、1994 年)
Rawls, J. (1971) *A Theory of Justice*, Belknap Harvard. (矢島鈞次監訳『正義論』紀伊国屋書店、1979 年)

10 リバタリアニズム

吉永　圭

　リバタリアニズムとは個人の精神的自由・経済的自由といった他者からの強制的干渉排除を重要視し、その結果として国家の役割をできるだけ制限、あるいは国家自体を廃止すべきと唱える思想である。国家による社会問題への積極的な介入があって初めて正義の実現が可能である、というリベラリズムと対立するものとしてリバタリアニズムが正義論の中で台頭し、我が国でも注目されるようになった契機は、アメリカの思想家ロバート・ノージックの『アナーキー・国家・ユートピア』（1974年）の刊行であった。ノージックはジョン・ロックが想定するような自然状態から出発し、そこで起こる権利衝突のトラブルを解決するために形成される複数の任意加入団体（保護協会）の段階を経て、市場競争の末に支配的保護協会が登場し、それが最小国家へと移行する議論を展開した。

　リバタリアニズムは麻薬・売春の合法化、刑務所の民営化、市場規制立法の廃止、法律婚の廃止、中絶や代理母の完全自由化、移民規制の撤廃[1]など、個別論点で刺激的な議論を展開しているが、本章ではこのような個別論点は扱わない。以下ではまず簡単にリバタリアニズムを俯瞰する。次に井上達夫によるリバタリアニズム批判を取り上げる。最後に、井上の批判に対してリバタリアニズムからどのような応答ができるかを検討する。

第 10 章 リバタリアニズム

1 リバタリアニズム概観

1.1 分類

　リバタリアンは一枚岩ではなく、論者によって立場は異なる。リバタリアニズムを正当化する根拠と、許容される国家の規模は独立に論じることが可能である。前者は①自然権論（人は自らの身体を所有しているという自己所有権[2]を基礎にする）、②帰結主義（自由を最大限に尊重する社会の方がそうでない社会よりも結果として人々が幸福になる）、③契約論（理性的な人間であるならばリバタリアンが主張する社会に合意するはずである）、に分けられる（帰結主義も契約論も、自己所有権を議論の前提においている場合が多い（森村編 2005、29 頁））。後者は、Ⓐ無政府資本主義（国家を完全に廃止）、Ⓑ最小国家論（国家の役割を国防・裁判・治安に限定する）、Ⓒ古典的自由主義（Ⓑに加え、ある程度の福祉や公共財提供をも国家の任務とする）に分かれる。
　もっとも、古典的自由主義に関しては、リバタリアニズムに含めない方が良いとする見解も無視できない（アスキュー 2013、547-548 頁）が、他方で最小国家論と古典的自由主義をまとめて「最小政府主義」と呼ぶこともあり（森村編著 2005、25 頁）、区別は論者によって異なり得る。
　この分類にあてはめると、たとえば前出のノージックは自然権論的最小国家論者、後出のフリードリヒ・フォン・ハイエクやミルトン・フリードマンは帰結主義的古典的自由主義者となる。

1.2 レフト・リバタリアニズム

　リバタリアニズムと称されているが上の分類に見られるようなリバタリアニズムとは大きく異なる思想として「レフト・リバタリアニズム」がある。その主張は大まかに言うと、自らの身体には排他的所有権があるとしつ

つも、外部の資源に関しては各人が自由に私有できるわけではない、というものである。しかし自己所有権という共通項だけでレフト・リバタリアニズムをリバタリアニズムに含めることは難しいだろう（森村 2001、30-32 頁）。

1.3 リバタリアン・パターナリズム

　行動経済学から論じられるものとして、リバタリアン・パターナリズムがある。パターナリズム自体は、個人の利益と個人の選択との間に齟齬が生じた場合に、個人の利益を優先すべく、外部（国家）からの介入を認める政策を指す[3]。これは個人の自由を侵害することなくより良い意思決定を支援する仕組みとして提案されるものである。リバタリアン・パターナリズムでは、市民が自らの長期的利益に資する意思決定ができるよう、国家がナッジすることを認める（ナッジとは、そっと押す、促す、ということを意味する）。

　たとえば、年金制度への加入をデフォルトの選択肢にすることは、ナッジの一例である。簡単に非加入を選べる場合、自動加入方式が個人の自由を侵害するとは言えない。デフォルトの選択肢は抵抗なく受け入れられるように設計され、そこから外れる選択をするためには強い意思が必要である[4]。

　しかしこの仕組みの「パターナリズム」の側面（経済・教育・健康・環境などについて、温情的に支援しつつ、一定の方向へ誘導する）をリバタリアンは許容できるであろうか。無政府資本主義ではもちろん、最小国家論においても、このような温情政策を提案させることは国家の役割には含まれていないはずである。頼んでもいない政策を実施させる為に税金を納めることに、リバタリアンが賛成することはないだろう。また、リバタリアン・パターナリズムを設計する側（国家）が介入を受ける市民よりも合理的であるという前提にも疑問がある。「リバタリアン」の名を冠しているものの、「リバタリアン・パターナリズム」はリバタリアニズムとは相容れない[5]。

2 井上達夫とリバタリアニズムの距離

2.1 リバタリアニズムの評価

井上はノージックについて、次のように言及している、すなわち「18世紀的個人主義と19世紀的自由放任主義を復活させるもので、極めて鋭利で想像力に富んだ多面的な議論」である。しかし同時に「生存権のような社会化された自然権を持たないのはなぜか」と疑問を提起している（作法、131-132頁）。また、リバタリアニズムが個人の自由を根本原理とする方向にリベラリズムを引き戻すという見方は単純すぎると言う（自由、121-122頁）。

2.2 普遍化可能性

井上によるさらに強力なリバタリアニズム批判は「時間先行性」問題である。リバタリアンは形式的な機会の平等を達成するだけでは、「もし自分が他者であったら」という反実仮想的な条件の下である主張の道徳的吟味を行う普遍主義的正義理念のテストをパスできないと、まともなリバタリアンなら自覚している。「早いもの勝ち」では正義概念の制約に反しており、ロックやノージックは但し書きによる制限を考えた。またレフト・リバタリアニズムは「出発点の平等」を考えている（自由、128-130頁）。

ノージックの歴史的権原理論に継承発展されたロック流の自己所有的権利論は、権利の普遍化可能性よりも時間的な既得性を重視しているように見えるかもしれない。「早い者勝ち」という時間的優先原理は、誰であれ先にきた者に資源・機会を分配する点で普遍化可能性の外観を持つが、それを徹底すれば先行者が圧倒的に有利以上、自分が先行可能性を持つ場合にのみ受容可能な原理であり、先行機会の不公平な初期分配を是正するための何らかの限定を付さない限り、真の普遍化可能性を持つとは言い難い。実際、ロック＝ノージック的権理論の場合も、先行者はとりたいだけとれる自由を

享受できるわけではない。むしろ専有機会の公平性を保障することにより労働による所有獲得原理の普遍化可能性を確保する試みと解すべきだろう。この場合、ロック的付帯条件は正義の構想としての権利概念の内在的制約の一部ということになる（企て、21-22 頁）。

2.3 リバタリアニズムとの親和性

他方で、井上は「二重の基準論」学説の批判においては、リバタリアニズムとの親和性を見せる。井上によれば、この理論の基本前提は、精神的自由を人権体系上最優先の地位に置くという基準である。ここから憲法訴訟上、精神的自由と経済的自由とでは、それぞれの規制立法に対して異なる違憲審査基準が妥当するということになる。井上は、戦後人権保障論の成熟にとって画期的な意義を持つと当該学説を評価した上で、次のように述べる。「経済的自由が精神的自由よりも内在的価値において劣るというのは、「知識人」特有の偏見ではないか。経済活動が物質主義的な欲望追求であるというイメージが、一つの動機として、そこには伏在しているようであるが、このような一般化は再検討の余地がある。[......] 中卒の学歴しかないために、社長と呼ばれるのを生き甲斐にして事業に精を出す人や、一国一城の主として独立するために個人タクシーをやりたいと、何度も運輸省に申請を繰り返すタクシー運転手にとっての営業の自由は、自己の研究を発表しようとする大学教授にとっての言論・出版の自由に比して、内在的価値において何ら劣るところはない」。また「二重の基準論は、精神的自由の経済的自由への依存について、リアリスティックな認識を欠いているのではないか」。井上は経済的自由を国家に抑えられた状態下では、精神的自由もまた抑圧されると説くのである（企て、183-187 頁）。

このような井上の主張は、ミルトン・フリードマン『資本主義と自由』(1962 年) 第 1 章の議論と軌を一にしている。

152　第 10 章　リバタリアニズム

3　応答

3.1　人道主義からの貧困者救済

　貧困者問題への応答になり得る議論としては森村進のものがある。森村は「自己の責任によらない窮乏は助けられるべきだ」という人道的考慮を、自己所有権的リバタリアニズムからの直接の帰結ではないものとして、導入する（森村 2013、74 頁）。
　森村は自らのリバタリアニズムにつき、自己所有権以外にも帰結主義的考慮が必要になる場合があることを認めると同時に、人道主義も導入している。森村は自覚的に多元主義的立場を採用することで、より多くの人に説得的な議論を提供しようとする（森村 1995、21 頁）。
　しかし人道主義の導入には弱点が多い。自己所有権から直接導かれないのならば、どのような人間性原理から導き出してくるかを検討しなくてはいけない。この検討を進めると、「あるべき人間観」を論じる所まで行ってしまう恐れがある。また、人道主義は全ての人にあらかじめ備わっている感性であるという直観があるので、それ以上さかのぼって検討をしなくても良いということが認められるとしても、人道主義はその内容が広がる傾向にあり（教育環境の提供や雇用保障、他国へ軍事力を投入する人道的介入など）、国家の膨張の足掛かりになりかねない。森村もリバタリアン的原理と衝突する場合があることを認めている（森村 2013、74 頁）。自己所有権テーゼ由来の財産権よりも強く道徳的直観に訴えるものが人道的考慮であるならば（福原 2013、611 頁）、リバタリアニズムによって国家膨張を制限する理由付けをするのは難しいと思われる。
　森村はハイエク『自由の条件』（1960 年）における社会秩序維持目的の社会保障（Hayek 1960, pp.285-286 邦訳 45-47 頁）に関しては、「もし備えを怠った人々が、他の人々に害を加えずに社会の片隅でひっそりと生きていくか死んでしまうかするならば、社会保障の必要はないのか」と問い、人道主義が

自然な理由付けだとする（森村 2013、75 頁）。

3.2　治安維持目的の貧困者救済

しかし貧困者を国家によって救済したいのならば、ハイエクのような論拠の方が筋は通っている。貧困者が誰からも強制されず、自ら進んで社会の片隅で死を静かに待つ風景が一般的だとは思えない。社会的承認を得られない貧困者たちは、排除されているという感覚から犯罪・暴動に至る可能性が高い。温かい家庭を窓の外から眺めながら、哀れな少女は売り物のマッチの火の中に幸福を見て路上で凍死した。われわれは飢えと寒さの中はかなく死んでいった少女に同情するが、彼女はそのマッチで家に火をつけることもできたのである。

治安維持が国家の任務であるならば、貧困者の暴走を抑えるという目的で最低限の貧困者救済制度を置くことは、帰結主義からはもちろん、自然権論的リバタリアニズムにおいても内的矛盾が少ないと思われる。「マッチ売りの少女」は、森村が可能性を否定しない私人による慈善活動によって救済されることを期待するしかない。

なお餓死寸前の貧困者を救済することを超えて、老後や疾病に備える社会保険を強制適用することは認められない。定年で、あるいは突然の重い病によって退職を余儀なくされたことによる収入の途絶は自己の責任により、貯金、私保険、あるいは不労所得などでカヴァーすべきである。本人がそのようなリスクを承知しているのに保険料を強制徴収して当該財産を今現在の娯楽や起業に使用させないというのは、パターナリズムにあたる[6]。

3.3　「時間先行性」問題

法学における無主物先占の歴史は古く、既に古代ローマの法学者ガイウス『法学提要』（161 年頃）において、誰にも帰属しなかったことを理由として、先占による取得が認められている（佐藤監訳 2002、67 頁『学説彙纂』（533

年施行）第 41 巻第 1 章に同趣旨「誰にも属さない物は、自然の理から先占する者に許し与えられる」）ことは周知の通りである。財産法の基本原理とも言える先占は、近代西洋法体系だけでなく、様々な伝統的法体系でも重要視されてきた（Friedman and Neary 2009, p.680）。

　帰結主義的に考えれば、まず、無主物をわざわざ最初に占有した人はその価値を発見したり利用したりする人である蓋然性が極めて高いから、「早い者勝ち」ルールは既に占有されている資源の効率的活用を助ける。また、このルールは将来の資源の効率的活用を奨励するし、第 1 占有者は誰の自由も侵害していない（森村 2006、6 頁）。さらに、第 1 占有者に所有権を認めることで、過剰な競争や資源開発による不効率を減じることが可能であり、また他の代替案（国家管理下でのオークション）よりもコストがかからないと言える（Lueck 2003, pp.200-207）。「早い者勝ち」ルールが促進する分散型所有権の体系は、国家機能を縮小させることを目指す思想へと繋がるし、このルールによって取引費用を抑えることも期待できる（Epstein 1979, p.1239, Epstein 1986, pp.669-670）。

　他方、実験心理学により「第 1 占有者が所有者となる」という想定はかなり一般的なものであることが明らかにされているものの、道徳的正当化は難しい（Friedman and Neary 2009, p.688）。マリー・ロスバードやランディ・バーネットらが議論をしているが、この点をさらに突き詰めることが今後の課題である。

　なお、森村の相続税論は「相続税課税の目的は、公共財提供などの適切な政府の支出をまかなうことに限られ、分配的正義の理念をめざすことはない」というものだが（森村 2009、129 頁）、実際には「出発点の平等」機能を果たすはずなので、結果的に井上の言う正義の普遍主義的要請を満たす可能性は大きい。

註

(1) 移民については（森村 2014）を参照。
(2) 自己所有権テーゼの自然さは、われわれにとって自分の体がその他の物体とは異なったユニークな特徴を持っているからである（身体の直接的支配・身体に関する観察によらな

(3) このように定義されたパターナリズムには3つの構成要素が存在する。①個人の利益と選択の別個性、②利益と選択との衝突可能性、③利益優先（若松 2013、447 頁）。
(4) ダニエル・カーネマンは貯金促進のための財形貯蓄プランを紹介している（Save More Tomorrow）。リチャード・セイラーらによって提案されたこのプランでは、将来の昇給のたびにあらかじめ決めておいた拠出率の引き上げを適用するという選択肢に、デフォルトでチェックが入っている。この方法により、労働者の貯蓄率が上昇したという（Kahneman 2011, pp.412-415 邦訳下巻、322-326 頁）。
(5) 帰結主義的リバタリアニズムならば、リバタリアン・パターナリズムを受け入れる余地はあるだろうか。個人の利益と選択が結果的に一致することが帰結主義的リバタリアニズムの前提にあると思われるが、行動経済学からはその前提は批判される（若松 2013、452-454 頁）。帰結主義的リバタリアニズムはより大きな政府へと繋がりやすい傾向を有していると指摘するものとして、（福原 2013、596 頁）を参照。
(6) これには帰結に対しての反論があり得る。公的保険の支払い金額よりも投資による運用益が下回る可能性がある。また社会保障の危機は、リバタリアンが指摘するほど深刻ではなく、制度の調整によって解決可能である（Hudson 2008, pp.147-148）。

文献一覧

アスキュー・デイヴィッド（2013）「リバタリアニズムと無政府資本主義」平野仁彦・亀本洋・川濵昇編『現代法の変容』有斐閣、541-566 頁。
佐藤篤志監訳（2002）『ガーイウス 法学提要』敬文堂。
福原明雄（2013）「リバタリアニズムにおける「古典的自由主義」カテゴリー」『法学会雑誌』第 54 巻第 1 号、583-619 頁。
森村進（1995）『財産権の理論』弘文堂。
森村進（2001）『自由はどこまで可能か』講談社現代新書、講談社。
森村進編著（2005）『リバタリアニズム読本』勁草書房。
森村進（2006）「リベラル平等主義のリバタリアニズム批判の検討」『一橋法学』第 5 巻第 1 号、3-22 頁。
森村進（2009）「リバタリアンな相続税の提案」森村進編『リバタリアニズムの多面体』勁草書房、127-149 頁。
森村進（2013）『リバタリアンはこう考える』信山社。
森村進（2014）「移民の規制は正当化できるか？」宇佐美誠編『グローバルな正義』勁草書房、107-130 頁。
若松良樹（2013）「行動経済学とパターナリズム」平野仁彦・亀本洋・川濵昇編『現代法の変容』有斐閣、445-467 頁。
Epstein, R. A. (1979) "Possession as the Root of Title," *Georgia Law Review* 13: 1221-1243.
Epstein, R. A. (1986) "Past and Future: The Temporal Dimension in the Law of Property," *Washington University Law Quarterly* 64: 667-722.
Friedman, O. and Neary, K. R. (2009) "First Possession Beyond the Law: Adults' and Young Children's Intuitions About Ownership," *Tulane Law Review* 83: 679-690.
Hayek, F. A. (1960) *The Constitution of Liberty*, Routledge.（気賀健三・古賀勝次郎訳『自由の条

件 III』春秋社、新版 2007 年）
Hudson, W. E. (2008) *The Libertarian Illusion*, CQ Press.
Kahneman, D. (2011) *Thinking, Fast and Slow*, Allen Lane.（村井章子訳『ファスト＆スロー 上・下』早川書房、2014 年）
Lueck, D. (2003) "First Possession as the Basis of Property," T. L. Anderson and F. S. McChesney (eds.), *Property Right*, Prinston University Press, 200-226.

11 フェミニズム

池田弘乃

　「女性の活躍」がもっぱら経済的な動因から政策目標として強調される現在の日本において、フェミニズムやジェンダー理論が活況を呈しているかといえば必ずしもそうとはいえないかもしれない。もちろん一方で、フェミニズム抜き（少なくとも前面には出さず）にジェンダーに関わる制度改革を、男女共同参画というラベルの下で追求する動きは存在するし、他方で制度改革とは必ずしも内在的連関をもたない形でフェミニズムの新たな展開を試みる動向も無視できない。後者の例としてセクシュアリティ（性愛、性的欲望）の考察の深化（クィア理論への接続）やケアの倫理についての考察の展開をあげることができよう（岡野 2012）。

　広く日本語圏以外に目を転じると、それとはやや異なった様相もみえてくる。フェミニズムの理念・コーズに基づく制度改革を志向する潮流である。リベラル・フェミニズムの現代的展開とそれを呼ぶこともできよう。国連などの国際機関や途上国支援の文脈でジェンダー視点の強調がみられる[1]というだけではなく、欧米においてもなお未完の課題としての性における平等が様々な形態で追求されている。それは理論としては陳腐だが実践においてはなお新鮮な情況というよりは、実践においていまだに新奇な、新鮮な問題であり続ける性差別とは一体何なのかについての理論的関心が日々喚起され続けている情況であるように思われる（Jaggar ed. 2014）（Nussbaum 1999）。

フェミニズムからのリベラリズム批判を摂取し再定位されたリベラル・フェミニズムを「真剣に取り扱う」ことは、およそジェンダー・セクシュアリティについて今考える際に避けて通ることのできない論点である。

井上がジェンダーを考察の主題としてとりあげた機会としては、『普遍の再生』の第 6 章「フェミニズムとリベラリズム——公私二元論批判をめぐって」(2003 年、初出は『ジュリスト』1237 号、特集「ジェンダーと法」、2003 年) と『法哲学年報 2003』(2004 年、元々は学会報告) 所収の「リベラル・フェミニズムの二つの視点」をあげることができる。さらにフェミニズムが抱える難問の 1 つと正面からぶつかり、その結果としてフェミニズムの一部と真剣な論争が交わされることとなった「堕胎」規制をめぐる論考も、広い意味では井上ジェンダー論の一部を成しているといえる (井上 1996a) (井上 1996b)。いやそれどころか実際のところ、この「堕胎」論は「異質な他者との共生」を模索する井上リベラリズムがフェミニズムに対して提起した最も深刻な議論の 1 つとさえいえる。

井上の全議論を通じて、「フェミニズムという他者との応接の企て」が「フェミニズムが他者に応接できていないことの批判という企て」と相俟って展開されている特徴を指摘することができよう。これらの論考を受けたフェミニズムとしては、自身の法的思考・政治的思考の真価として何を提示することができるだろうか。

1　リベラリズムからフェミニズムへ

井上によれば、フェミニズムはリベラリズムを「ノーマルな存在」を規定する支配的範疇への包摂により人間存在の多様性を否認する思想として批判してきた。この嫌疑が不当なものであり、むしろリベラリズム (の公共性観念) がフェミニズム自体の問題意識をよりよく展開するための資源となることが井上の (リベラル・) フェミニズムにおいては主張される。

フェミニズムと呼ばれる思想が見方によっては古代や中世に遡りうるものだとしても、それが近代とともに近代の批判として前代とは比較にならな

い重要性を帯びるに至った点を強調しても決して不当ではないだろう。理念としては身分制を否定しようとした近代において、かえって性別が身分のごとく社会秩序においてある個人を規定する項目としてせり上がり、それが生殖機能[2]という「自然的」とされるものに基礎付けられて語られるようになった。その点に対する異議申立ての声として今日第1波フェミニズムと呼ばれる思想・運動は始まった。そこでは「近現代社会の現実がリベラリズムという思想を裏切ってきたこと」が批判され、その現実を「リベラリズムの思想資源の貫徹ないし発展」によって克服することが目指される。このような志向をリベラル・フェミニズムと呼ぶならば、井上はこの立場への共鳴を明示している（普遍、214-216頁）。そのような前提の上でなおリベラル・フェミニズムを超えてフェミニズムが提起した重要な問題として井上が着目するのが第2波フェミニズムの「個人的なことは政治的である」という命題であり、そこに要約される公私二元論批判である。

1.1 公私二元論の再定位――領域から理由へ

　フェミニズムからは様々な形での公私二元論批判が展開されてきたが、井上はこの点について公私二元論自体の再定位を試みる。それは一言で言えば「領域の区分から理由の区分へ」と表現することができる。

　そこでは「公的領域」とは、公的介入が可能な領域の謂いであり、公的介入が可能なのは公共的理由を充足するもののみとされる。そこで基準となるのは反転可能性要請を充足しているかどうかである。その反面として「私的領域」では、他者の介入を排除しうる個人の自己決定権が承認される。重要なことは、その限界は公共的理由に依拠した政治的議論による再吟味に常に開かれているということである。

　公私二元論をこのように再定位し、しかもその限界が常に再吟味に開かれていることを強調する態度によって、具体的問題に対しいかなる対応が公共的正当化理由をもつかをめぐりリベラリズムとフェミニズムを横断する論争が可能となる。これはいわばリベラリズムからフェミニズムに対する論争

への招待状といえよう。

　注目すべきことに、そこでは、ジェンダーという支配的な差異化コードにまつわる対立図式は複雑化・多次元化するであろうことが指摘されている（普遍、228-229頁）。その例として代理母をめぐる問題について、生殖機能を買える「もてる者」と「もたざる者」との間での女性間の階級対立という側面が指摘されている。

1.2　第二波フェミニズムの両極分解の克服

　以上のような公私二元論の再定位の試みは、具体的にどのような社会改革実践の形態と結びついているのか。井上がJ. S. ミルを援用しつつ提示するのが、社会的意識改革と法的改革との相互依存的連携である。それは「女性の隷従」を廃絶するための法制度改革の重要性とともに「法の限界」を重視する。しかしその「法の限界」論は、一定の私的領域を聖域化する領域的公私二元論ではなく、理由に定位した公私二元論の下でのものである。法の限界を見据えた上での改革実践の重層化(3)の視点は、フェミニズムの展開にとっても重要な指針となるものであることが主張される。というのもフェミニズムの現状は、この重層化の視点をもたないことで、「危険な両極分解」の傾向をもつように井上にはみえるからである。

　いわく自然的与件ではなく社会的構成物であるジェンダー（このこと自体はすでにJ. S. ミルも強調するところであった）という正当な認識から出発しながらも、フェミニズムは危険な両極分解への道を歩もうとしている。その両極とは、キャサリン・マッキノンとアンドレア・ドゥオーキンらが象徴するとされる①法的統制極大化論とジュディス・バトラーらによる②脱規範化論である。前者は、性的平等を社会に貫徹する上で法的統制とそれを執行する国家の政治権力のあり方を万能視し、あらゆる個人のプライヴァシーを窒息させる「道徳的警察国家」に突き進む危険を有するとされる一方、後者は制度はもちろん制度外の改革実践に対しても規範的指針を提示しないものとして批判される。

この①と②の「両者に共通しているのは、性差別の社会的現実に対して法制度改革がもつ重要性と限界の双方を見据えて、法の変革と主体の自己変容との相互依存的連結を図るミルのような改革実践の重層化の視点の欠如である。この視点を欠く結果、両極いずれも、フェミニズムのコーズを自壊させる危険を孕んでいる」（普遍、223頁）。

2 リベラリズムと第2波フェミニズムの生産的な連携可能性

「個人的なことは政治的である」とのスローガンの下でフェミニズムは、公私区分の全面放棄を主張してきた訳ではなかった。公私区分の境界を単純に家庭・家族に求めることを批判した上で、プライヴァシーという観念を家族の私秘性を保護するものではなく、個人の自己決定権に委ねる領域を保護するものとして規定し直すことはその一例である（野崎2003、61-68頁）。

井上はこのような理論動向を第2波フェミニズムとリベラリズムとの生産的な連携可能性を示すものとして歓迎している。逆に、共同体論のリベラリズム批判を援用することでプライヴァシーについて共同体論的解釈（リベラルな中立性の議論ではプライヴァシーの価値を十分擁護できないといった議論）に共感を示す議論はかえって「親密圏としての家族の聖域化という問題性を孕んでおり」、フェミニズムが安易に共同体論のリベラリズム批判に便乗すべきでないことが指摘される（普遍、227頁）。ケアしケアされる関係性の意味を考える時、その関係性の神聖化が起きていないかを慎重に吟味する必要性はたしかに大きい。

リベラリズムとフェミニズムの生産的連携の道筋は井上自身によって次のようにまとめられている。「社会の批判的自己改革の哲学としてのリベラリズムを再定義・再構築する上で、「社会的与件」を絶えず問題化するフェミニズムの批判的視点にリベラリズムが晒されることは必要不可欠である」が、「他方、社会的与件の合理化装置ではなくその批判的改革原理として徹底された普遍主義的リベラリズムの価値原理は、第2波フェミニズムの既

述の自壊的な両極化傾向を批判的に克服する視座をフェミニズムに提供する」と（井上 2004、73 頁）。

このリベラル・フェミニズムの深化という方向性を追求した論者の 1 人が野崎綾子である。その著作に井上自身が付した解説によれば、2 人は共にリベラル・フェミニズムの再定位を志向する点では共通するが、「リベラリズムを基本としつつ第 2 波フェミニズムの問題提起が含む建設的な洞察を摂取し、後者が孕む難点・危険性を克服しようとするスタンスをとる」井上に対し、野崎は「フェミニズムの問題意識を基本としつつ、リベラリズムの思想資源をこの問題意識に的確に応答しうるように再開発・再編する」ことに主眼があるものと位置づけられる。そのアプローチの違いは、「小異」としてではあれアーレント的平等（異なるものの平等という構想）への評価とセンの「ケイパビリティの平等」論への評価等の点において両者の見解の相違をもたらしている（野崎 2003、249-250 頁）。

「ケイパビリティの平等」論に対して井上は、主体の自己力能化としての自由に依拠する「自己中心性の罠」に囚われていないかを問い、「資源の平等」アプローチの「他者に課す」コスト感覚の必要性を指摘する。そこからは、ケア労働負担について、各人の資源変換率にとって障害であるという見方（ケア労働負担を自然的能力格差と同様に与件として扱うことになる）ではなく、直接にコスト分配の対象とされるべきものであるといった見方が提示されている（井上 2004、76-77 頁）。子どもなどの依存的存在に対するケアはだれがなぜすべきなのかという問題の考察にとって重要な視点を提示するものといえよう。例えば昨今日本でも話題に上ることの多い「指導的地位」にある女性比率を引き上げる方策は、「ケアする地位」にある男性比率を引き上げることを伴わずに社会変革をもたらすことができるであろうか。

3 妊娠中絶の道徳的正当化について

以上のようなリベラリズムとフェミニズムの関係性をめぐる議論に対し、妊娠中絶の道徳的正当化をめぐる井上の議論は、少なくとも当初はフェミニ

ズムにまつわる議論として展開された訳ではない。しかし、前節までのリベラル・フェミニズムに連なる基本的志向はすでに看取することができる。この井上の「堕胎」論は加藤秀一から大きな批判を招いたことからもうかがわれるように、現在でも妊娠中絶の（法的・道徳的）正当性を考える際に重要な視点を提供し続けている極めて触発的な論考である。

3.1 線引きから道徳的葛藤へ

　妊娠中絶に対する井上の立論は「線引き」ではなく「道徳的葛藤」を問題の焦点に据えるべきであるというものである。すなわち「胎児はいつから人か」といった線引きの可能性・不可能性に依存しない仕方で「堕胎」問題を考察する可能性が追求される。胎児自身は「声なき」存在だとしても、そのように権利を行使する能力を欠く存在が権利主体たりうる（権利能力をもちうる）という考え方は可能である。「自己に対する他者の力の行使の正当化を要求しうる存在と、かかる正当化を必要とする存在とは概念的に明確に区別しうる」のであり「権利主体たるために要求されるのは『正当化要求能力』ではなく『正当化必要能力』である」（井上1996a、19頁、傍点は井上によるもの）といえるからである。このような議論によって胎児の生命権を仮に承認したとしても、「堕胎」を正当化する側からの「その生命権は絶対無制約ではない」という議論に応答する必要がある。そのような正当化論の代表としてジュディス・トムソンの著名な議論[4]に言及する井上は、その意義を胎児の生命権の問題を棚上げにして単純に女性のプライバシー権・自己決定権により「堕胎」を正当化する（結果的に、胎児を母の所有物とみなす）ような立場に比べ、はるかに慎重かつ入念であり、従来の「堕胎」論の盲点をつく重要な含意を有するものと評価している[5]（井上1996a、22頁）。その議論からは次のような2つの教訓が得られる。①「堕胎」問題は存在者間の道徳的格付けの問題ではなく、中心的存在者の間で成立する生命権の限界の問題として考察可能である。②胎児を母の所有物とみなす発想も、胎児を別個独立の主体（他者）と扱うことも反省を要する（後者の発想は一見する

ところ胎児の立場を強化しそうだが、かえって胎児に過重な責任を課する可能性がある）。

これらの議論から示唆されるのは「胎児を「我ら」の一員とみなしたうえで、生命権の名による犠牲要求の限界の問題と、歓迎されざる胎児でさえ親との間にもつ自然的紐帯の倫理的意味の問題との両面から、堕胎の連続性の問題を考察する視角」である（井上1996a、23頁）。

議論の中では具体的な「堕胎」の正当化事由も挙げられている。女性の自己決定権の前提条件と本質的条件を保障するために、少なくとも「母体の生命保護」と「強姦」（性交・妊娠の事実上の強制を含む広義のそれ）の場合は「堕胎」が正当化される一方で、選択的「堕胎」は正当化されないと論じられる（井上1996b、86頁）。ここで自己決定権というときに、その社会的実効化（生むか生まないかの主体たりうるための社会的・物質的条件の保障）の問題を井上が無視している訳ではない。実効化されるべき権利の正当な射程を原理的に考察すべきということがその主張の要点である。胎児の生命権と女性の自己決定権の葛藤を正面から議論しようとする葛藤論は、「不可視化された異質な他者の権利の救済」というリベラリズムの基本的コミットメントに依拠している。この姿勢は、「保守」と「リベラル」の党派的対立を超えようとするフェミニズムにとっても本質的な意義をもつものと井上は主張する（井上1996b、92頁）。

3.2　道徳的葛藤の条件

この論争について井上の立論の在り方に違和感を表明する江原由美子は、加藤の議論の方に「「女性の自己決定権」とは「家父長制」との闘いの文脈において位置づけられるべき思想である」と主張するものとして共感を表明している（江原2002、45頁）。

リベラリズムや権利の枠組みで語れないもの、それが取りこぼすものへの着目はそれ自体1つの重要なトピックである。しかし誰が、なぜ、どのような決定の権利をもつのかについて曖昧にしたままでは、妊娠をめぐる様々な

3 妊娠中絶の道徳的正当化について

逡巡に巻き込まれた当事者の決定は、事実上諸々のテクノロジーの実情に押し流されることになるかもしれない。生殖補助技術（それが生殖補助医療と呼ばれることへの異論は必ずしも大きな反響を得ていないように思われる）の急速な進展は、出生前診断の段階的な広がり等を通じて妊娠の現場を左右しつつあるようにもみえる。

そもそも日本の現状において、女性の中絶に関する自己決定権は認められているといえるだろうか。母体保護法を通じた違法性阻却によって犯罪として処罰されることはほとんどない一方で、刑法には厳然として堕胎罪が規定されている。その母体保護法も人工妊娠中絶の実施にあたって「本人及び配偶者の同意」（同法14条1項）を求めている（井上1996b、96頁）。自己決定権が置かれている家父長制という文脈を問題とすると同時に、葛藤が可能となる条件の1つである自己決定権自体を確固としたものにすることが現下の日本社会の課題であるといえるかもしれない。そこでは、権利と権利間の衝突を語ることはいまだ理論においても実践においても新鮮さを失わぬアプローチであるように思われる。

女性の自己決定権については、「堕胎をめぐって葛藤する諸価値の一つではなく、それらを超越した高みからそれらの葛藤を裁断する倫理的法廷の管轄権」を意味するという考え方もありうる（井上1996b、115頁）。そのような考え方は井上自身の葛藤論とは相容れないものだろうが、フェミニズムがあえてそのような超越的価値の導入を要求することではじめて中絶が、妊娠女性と胎児の関係性を超えた広がりをもつ問題であることを社会は意識せざるをえなくなったという側面もあろう。社会もまた道徳的葛藤に直面すべきなのではないのかという問いかけがそこにはあった。育児をめぐる社会的支援が欠落している社会においては、「適切なケア提供の自信がないので中絶することが道徳的に正しいのではないか」と表現できてしまうような中絶すら生じることはないだろうか（それを母体保護法の経済条項が後押しする。同法14条1項1号）。道徳的葛藤論の意義を承認し、道徳的葛藤に真正面から向き合うための条件として、日本社会では女性の決定権の権利性の確保が喫緊の課題であり、中絶をめぐる真剣な公共的討議[6]の一角をなす

井上「堕胎」論もその課題と組み合わされたときより一層その触発力と問題性を発揮するものとなるであろう。

註

(1) UN Women のプロジェクト「He for She」でのエマ・ワトソンの演説はその好例といえよう。http://www.unwomen.org/en/news/stories/2014/9/emma-watson-gender-equality-is-your-issue-too（2015 年 1 月 10 日閲覧）
(2) ある人が定常的に特定の身体的諸特徴を有すると観察され、もしくは想像され、その諸特徴は雌（雄）としての生殖における生物学的役割の証拠であると推定されるとき、その特徴をマーカーとして、異なる社会的地位を割り当てるところにジェンダーの中心的意味を見出す（Haslanger 2000）参照。
(3) 改革実践の重層化については、後述の「脱規範化論」との関係で特に（谷口 2004）参照。
(4) トムソンの議論を含む妊娠中絶の道徳的正当化をめぐる哲学的検討については（江口編訳 2011）参照。
(5) ただしその議論は「母体は私的所有権の対象である」「母体の所有者は母であって胎児ではない」等の論証されていない諸前提に決定的に依存するものであることも指摘されている（井上 1996a、21 頁）。
(6) その極めて重要な企てとして（齋藤編 2002）参照。

文献一覧

井上達夫（1996a）「人間・生命・倫理」江原由美子編『生殖技術とジェンダー　フェミニズムの主張 3』勁草書房、3-39 頁（初出、長尾龍一・米本昌平編『メタ・バイオエシックス——生命科学と法哲学の対話』（日本評論社、1987 年））。
井上達夫（1996b）「胎児・女性・リベラリズム——生命倫理の基礎再考」江原由美子編『フェミニズムの主張 3　生殖技術とジェンダー』勁草書房、81-117 頁。
井上達夫（2004）「リベラル・フェミニズムの二つの視点」『法哲学年報 2003　ジェンダー、セクシュアリティと法』有斐閣、68-80 頁。
江口聡編訳（2011）『妊娠中絶の生命倫理——哲学者たちは何を議論したか』勁草書房。
江原由美子（2002）『自己決定権とジェンダー』岩波書店。
岡野八代（2012）『フェミニズムの政治学』みすず書房。
齋藤有紀子編著（2002）『母体保護法とわたしたち——中絶・多胎減数・不妊手術をめぐる制度と社会』明石書店。
谷口功一（2004）「ジェンダー／セクシュアリティの領域における「公共性」へ向けて」『思想』第 965 号、102-122 頁。
野崎綾子（2003）『正義・家族・法の構造変換——リベラル・フェミニズムの再定位』勁草書房。
Haslanger, S. (2000) "Gender and Race: (What) Are They? (What) Do We Want Them To Be?," *Noûs* 34(1): 31-55.
Jaggar, A. ed. (2014) *Gender and Global Justice*, Polity.
Nussbaum, M. (1999) *Sex and Social Justice*, Oxford University Press.

12 戦後責任

稲田恭明

　今年（2015年）は戦後70年である。1956年版『経済白書』が「もはや戦後ではない」と宣言してから60年近くも経つのに、未だに「戦後」と呼ばれる期間がこれほど長期にわたって続いてきたのは、一方では、とにもかくにもその間日本が直接に戦争参加することがなかったためであり、他方では、日本が戦後、戦前・戦中の植民地支配と侵略戦争に対する戦後責任を決済し終えていないことによる。そうだとすると、日本において「戦後」が終わる条件は2つあることになる。1つは日本が新たな戦争に本格参与することであり、もう1つは戦後責任の決済を果たすことである。今日、前者に至る危険性は極めて大きく、後者の可能性は限りなく遠い。私は、第1の意味の「戦後」はいつまでも続いてほしいが、第2の意味での「戦後」は一日も早く終わらせなければならないと思う。つまり、戦争責任と地続きの第2の「戦後」を終らせる一方で、第1の「戦後」は歴史的記憶として封印してしまうという方向性である。ところが、戦後70年経って、日本国家が新たな戦争へと突き進んでいるように見える要因の1つは、まさしく第2の意味の「戦後」を終えていないこと、すなわち戦後責任を決済し終えておらず、とりわけアジアへの戦後責任に目をつぶり続けてきたことの結果であるように思われる。

　本稿の課題は、今から四半世紀前（1989年）に書かれた井上達夫の「戦

争責任という問題——「昭和末」の狂躁から」（普遍、3-59頁、以下、「戦争責任」論文）、およびその14年後に「追記」として書かれた「自己肯定と自己否定の罠」（普遍、60-69頁、以下、「罠」論文）を読み直すことを通じて、現代日本のナショナリズムの基底にある戦後責任問題を核とする歴史認識の特質を検討することである。

1 「戦争責任」論文について

1.1 「忘亜症」

　井上が戦争責任論文を執筆したのは、「天皇狂想曲に対する驚きと違和感」を契機としつつ、「それが提起した倫理的問題の重圧」、すなわち「天皇の戦争責任」に象徴される戦後日本の過去に対する責任の倫理的決済の問題に応答するためであった。

　井上はまず、天皇に戦争責任ありとした本島等長崎市長発言に対して、全国から市長に寄せられた投書の朗読と投書者へのインタヴューで構成したNHK番組「拝啓・長崎市長殿」を分析し、市長の支持派・批判派ともに「日本が侵略したアジア諸国に対する責任の視点がすっぽり抜けている、あるいは隅に押しやられている」として、そこに「日本人の戦争責任観の歪み」を読み取っている。そして、「天皇の戦争責任を、それを否定する人々に見えなくしているのは、アジアに対する侵略責任の観点の欠如ないし不徹底である」と述べているが、実は、「アジアに対する侵略責任の観点の不徹底」は、天皇の戦争責任を肯定する人々の間でさえ共有されていることが示唆される。そして、戦争責任の問題から、中国侵略を視野の外に置き去りにするような、多くの日本人に共有された精神のあり方を井上は、「中国侵略なき戦争観」と呼び、「忘亜症」という「精神の病」であるとまで断言している。

　日本人の戦争責任観の歪みの背景にあるアジアに対する侵略責任意識の希薄さについては、全く異論はない。このような侵略責任意識の希薄さが近年、日本中に蔓延している歴史修正主義の温床になっていると同時に、歴史

修正主義が侵略責任意識の蒸発を促進するという、相互強化の関係になっている。

1.2 戦争責任の倫理的根拠

次に、井上は戦争責任の倫理的成立根拠の解明に向かう。井上は、単なる敗北責任としての敗戦責任の倫理的根拠は疑わしく、倫理的根拠をもつ敗戦責任とは、「正当化されない戦争によって、国民に多大の犠牲を強いたことに対する責任」であるとして、それを「不当戦争犠牲責任」と呼ぶ。不当戦争犠牲責任にとっては、勝敗は本質的ではなく、決定的なのは戦争の不当性であるから、倫理的根拠をもつ敗戦責任、すなわち不当戦争犠牲責任は侵略戦争を前提にしている。そこから井上は2つの含意を導き出す。すなわち、第1に、侵略責任の問題を棚上げにして、国民が払った犠牲の回避可能性だけを理由に、戦争責任を追及することはできず、第2に、日本国民の犠牲に対する戦争責任の追及が倫理的に成立するためには、アジアの人々のさらに大きな犠牲に対する、日本国民自身の侵略責任の承認と追及が論理的に要請される、ということである。

ここで井上が論じている戦争責任の主体は、明示されてはいないが、日本国家と考えてよいであろう。つまり、井上は、日本国家の日本国民に対する責任と被侵略諸国民に対する責任とを分けたうえで、前者の不当戦争犠牲責任は後者の侵略責任を前提としていると主張しているのである。日本では毎年8月になると、広島・長崎の原爆忌や「終戦記念日」を中心として「戦争と追悼」報道がメディアによってなされるが、そこで想起されるのは圧倒的に被害者としての記憶である。その典型が、政府主催の戦没者追悼式であるが、そこで追悼の対象とされているのが、日中戦争～太平洋戦争で死亡した日本人約310万人であることに表れているように、日本の侵略戦争の被害を受けたアジア地域の戦争犠牲者の存在が完全に視野の外に置かれている。そればかりか、追悼式での歴代首相の式辞の中では、戦没者＝「今日の平和と繁栄の礎」というメッセージが繰り返し語られ、侵略者であった戦死者を

「感謝」と「顕彰」の対象にしようとする政治的メッセージが執拗に繰り返されている（吉田 2005、122 頁）。このような「侵略なき戦争観」と「忘亜症」が不治の病のごとく蔓延している日本社会において、井上の問題提起が持つ意味は大きい。

1.3　天皇の戦争責任

　第 3 に、井上は、昭和天皇には少なくとも道義的・政治的な戦争責任があったことは明らかである、としたうえで、天皇の戦争責任は、「アジア諸国に対する侵略責任」と「日本国民に対する不当戦争犠牲責任」とに分節できるが、それは、別の観点から言えば、個人道徳としての道義的責任と、政治道徳としての政治的責任とに分けることができるので、「歴史的現在の叙法」であると断りつつ、昭和天皇には少なくとも謝罪と退位が求められたはずであり、日本国民は、天皇の退位を求める倫理的権利と同時に、被侵略諸国民に代わって天皇の退位を要求する倫理的責務があったと結論付けている。

　昭和の終焉前後の「天皇狂想曲」を契機として書かれたこの論文で、井上が戦前の日本国家と天皇の戦争責任問題を中心に論じたのは意義あることであったが、それから四半世紀後の現在の日本にはびこる排外主義的ナショナリズムを分析するためには、むしろ日本国民の歴史認識と戦後責任問題を分析する必要性が高いと思われる。この点については第 3、第 4 節で検討する。

2　「罠」論文について

　「罠」論文の主題は、90 年代後半以降、日本社会にはびこる歴史修正主義言説の「民族主義的情念」の深部に根差す要因を解明することである。その要因を、井上は、日本社会に特殊なものと、普遍的なものとに分けて考察している。日本社会特有の要因として井上が指摘するのは、象徴天皇制と民主主義との「幸福な結婚」にみられる「天皇の象徴的求心力」である。しかし、

第2節 「罠」論文について

「天皇の象徴的求心力」という、一見日本特有の要因も、一皮むけば「日本人であること」への愛着という国民の自己愛という普遍的現象である、と井上は言う。この観点からは、天皇の無答責化や天皇制の聖域化も、「国民の自己愛・自己肯定欲求の媒介装置である」ということになる。

このように井上は、論文冒頭においては、「民族主義的情念」の日本特有の要因として、「天皇の象徴的求心力」を挙げていたのだが、結局のところ、それも「国民の自己愛・自己肯定欲求」という普遍的現象の一環として、普遍的要因に回収してしまっている。それはそうかもしれないが、日本ナショナリズムにおける天皇制要因には、単なる国民的自己愛では片づけられない特殊性があるのではないだろうか。それが何であるかを解明する能力は、残念ながら私にはないが、明治維新から明治20年代にかけて形成された近代天皇制は、伝統的ナショナリストが言うような日本古来の伝統に根差すものではなく、近代国民国家形成過程において、いわば「偽造された構築物」(安丸2007、13頁)として「創られた伝統」にすぎず、「明治以前の大部分の日本人にとっては、思いもかけないような性格のもの」(安丸1979、7-8頁)であったにもかかわらず、明治国家によって国民の間に注入された天皇制イデオロギーが、敗戦によって象徴天皇制に衣替えして以降も基本的には継続している点には留意すべきだろう。記紀神話を根拠に、「万世一系」をそれだけで絶対的価値として天皇制の正統性の根拠とする論理は、儒教の易姓革命論とは異質であるだけでなく、社会契約論や立憲主義など近代の啓蒙思想や合理主義思想とも全く相いれない。体系的教説も深い内面的精神性ももたず、「万世一系」の天皇への尊崇に「日本固有の文化」なるものを見いだす発想こそが、ほとんど無自覚のうちに「習俗的なものの受容」という形で、人々の生活や意識の様式をとりわけ過剰同調型のものにしていると、安丸良夫は指摘している(安丸1979、11頁)。

次に、井上は、戦争責任の否定・曖昧化の真因は、「どの国家にもみられる国民的自己愛が孕む自己肯定欲求」であり、「自己中心的な集合的記憶形成を促す「国民主体」の自己愛・自己肯定欲求こそ戦争責任を曖昧化する普遍的要因である」と主張する。その例証として井上は、日本ではしばしば「過

去の克服」の理想的モデルとして引き合いに出されるドイツにおいても、戦争責任の相対化だけでなく、責任主体と責任対象の限定を通じた集合的記憶の抑圧と隠蔽が行われてきたことを指摘し、戦争責任の曖昧化を戦後日本の特殊な病理と臆断することの誤謬を指摘する。そして、「「我々だけが悪いのではない」から「我々は悪くない」へと飛躍する戦争責任否定の心理」を「自己肯定の罠」、「「我々だけが特に悪い」という過度の自己否定が「自虐への反動」を惹き起こして強い自己肯定欲求に転じ、これが「我々は悪くない」という自己免罪欲求につけ入るスキを与えるという陥穽」を「自己否定の罠」と、井上は呼ぶ。そしてこれら両者の罠から逃れる方法として、普遍的病理の解明を通じて自己の悪を客観的に対象化する一方で、自己の悪の犠牲者たる他者の視点に立って自己の責任を直視することにより、「過剰な自己否定と過剰な自己肯定へと、自己を両極分解させる精神の磁場を脱磁気化させることである」と提言している。

　ここで井上が戦後ドイツの対応の問題点を指摘している狙いは、日本の戦争責任の相対化を図るためではなく、日本の抱える問題点を普遍的な視座において捉え直すためである。その狙いは理解できるものの、ドイツと日本の戦後の対応には、共通性より異質性の方が多いと思われ、その差異は近年ますます広がってきているように思われる[1]。自国の負の歴史を否認する歴史修正主義は欧州各国にも存在しているとはいえ、ドイツではホロコーストの存在を否定する言動が法的処罰の対象となっているのに対し、日本では歴史修正主義が政界のトップにまで及んでいるというのが特異な点であろう。そこで、次節では日本における歴史修正主義の特色とその要因を検討しよう。

3　歴史修正主義

　近年、日本では、「朝鮮人を叩き出せ」など、聞くに堪えない罵声を張り上げながら行進するヘイトスピーチ・デモが問題化し、本屋には「嫌韓」「嫌中」本が山積みになるなど、排外主義的ナショナリズムが急激に高まってい

3 歴史修正主義

るが、このような「日本型排外主義」は、樋口直人が言うように、「歴史修正主義の一変種」と見なすことができるだろう（樋口 2014、21 頁）。戦後日本において歴史主義言説が台頭したのは 3 度目であるが[(2)]、いずれも日本の加害責任が可視化されたことに対する反発として生じている。現在の歴史修正主義は、90 年代に従軍慰安婦問題が国際的な注目を浴びたことを契機に、90 年代半ば以降、慰安婦問題の否認・歪曲を中心課題として広がり、以来 20 年にわたって拡大・深化を続けているが、その象徴的な出来事が 2014 年の夏から秋にかけて起こった『朝日新聞』大バッシングである。事件の概略だけ記すと、同紙が 8 月 5・6 日に掲載した慰安婦問題検証記事で、80〜90 年代に 16 回掲載した「戦時中、済州島で慰安婦を強制連行した」という趣旨の吉田清治証言報道を誤報と認めて取り消した途端、様々なメディアが「国賊」「反日」「売国」といった戦時中を彷彿させる罵詈雑言で『朝日』バッシングを始めたばかりか、慰安婦問題そのものが『朝日新聞』の捏造であったかのような歴史偽造キャンペーンが展開されたのである。さらに、9 月 11 日、朝日の木村伊量社長が謝罪会見を開くと、安倍首相は「慰安婦問題の誤報で多くの人が苦しみ、国際社会で日本の名誉が傷つけられた」（同日）、「国ぐるみで（女性らを）性奴隷にしたとのいわれなき中傷が世界で行われている」（10 月 3 日）などと発言し、慰安婦問題そのものが『朝日新聞』の捏造であったかのような発言を行った。このような状況を私は唖然としつつ眺めながら、「この世の中、馬鹿げたことほど起こり易いというのが、今度の天皇狂想曲の貴重な教訓である」という井上の言葉（普遍、7-8 頁）を何度も反芻することになったのである。

　歴史修正主義の手口の特徴は、第 1 に、論点の矮小化とすり替え、第 2 に、完全な白でなければ真っ黒、完全な黒でなければ真っ白といったオール・オア・ナッシング論法、第 3 に、たとえ完全に論破されても、自論に対する批判は完全に無視して、何事もなかったかのように同じ主張を繰り返す、といった点に求められる[(3)]。また、97 年に結成され、第 3 期歴史修正主義の牽引役を担ってきた「新しい歴史教科書をつくる会」の歴史叙述に見られる歴史観を、小森陽一・坂本義和・安丸良夫は「自己愛的ナショナリズ

ム」（小森・坂本・安丸 2001、59 頁）と呼び、岩崎稔とシュテフィ・リヒターは「徹頭徹尾他者性の契機、葛藤の契機、対話性の契機が拭い去られ」た「独白的な自己愛の物語」（岩崎・リヒター 2005、373-374 頁）であると言う。ここで言及されている「自己愛」は、井上が戦争責任の否定・曖昧化の真因と呼ぶ「国民的自己愛」と同じであろうか。次にこの問題を検討しよう。

4 国民的自己愛と戦後責任

4.1 国民的自己愛とは何か

第 2 節で述べたように、井上は「国民的自己愛が孕む自己肯定欲求」を「どの国家にもみられる」ものであるとするが、ここで 2 種類の自己愛を区別することが必要であろう。エーリッヒ・フロムは「自己愛 (Self-love)」と「ナルシシズム」をはっきり区別し、両者はむしろ対極にあるものだと主張している。「ナルシシズム」も「自己愛」と訳されることがあるので、ここでは便宜的に前者を「健全な自己愛」、後者を「病的な自己愛」と呼ぶことにすると、フロムは、健全な自己愛、すなわち自分自身に対する愛と他者への愛とは互いに両立しないものであるどころか、原理的に結合したものであり、他者を愛することができない利己的な人は、自分自身をも愛することができないという。なぜなら、他者への愛も自分自身に対する愛も、愛する対象の成長と幸福を願う、愛する能力に由来するものだからだ（フロム 1955）。それに対して、病的な自己愛を持つ人は外界に対する真の関心を欠いているので、他人の言葉を聞かず、自分の失敗を認めたり、他人の正当な批判を受け入れることができない。いかなる批評の正しさをも否定し、「自分」以外の他人に対して偏見を持つ（フロム 1965）。

このように考えると、岩崎とリヒターが指摘する、歴史修正主義者の「独白的な自己愛」とは病的な国民的自己愛であることがはっきりする。個人であれ社会であれ、このように自己や自国の悪を認めず、反省しないばかりか弁解したりごまかしたりするような態度は決して他者から尊敬されず、真に

自らに誇りを持つこともできないだろう。反対に、健全な国民的自己愛は自国の負の歴史も冷静に直視し、それを清算することによって他国の信頼を回復し、対等で友好的な関係を構築し直そうとするだろう。そうであるなら、歴史修正主義の蔓延する現在の日本に不足しているのは健全な国民的自己愛で、過剰なのは病的自己愛だということになろう。

　しかし、歴史修正主義の原因が病的自己愛にあるにしても、歴史修正主義の跋扈を許容してしまう社会的基盤は何か。私の考えでは、少なくとも、日本特有の「無差別戦争観」と、過剰同調性文化が指摘できると思う。ここで日本特有の「無差別戦争観」と私が呼ぶのは、戦争原因の正・不正を区別せず、戦時法規に従う限り戦争は等しく合法であるという国際法学上の「無差別戦争観」とは無関係で、すべての戦争を、その原因・目的・様態等を問うことなく等しく絶対悪とみなすような、戦後日本で支配的となった戦争観のことである。これに、戦争も人間が「起こす」ものではなく、あたかも自然現象のように「起こる」ものと捉える見方が加わると、戦争中のいかなる侵略行為・残虐行為を指摘されても、「戦争とはそんなものだ（どこの国でもやっている）」「戦争だから仕方がなかった」「悪いのは戦争だ」といった見方に陥り、個人の責任も集団の責任も戦争という絶対悪の中に解消されてしまい、日本人の「侵略なき戦争観」に繋がることは見やすい道理であろう。「過剰同調性」は、天皇狂想曲や『朝日新聞』バッシングなどマスコミの報道姿勢において問題になることが多いが、それが日本文化の特性を反映していることは言うまでもない。

4.2　戦争責任から戦後責任へ

　戦争体験者の罪の意識を聞き取り調査した野田正彰（野田 1998）は、残虐行為に加担した兵士のほとんどが精神的に傷ついていないという驚くべき事実を発見したが、その背後には、心が傷つくことを許さない「脅迫の文化」があり、それは「今なお続いている」（野田 1998、278 頁）という。この脅迫の文化は、集団への同調を強い、そこから逸脱することを許さない過剰

同調性の文化そのものである。心が傷つかないよう過剰防衛された感情麻痺から解放され、感情を取り戻すためには、日本人が過去において何をしたのか、何が起こったのかを、「具体的に、詳細に知ること」がまず必要だと野田は指摘する（野田1998、356頁）。

　戦争を直接体験した世代が高齢化してどんどん少なくなってきている現在、戦争を体験していない戦後世代の中には、「自分たちは関係ない」とか、「一体いつまで過去のことを云々されるのか」といった苛立ちや不満がしばしば聞かれる。確かに、侵略戦争を行った直接責任（罪）は戦後世代にはない。戦後世代の「戦後責任」とは、日本が過去に行った侵略戦争によってもたらした他国民および自国民の被害に対して、大日本帝国の法的継承者である戦後日本国家が果たすべき謝罪、補償、責任者処罰といった一連の戦後処理のうち、未完の部分を、日本国の主権者として日本政府に果たさせる責任のことである（高橋2001参照）。日本国家に未完の戦後責任が残っている限り、直接の戦争責任を負わない戦後世代の日本国民も、日本国家のあり方に最終的な権威と責任を持つ主権者として、免れることのできない責任である。そして、残念ながら、日本国家には未済の戦後責任が多く残っていると言わざるを得ない。この未済の戦後責任を果たすためには、まず過去の侵略の具体的事実を知り、被害者の視点を理解しようと努めること。過剰同調文化に安易に同調しない自立性と、他者の痛みを感じとれる精神の柔らかさを身につけること。そこから始めるしかない。

註

(1)　様々な相違が指摘できるだろうが、高橋哲哉は、国際戦犯裁判終了後、ドイツではナチ犯罪を自ら追及し続けているのに対して、日本では日本人自身が、裁かれなかった自国の犯罪を裁くということを全くしないまま現在まで来ているという点にこそ決定的な違いがあると述べている（高橋1999、40-41頁）。この背景には、日本では戦前、大元帥として戦争の最高指導者の地位にあった昭和天皇が、戦後全く責任を問われなかったばかりか、そのまま天皇の地位にとどまり続けたことが、日本人のモラルハザードを生んだという事情があろう。

(2)　最初は71年、『朝日新聞』の本多勝一記者の連載記事「中国の旅」により、日本軍が中国で犯した数々の具体的な残虐行為が初めて国民の多くの知るところとなったのに対して、南京大虐殺はまぼろしだ、といったキャンペーンが保守系雑誌を主な舞台に繰り広げられた。2度目は82年、文部省が教科書検定によって「侵略」を「進出」に、朝鮮の3・1独

立運動を「暴動」などと書き換えさせていた事実が発覚して国際問題化したことから、時の宮沢喜一官房長官が政府見解を発表し、外交決着を図った。これに対して、右翼や自民党タカ派が内政干渉への屈服だと反発し、その中で南京大虐殺否定論が再登場したのである(南京事件調査研究会編 2012)。

(3) 例えば、南京大虐殺を被害者数をめぐる論争に矮小化し、「30万人」という中国側主張が立証されなければ、大虐殺自体が「まぼろし」であったかのごとく言いくるめたり、従軍慰安婦問題を連行の際の強制性の有無に矮小化したうえで、それを示す公文書が発見されていない(実際には占領地域の慰安所については多数発見されているのだが)からという理由で、慰安婦問題自体がなかったかのように言いつくろう論法などが典型的である。

文献一覧

岩崎稔・シュティフィ・リヒター (2005) 「歴史修正主義——1990年以降の位相」成田龍一ほか『岩波講座 アジア・太平洋戦争 1 なぜ、いまアジア・太平洋戦争か』岩波書店、357-392頁。
小森陽一・坂本義和・安丸良夫編 (2001) 『歴史教科書 何が問題か——徹底検証 Q & A』岩波書店。
高橋哲哉 (1999) 『戦後責任論』講談社。
高橋哲哉 (2001) 『歴史／修正主義』岩波書店。
南京事件調査研究会編 (2012) 『南京大虐殺否定論13のウソ』柏書房。
野田正彰 (1998) 『戦争と罪責』岩波書店。
樋口直人 (2014) 『日本型排外主義——在特会・外国人参政権・東アジア地政学』名古屋大学出版会。
エーリッヒ・フロム (1955) 『人間における自由』東京創元社。
エーリッヒ・フロム (1965) 『悪について』紀伊國屋書店。
安丸良夫 (1979) 『神々の明治維新——神仏分離と廃仏毀釈』岩波書店。
安丸良夫 (2007) 『近代天皇像の形成』岩波現代文庫、岩波書店。
吉田裕 (2005) 『日本人の戦争観——戦後史のなかの変容』岩波現代文庫、岩波書店。

13 憲法第9条削除論
── 世界正義論の観点から

郭　舜

　井上達夫は、「〔日本国憲法第〕9条は固守するでも改正するでもなく、端的に削除すべき」（井上 2013）だとする。井上の立憲主義理解によれば、安全保障問題は政治という闘技場の中で争われるべきであり、闘技場の外枠である憲法で規定すべきものではない。第9条が憲法に取り込まれたことで、護憲派も改憲派も自己欺瞞に陥っている。護憲派は憲法第9条があることでそれに甘え、改憲派は同条のせいにして自らの政治的主体性の欠如を隠蔽してきた。第9条を憲法から削除した上で、護憲派は正面から民主的討議に臨み、改憲派は米国に振り回されない主体的な安全保障体制の構築を目指すべきだというのである。そこでは同時に、憲法が時々の政治力学の変動によって翻弄され、解釈改憲などによって立憲主義が形骸化することを防止する意図も示されている。
　第9条をめぐる護憲派・改憲派の自己欺瞞については、他の論者も認識を共有している（大沼 2004）。井上の見解の独自性は、その立憲主義理解に基づいて、同条の端的な削除を提唱している点にある。しかし、第9条の削除がもつ意味についての詳細な検討は、これまでのところ井上自身によってはなされていない。とりわけ、そこでは立憲主義が国内的な観点から論じられ、それがもつ対外的な側面にはなお検討の余地が残されていることが指摘できる。いうまでもなく第9条は平和主義によって外交政策を縛っており、

その意味で対外的な側面をもつ。それだけではない。そもそも、ある政治集団が1つの国民として立憲主義に基づく政治秩序を打ち立てるということのうちに、すでに対外的な側面が含まれている。井上自身が『世界正義論』の中で展開しているように、国家の正統性には対外的な側面もある（世界）。本章では、井上の世界正義論を参照することで立憲主義の対外的側面に光を当て、日本国憲法第9条の削除という主張の当否を論じてみたい。

1 憲法第9条と平和主義の意義

1.1 護憲派の欺瞞・改憲派の欺瞞

　日本国憲法第9条の規定の意味をめぐってはさまざまな解釈が対立しているが、井上によれば、護憲派はこれを自衛のための戦力保有権・交戦権も放棄したものと理解する非武装中立論をとる（井上2005、21頁）。絶対平和主義は、この非武装中立論を支える思想的基盤でありうる。この立場は、戦争の正不正の区別を否定し、すべての戦争を不正として否定する。しかし、それは同時に正義に深くコミットしており、非暴力手段による抵抗を要求する。ここには、殺されても殺し返さずに抵抗する責任を引き受けるという高い倫理性がある。しかし、護憲派は、実際には「裏口からの現状追認論」をとることによって絶対平和主義の峻厳な要求を免れようとするのが関の山である（井上2005、22頁）。第9条があるにもかかわらず、既成事実は積み上げられ、警察予備隊から自衛隊の設立、国連平和維持活動への自衛隊の海外派遣、そして米軍に対する支援のさらなる強化へと、日本の軍事活動の幅は次第に広がっている。護憲派は第9条を守るといいつつ、こうした現実から目を背けてきた。

　他方、改憲派の側は、井上によれば、自衛のための軍事力保有権と交戦権を明確に確立することにより、国家の独立を確保することを目指し、また同時に、集団的自衛権の行使に対する憲法上制約・桎梏を除去して、日米安保体制の強化再編を可能にすることをも狙いとしている。しかし、政治的主体

性の回復を旗印にする改憲派は、同じ「押し付け」であるはずの占領期の農地改革については、ほとんど口を噤む。さらに、改憲派が目指すところは結局のところ対米従属構造の強化でしかない。これらのことは、改憲派が自らが唱える主体性の回復について真剣には捉えていないことを示している（井上 2005、19-20 頁）。

1.2 消極的正戦論

護憲派の非武装中立論に思想的基礎を提供するはずの絶対平和主義は、その高い倫理性ゆえに他者に要求することが困難である（世界、295-296 頁）。国民が集団として絶対平和主義を掲げたとしても、個人が抵抗する権利まで当然に放棄されると考えることはできない。ところが、個人が武器をとって抵抗を組織することは危険を招く。異なる武装集団の間で主導権争いが生じ、また他の個人に対する暴力的抑圧が避けられないだろう[1]。では、絶対平和主義に代わる選択肢とは何か。井上が提示する立場は「消極的正戦論」である。それは「正戦と不正な戦争を差別化すると同時に戦争の手段化を抑制する立場」として定義され、この立場からは自衛のみが戦争の正当原因とされる（世界、286 頁）。

絶対平和主義に代わる立場としては、消極的正戦論以外に積極的正戦論と無差別戦争観があるが、それぞれ問題を抱える（世界、288-293 頁）。積極的正戦論は、消極的正戦論と同じく戦争の正不正を区別しつつ、それとは逆に戦争を世界の道徳的改善の手段として位置づける。しかし、これは好戦衝動を放縦化させるものとして却下される。また、無差別戦争観は、絶対平和主義と同じく戦争に正不正の区別を認めないが、逆に戦争を一定のルールに則った国益追求の手段として位置づけることで政治的損益計算という合理性の制約の下に置こうとする。しかし、この立場は、国益のために破壊的な手段が用いられることを防げず、破綻を免れない。

1.3 集団安全保障体制における責任

　井上によれば、消極的正戦論はこれらの欠点を免れている点で、基本的に支持しうる。改憲派の主張に道徳的に一貫した思想的基盤があるとすれば、それはここに求められるだろう。しかし、井上は同時に、消極的正戦論が実効性をもつためには、集団安全保障体制の構築が不可欠であることを指摘する（世界、307-328 頁）。井上は「たかが国連、されど国連」であるとして、国連の役割に着目する。もっとも、国連体制が正統性を備えるためには改革が急務であり、その条件として、基準が一貫したかたちで適用されること（一貫した実施可能性）、および大国が意思決定権力を独占しながら負担を他国に転嫁することを防ぐこと（権力は義務付ける）の 2 つの原理を満たすべきことが、後述の正義概念から導かれる。以上に照らせば、消極的正戦論に立つ改憲派は——そして絶対平和主義が個人の道徳原理以上のものでないとすれば護憲派も——単に自衛のための軍事力の保有・行使の正当性を主張するだけでなく、国連を中心とした集団安全保障体制を維持し改革していく責任を引き受けなければならない。

　ここで井上の論に付け加えれば、消極的正戦論が真に補完されるためには、侵略に対して共同に対処するという狭い意味での集団安全保障体制だけでは不十分である。理由の 1 つは、武力行使を自衛のための必要悪としてのみ認めるその立場からすれば、侵略を未然に防ぐことこそが優先課題となるということにある。これは予防戦争——それは消極的正戦論から逸脱する危険を伴う（世界、298-299 頁）——を意味するのではない。予防外交を通じて紛争が暴力的な対立に発展しないようにすることがまず求められるだろうし、一旦武力紛争が生じた場合には、激化を防ぐための停戦の実現・監視、一般市民に対する人道支援、さらにはひとたび終結した紛争が次の紛争につながらないための国家再建などを含む平和維持活動が必要とされるだろう。さらに広く見れば、国際的な軍備管理や武器取引規制といった課題に取り組むことも不可欠である。もう 1 つの理由は、消極的正戦論が武力行使を最

§1 憲法第9条と平和主義の意義 183

小限に抑えることをその原理とするならば、国家の行使する対外的な暴力としての武力だけでなく、内戦をも視野に収めなければならないという点にある。いわゆる人道的介入の問題もこれに関わるが（世界、316-322頁）、焦点をそれに絞るべきではない。上記のような包括的な対処は内戦においてより強く求められ、そのためには武力以外にもさまざまな手段が摸索されなければならない。

　国連体制が現実にこのような思想的に一貫した方向へと発展してきたことは、特筆すべきである。消極的正戦論に立つのであれば、このような国連体制の発展を積極的に受け止め、それを促進していくことが日本の責務となる。それは安全保障理事会の常任理事国入りによって自動的に果たされるというようなものではない。また、平和的な手段による場合はもちろん、武力行使を含む場合にも、必ずしも第9条の改正を前提とするものでもない[2]。改憲派が護憲派の主張を「一国平和主義」として拒絶するのならば、いかなるかたちで国際的な責任を引き受けるか、平和に対する貢献の構想を具体的に示さなければならない。カンボジア和平などに対する日本の貢献は決して過小評価すべきではないが、理念をめぐる議論のないままの政府開発援助の縮小や武器輸出三原則の見直しは、こうした構想の乏しさを示している。そして、それは第9条の問題ではない。日本が国連体制の理念をどのようなものとして理解し、またそれを自らどのような方向へ導くのか、そしてそれを踏まえて国際社会においてどのような「名誉ある地位を占めたいと思ふ」（日本国憲法前文）のかこそが問われているのである。

1.4　欺瞞を捨てる

　以上の考察を踏まえるならば、とりわけ改憲派の欺瞞に対する井上の診断はさらに強化されることになる。日本の政治的主体性の回復に対する障害として憲法第9条を問題視する改憲派は、実際には主体として引き受けるべき国際的な責任を真剣に受け止めておらず、それを欺瞞の隠れ蓑にしているにすぎない。では、井上の提示する処方箋もまた正しいのだろうか。これ

184　第13章　憲法第9条削除論

が、次に論ずべき問題である。誤った形で焦点化されている憲法第9条の精神を救い出すために、第9条は憲法から端的に削除されなければならないのか。それを検討するためには立憲主義の意義について、世界正義の観点から見直してみよう。

2　世界正義論の中の立憲主義

　井上によれば、立憲主義とは「人間の人間に対する権力行使を『法の支配』に服せしめる企ての一部であり、この企てを貫徹するために、時々の為政者の恣意を統制する特別の規範的地位を憲法に確保せしめんとする思想と実践の総体である」とされる（井上2007、301頁）。同時に、「立憲主義の基本は公正な民主的政治競争の条件と基本的人権、特に被差別少数者の人権の保障」にあるともされている（井上2013）。日本国憲法第9条との関係で問題となるのは、この立憲主義理解が正しいのか否か、また正しいとして、安全保障ないし平和主義の問題は立憲主義の根幹から外れるのかということである。しかし、ここで井上の立憲主義理解について包括的な論評を加えることはおよそ不可能であるから、それを正しいものとしておこう。そうなると、問題は対外政策に関わる平和主義の問題が立憲主義の根幹に関わるかどうかという点に絞られる[3]。

2.1　世界正義の要求

　立憲主義が法の支配の理念に支えられているという井上の理解は、さらに「正義への企て」としての法という理解へと結びつけられる（企て、54-67頁）。そこでは、「等しきは等しく」という古典定式によって示される正義概念は、「普遍主義的要請」として理解される。すなわち、正義は「普遍化不可能な条件、すなわちなんらかの特定存在者に究極的に言及することなしには記述しえない条件への包摂の有無を、規範的判断の正当化理由から排除することを要請する」のである（企て、16-17頁）。このような立場に立つなら

ば、立憲主義に基づく政治秩序が真に正当化されるためには、世界正義の観点からの考察が不可欠となろう。

井上の世界正義論によれば、各国家が国際的な正統性をもつための条件は、国内における市民的政治的権利の保障である（世界、150-168頁）。この観点からすれば、立憲主義に基づく政治秩序は当然に国際的な正統性を承認されるべきだとも考えられる。しかし、国内における市民的政治的権利の保障は必要条件であっても十分条件ではない。構成員の基本的人権に手厚い保障を与えつつ、その外に対しては傍若無人の振る舞いをする国家もありうるからである。もちろん、主権と人権との内的結合という井上の主張からすれば、他国がその国内において市民的政治的権利を保障している場合、主権を尊重すべきことは自明でありうる（世界、150-157頁）。他国に対する武力行使を伴う場合には、消極的正戦論から導かれる義務に違背するともいえるだろう。しかし、このような国家があるとすれば、それは単に主権を尊重する義務や消極的正戦論に基づく義務を果たしていないというよりも、そもそも立憲主義を根拠として国際的な正統性を承認される資格を欠いていると見るべきだろう。自国の構成員のみが民主主義や基本的人権を享受するにふさわしいと見なすこのような振る舞いは、自他の間の普遍化不可能な差別に基づいた不正なものであり、国際的な正統性の根拠を持たないからである。

井上は消極的正戦論の根拠として「人民の政治的自律の尊重」を挙げる。それが意味するのは、「不正な体制や正統性なき体制を変革する権能と責任は、その体制の下で生きる人民自身に第一次的に帰属する」ということである（世界、301頁）。この要求の承認は、立憲主義に内在する制約として理解することができる。立憲主義に基づき、憲法という形式により国民が1つの集団として自らの政治秩序を自律的に選びとる意思を表明し、その正統性に対する承認を求めるならば、他の人々による同様の企てを不当に妨げることは許されない。すなわち、立憲主義に基づく政治秩序は、それに含まれる公正な民主的政治競争の条件および基本的人権の保障に加えて、他の人々による正義にかなった政治秩序形成の努力を尊重するかぎりにおいて国際的な正統性を有するのである。

2.2 政治的自律の相互尊重

　さて、このように世界正義の観点から立憲主義に課せられた制約を、「政治的自律の相互尊重の要求」と呼ぶことにしよう。それは一方で、他国の主権に対する尊重の要求を意味する。しかし他方で、それが主権国家同士の関係に限局されず、究極的には個人に適用される原理であることを踏まえるならば、さらに強い含意が導かれる。すなわち、それは同じ領域内に生活する他の人々を立憲的保護から一義的に排除することを禁止する。一般に国家がその構成員の安全を保障するという最低限の機能を果たすためには、一定の広さの領域を排他的に管理する必要がある。その際、一定領域を独占することによって、残りの領域に住む人々を——土地が貧しく狭いなどの理由で——正義にかなった国家秩序を形成することが不可能な状況に追いやること、あるいは自己が独占する領域内で一部の住民を——他国民でないにもかかわらず——国民ではないものと見なすことは、ともにそれらの人々の政治的自律の侵害となる[4]。これは、地球上のあらゆる人々に対して自国の政治過程に参加する権利を認め、国民と同等の市民的政治的権利を保障すべきことを意味しない[5]。しかし、他の人々を立憲的保護から排除することは、それらの人々に自らの国家秩序を樹立するという選択肢が残されており、等しく政治的な自律を享受する可能性が現実に与えられているかぎりにおいて許されるのである[6]。

　このような他者の境遇の悪化に対する禁止は、いわゆる「ロックの但し書き（Lockean proviso）」にも見られる。ジョン・ロックは、自然状態において自己所有権に基づく無主物に対する所有権を取得するためには、「十分かつ同等のものが残されている」ことが条件であるとした（Locke [1690] 1988, II, §33）。トマス・ポッゲによれば、この条件を外して不均衡な一方的取得を可能にするためには、そのような制度の導入に対して全員が合理的な同意を与えていることが必要とされる。しかし、最低限の経済的地位も得られていない人々がいる場合には、制度に対する合理的な同意があったとは

想定できず、したがって不正な侵害が生じていると見なしうる（Pogge 2002, pp.137-138）。この論理が政治的地位にも適用しうるならば、立憲主義に基づく政治秩序の国際的正統性を主張するためには、それに対して承認を与えるべき他者が、最低限、国際平面における主体としての地位を獲得しうるのでなければならないだろう。

このように、立憲主義の理念を真に貫徹するためには、単に国内において基本的人権を保障し、民主主義の基盤を確保するだけでなく、他者による同様の自律的な企てを尊重することが要求される。それは、正義概念から導かれる自他の平等な取り扱いの要求から、自己が承認を求めるのと同様の政治的自律を他者にも承認せざるをえないからである。それに加えて、立憲主義における基本的人権保障の理念を真摯に受け止めるならば、それを国民のみに止めることは正当化されない。人権保障の第一義的責任は個人の属する国家にあるとしても、それが期待できない場合には補完的な責任を果たすべきことになるだろう。

2.3 憲法による対外的保障

では、対外的側面に着目したとき、憲法による保障として何が含まれるべきなのだろうか[7]。1つは、基本的人権の国民以外の人々に対する保障である。基本的人権の論理に従うかぎり、領域内であらゆる人々に可能なかぎりの権利を保障する主要な責任を負い、その外でも補完的な責任を引き受けることが要求されるだろう。もう1つは、政府権力の対外的行動に対する統御である。他の人々の政治的自律を真に尊重するためには、国民は自国政府の対外的行動について責任をもたなければならない。国民がこのような責任を果たすためには、統御の可能性が憲法によって保障されている必要がある。つまり、立憲主義による政府権力の抑制は、その国民の権利を保障するものであるだけでなく、その外の人々のもつ権利を保障するものとしても理解されなければならない。このように、憲法の意義は、内外において基本的人権を保障し政府権力を統御する責任をいかにして果たすかについての国

民の意思の表明であるという点に存し、それゆえに立憲主義に基づく政治秩序の国際的正統性を支える要として位置づけられるのである⁽⁸⁾。

3 平和主義の対外的意味

さて、このように世界正義の観点からの立憲主義理解に立った場合、日本国憲法第9条に掲げられた平和主義にはいかなる位置づけが与えられるであろうか。井上が述べるように、絶対平和主義は高い倫理性を備えているだけでなく、それに基づく賢慮的（prudential）な側面がある（世界、293-297頁）。それは侵略の道徳的不当性を際立たせることにより、国際世論を喚起し、抑圧者の権力の正統性基盤を弱めることになる。ここではさらに、対外的責任の観点について指摘したい。

まず、立憲主義に基礎を置く国家体制が国際的正統性を有するならば、それを侵害に対して防衛することも一般に正当化される。国家の防衛は個人の自由と緊張関係に立つが、他方で立憲主義の諸制度を守ることは、個人の基本的人権を実効的に保障するために必要である。人権保障が対外的な責任でもあるならば、制度の（対内的・対外的）防衛もまたそのように理解しうる。しかし、政府権力の抑制も国民の対外的責任の1つであることも想起されなければならない。立憲主義の諸制度を防衛する手段は無限定であってはならないのであり、憲法において平和主義を規定することは、この問題に対する1つの回答をなしている。日本国憲法の場合であれば、それは軍隊をもつことを認めず、国家の交戦権を否定することで、国家機関の構成と権限を制約しているのである。この下では、基本的人権保障の対外的責任は非軍事的な手段によって果たされるべきことになるだろう。このように捉えるならば、平和主義の理念を憲法に規定することは、むしろ政府権力の抑制による人権保障という立憲主義の理念に則したものとさえいうる。

このように理解するならば、憲法に規定された平和主義は、国民がいかなるしかたでその対外的責任を果たすか、その意思を表明したものとして捉えられ、国家の正統性を対外的に支えている。それは戦争という、個人の基本

的人権と集団としての政治的自律に対する最大の脅威を手段として否定し、これらの価値の尊重に深くコミットするという意思の表明である。それゆえ、平和主義のもつ倫理性は、国民がそれに忠実であろうとするかぎり、国家の国際的正統性が承認されるための強固な基礎を成す。

　このように、平和主義を憲法に規定することは必ずしも立憲主義にそぐわないものではなく、敗戦国としての歴史的経緯のみ由来するものとはいえない。日本の現状は憲法第9条の掲げる絶対平和主義の理念からは後退しているが、それでもなお、第9条は軍事力の保持に対する歯止めとなり、政府権力を抑制する意味をもっている。第9条が改正されるべきだとしても、それに代わる何らかの条項を設けることが、国民の対外的責任を果すために必要とされるだろう。軍隊に関する規定も軍隊をもたないとする規定もなければ、軍隊が立憲主義的制約を免れるかたちで組織される危険性があるからである。

4　第9条削除論の陥穽

　以上の考察は、「〔日本国憲法第〕9条は固守するでも改正するでもなく、端的に削除すべき」であるとする9条削除論に対して、どのような含意を有するか。立憲主義の対外的側面を踏まえてもなお、第9条の削除そのものが禁止されると議論することは難しいだろう。日本国憲法の制定過程を踏まえるならば、平和主義が明示的に規定されることは、それが「押しつけ」であったかどうかはともかくとして、新憲法に基づく新たな国家体制の正統性が国際的な承認を得るための条件だったと論ずることはできるだろう。このことに照らせば、憲法から第9条を削除することは国際的に重大な関心事となりうるが、だからといって禁じられるというわけではない。

4.1　熟議の責任

　しかし、問題は「端的に」という表現にある。これに込められた意味合い

はさまざまでありうるが、ここではその中の2つの可能性に着目したい。1つは、「これ以上の議論に拘泥することなく」という意味合いである。井上が強調するのは、憲法第9条が削除されてはじめて、民主的討議の場で安全保障問題について自覚的・主体的に議論することができるという点である。つまり、そこでは第9条の削除こそが出発点であり、それをまず達成することが熟議の前提として位置づけられている。しかし、立憲主義の対外的側面を考えるならば、この点を過度に強調することは妥当でない。内外において基本的人権を保障し政府権力を統御する責任についての国民の意思表明として憲法を理解するならば、第9条を削除する過程においてもその責任について考慮することが要求される。少数者の権利だけでなく外部の人々の権利に対する保障も憲法に埋め込まれていると考えるならば、たとえ第9条の削除そのものが正当化されるとしても、削除の過程は対外的な責任に応えるものでなければならない。そこでは、第9条を削除することによってどのような対外政策を実行しようとするのか、基本的人権保障と政府権力統御の責任をいかにして果たそうとするのかということが問われるのであり、それについての議論がないまま削除されれば、国家体制の国際的正統性は著しく損なわれることになるだろう。このことは、次の点にも関わってくる。

4.2　削除に伴うもの・伴うべきもの

　憲法第9条が「端的に」削除されるべきであるということに込められたもう1つの意味合いは、「憲法の他の規定については手を加えることなく」ということでありうる。第9条はそもそも憲法に書き込まれるべきではなかったというのであれば、本来あるべきではない条項を削除するのは自然なことだと思われるかもしれない。しかし、そこには2つの問題がある。1つは、日本のこれまでの歴史をなかったことにできないのと同様、第9条もまたなかったことにはできないということである。第9条はあるべきではないかもしれないが、すでにそこにある以上、それを削除することには一定の象徴的意味が伴う。それは、おそらく第9条がもはや日本が守るべき価値を

4　第9条削除論の陥穽

体現するものではないという意味をもつものとして国内外から受け止められるだろう(9)。そして、そのような判断が国内において大勢を占めないかぎり、国民があえて憲法改正のための多大な努力を払うことはなされないだろう。そうだとすれば、平和主義の精神を守るために第9条を削除することは、どこまで現実的だろうか。もっとも、このような議論は経験的なものであり、必ずしも9条削除論の根幹には関わらない。

　もう1つの問題は、憲法第9条がもつ政府権力の抑制という役割に関係する。第9条が「端的に」削除されるにとどまるとするならば、自衛隊が憲法における明文上の位置付けを欠いたままに置かれることになる。これは、国内における民主主義や基本的人権に対する危険であるばかりでなく、対外的な観点からも政府権力を統御する責任を十分果たしていないと見なされることになるだろう。どのような安全保障政策をとるかは民主的討議によって決せられるべき事柄かもしれないが、軍隊を含む政府権力がいかにして組織され、いかにして統御されるべきかはそうではない(10)。第9条が削除されるべきだとするならば、軍隊組織に対する統御の手立てがなんらかのかたちで確保されている必要がある。そして、憲法解釈さえも時の政権が恣意的に変更しうると主張される状況においては、これを通常の法律による規律の対象とするのでは不十分である。この意味において、立憲主義の立場からは憲法第9条を「端的に」削除することはできず、削除は軍隊の組織に関する規定を憲法に挿入することを条件としてのみ可能である。そして、それは国防軍（および国連の枠組みの中で行動する国際協力軍）として自衛隊を正面から認めることを意味するだろう(11)。

　結局のところ、日本国憲法第9条を「端的に」削除することはできない。井上が意図するように、立憲主義を擁護しつつ、安全保障問題に関する国民の自覚と民主主義的政治場裡における主体的論議を促そうとするならば、正面から第9条の改正と軍隊の憲法上の位置づけを論ずるよりほかはない。それは、同時に国際社会の中で平和の維持・実現に貢献するための構想を示すこと、そしてその実現に伴う危険と犠牲を引き受けることをも意味するの

192   第 13 章　憲法第 9 条削除論

であり、そこにこそ日本の国際社会における主体的責任が存するのである。

註

(1) 　井上自身の指摘による。
(2) 　大沼保昭は、憲法改正が望ましいとしつつ、第 9 条が禁止しているのは日本の個別国家利益追求のための武力行使であり、平和維持活動はもちろん、侵略や人道法の大規模な侵害の阻止・鎮圧など、「国連の決定、要請、授権の下に行われる国際公共価値実現のための武力行使」については、むしろ積極的に参加することが現行憲法の理念にかなうと指摘するが（大沼 2004、152-154、157 頁）、正当だろう。
(3) 　ここで論じる余裕はないが、長谷部恭男が、第 9 条による軍備制限が「政治のプロセスが適正に働くための規定の一種」であるとして、国内の民主主義政治の基盤確保と結びつけていることは注目に値する（長谷部 2005）。
(4) 　例えば、20 世紀初頭までアメリカ合衆国においてインディアンは市民権を認められておらず（落合 2014）、ここで示すいずれかの状況に置かれていたと見ることができよう。
(5) 　ここで論じる余裕はないが、国民（ネーション）の線引きの問題、すなわちいかなる集団が国民として政治秩序を共有するべきかという問題があることは意識されてよい（杉田 2007）。
(6) 　もっとも、これは必要条件であって十分条件ではない。既存国家からの分離独立が問題となる場合、別の考慮が必要となる（Buchanan 2004, pp.331-424）。
(7) 　ここで「憲法による保障」として念頭に置いているのは、憲法典の明文規定だけではなく、解釈実践をも含めた総体である。何が明文化されるべきかには一義的な正解はないが、時の政権による恣意的な変更を簡単に許すようではその名に値しないだろう。
(8) 　対外的な意思の表明としての性格を持つ憲法規定としては、アメリカ合衆国憲法修正第 13 条（奴隷禁止）、ドイツのボン基本法における「闘う民主主義」、南アフリカ憲法におけるあらゆる差別の禁止などが挙げられる。
(9) 　杉田も、自衛隊が拡充された今、あえて改憲を求めるとすれば、専守防衛を超えた軍事的野心をもっているという邪推されることが避けがたいと指摘する（杉田 2007、74 頁）。
(10) 　杉田敦も、軍隊に対する文民統制の問題、また日米安保条約を廃棄した上での自主防衛が軍事力強化とナショナリズムの亢進につながる危険性を指摘する（杉田 2007、75 頁）。
(11) 　その際、井上の趣旨を活かすならば、集団的自衛権の行使が認められるべきか、在外自国民保護のための武力行使が認められるべきかといった問題は、民主主義の政治過程に委ねられるべき政策課題であるとして位置づけることは十分ありうる。

文献一覧

井上達夫（2005）「挑発的！ 9 条論 削除して自己欺瞞を乗り越えよ」『論座』2005 年 6 月号、17-24 頁。
井上達夫（2007）「憲法の公共性はいかにして可能か」長谷部恭男他編『岩波講座憲法 1　立憲主義の哲学的問題地平』岩波書店、301-332 頁。
井上達夫（2013）「オピニオン あえて、9 条削除論」『朝日新聞』2013 年 10 月 26 日付朝刊。
大沼保昭（2004）「護憲的改憲論」『ジュリスト』1260 号、150-158 頁。

落合研一（2014）「アメリカ合衆国におけるハワイ先住民の法的地位 (1)」『北海学園大学法学研究』49 巻 4 号、1055-1088 頁。
杉田敦（2007）「憲法とナショナリズム」長谷部恭男他編『岩波講座憲法 3　ネーションと市民』岩波書店、59-82 頁。
長谷部恭男（2005）「日本の立憲主義よ、どこへ行く？」『論座』2005 年 6 月号、8-16 頁。
Buchanan, A. (2004) *Justice, Legitimacy, and Self-Determination, Moral Foundations for International Law*, Oxford University Press.
Locke, J. ([1690] 1988) *Two Treatises of Government*, Peter Laslett (ed.), Cambridge University Press.
Pogge, T. W. (2002) *World Poverty and Human Rights*, Polity.

　本稿は、平成 26 年度北海道大学総長室事業推進経費（公募型プロジェクト研究等支援経費・若手研究者自立支援 A）による研究成果の一部である。

　脱稿後、井上達夫「九条問題再説──「戦争の正義」と立憲民主主義の観点から」（竹下賢他編『法の理論 33』成文堂、2015 年）が刊行された。本稿の趣旨に大きく影響するものではないが、詳細な検討は後日を期したい。

14 生命倫理

奥田純一郎

1 井上の法哲学と生命倫理

　本章は、井上達夫の法哲学が生命倫理に関して有している含意を明らかにする試みである。そのために、井上自身が直接に生命倫理をテーマとして執筆した論文のみならず他の論文をも対象とし、そこから描き出される「井上達夫の生命倫理」を明らかにする。さらにその延長線上に描かれるものを推測し、現在の生命倫理学に与える影響を考察する。なお本章においては「生命倫理」という言葉を、現在一般的に用いられている意味、即ち「医療や生命科学に関する倫理的、哲学的、社会的問題や、それに関する問題をめぐり学際的に研究する学問」（1992年国際バイオエシックス学会における定義）として用いる。

　井上自身が直接生命倫理に関して論じた論文は、決して多くない。またその主題も、主に人間の生命の始まりについて述べたもの（井上1987a）（井上1987b）（井上1996）（及びその裏返しとしての、生命の終わりに関して論じたコメント（井上1994））が中心である。この論文は、後述するように狭義の生命倫理のみならず、メタ倫理学にも及ぶ射程を持っている。とはいえ、これのみで井上達夫の生命倫理を論ずることは、やや乱暴である。上記の定義で示したが、生命倫理は、その対象を「医療や生命科学に関する倫理的、

哲学的、社会的問題」に絞っている。しかし医療・生命科学が人間（個人としても集団としても）の生活全般を下支えするものである以上、その営みは法と同じく人間の存在全般に関わってくる。だとすれば、生命倫理の考察は人間・社会全般に及ぶものであり、それ自体が法哲学の全体を反映する、1つの小さな法哲学——入れ子構造、もしくは箱庭——でもある。従って井上の生命倫理も、その法哲学全体を踏まえて評価する必要がある。特に生命倫理が20世紀後半の発祥以来「患者の自己決定権の尊重」という自由概念に密接に関わる価値に議論を展開してきたことを踏まえれば、井上の自由に関わる諸論考との比較は避けて通れない。

　以上の問題意識に基づき本章では、まず井上が生命倫理に関して明示的に論じている考察を要約し（❦2）、続いてその背景にあって帰結を支えている、主体としての個人像・その個人を支える「あるべき社会」像を検討する。これによって井上自身が直接には言及していない「井上達夫の生命倫理」を再構成し、いくつかの生命倫理の典型論点について井上が導くであろう「可能な解」を予想する。以上の手順を経た上で、井上の生命倫理を検討し、現在の生命倫理学の主流派的傾向に対して与えうる影響、あるいは生命倫理の要請に照らして井上が示し得る「別解」を考察する（❦3）。

❦2　井上が現に述べている生命倫理

2.1　人間の生命の始まりと終わりあるいは生命倫理の基礎

　ここでは井上が生命倫理に関して最も中心的に論じている、人工妊娠中絶問題、言い換えれば「胎児の生命権と女性の自己決定権の衝突」の問題を取り上げよう。主として取り上げるのは「人間・生命・倫理」（井上1987a）である。内容はもとより、この論文に対する批判への応答として書かれた論文（井上1996）の副題を「生命倫理の基礎再考」（強調は引用者）としていることからも、井上がこの論文を自身の「生命倫理の基礎」を描写するものとして考えていることは、想像に難くない。

2 井上が現に述べている生命倫理

　井上はまず、戦前のドイツにおけるナチスによる死亡者数よりも戦後日本の人工妊娠中絶件数の方が多いことを示し、これを「一種の必要悪として事実上是認」している現況は自明に正当化可能なものでないことを説く。そしてこの現況を支えているのが、アメリカにおいて人工妊娠中絶を女性のプライバシー権によって肯定した連邦最高裁判所ロウ判決の背景にもある「線引き論」であるとする。即ち線引き論によれば、ある一定の状態（第3トリメスター以後[1]か独立生存可能性[2]かはさて置き）に及ばない胎児は人格とは認められない・引かれた線の外側にある＝生命権がない、と構成される。その故に、胎児には人間としての配慮が及ばず、人工妊娠中絶によるその生命の破壊が正当化されてしまう。

　この線の引き方の例として、ブルース・アッカーマンの「公論に参加し得る能力」やマイケル・トゥーリーの「自己意識を持つ存在＝人格であること（パーソン論）」が挙げられるが、いずれに対しても井上は、自ら権利を主張できなくとも、その必要があれば権利主体たり得る、と主張して斥ける。さらに線引き論それ自体についても、精子と卵子の結合による受精卵＝胚の生成以降出生に至る過程は連続的であり、その間の線をどこに引くにせよその理由は恣意的であり正当化困難である、また線の外にある存在者を無権利者としてしまうことで問題を解決せずに解消してしまうことは自己欺瞞である、と主張する。従って、線引きによる解決は困難である。

　井上はこれに代えて「葛藤論」による解決を提唱する。ジュディス・トムソンの「睡眠中に手術され、自身の腎臓を腎臓病患者に結合された者」の例を引き合いに出す。そしてこの者が腎臓病患者に死をもたらすことが予想できても切り離しを求めることは正当であるように、むしろ胎児の生命権を肯定し胎児を「われわれ」の1人として認めた上で、それを上回る重要な理由を公論において提示し、中絶を肯定することも可能となる葛藤を引き受けることを井上は求めている。これは所謂リベラル＝女性の自己決定権の尊重＝人工妊娠中絶の是認＝胎児の生命権の否認、というありがちな図式に対抗している。井上は「各人の人生における善の構想の選択の自由」というリベラリズムの根幹を真面目に捉えるならば、むしろその前提たる生命権について

真面目に考え、胎児も「われわれ」であるとすることを引き受けなくてはならず、葛藤を通じたケースバイケースの解決を求めることから逃げてはならない、とする。

さらに（井上 1994）において、生命の始まりのみならず終わりについても、この考察を徹底して、井上自身の生命倫理の基礎とも呼ぶべき主張を展開する。この論考はシンポジウムにおけるコメント・発言を要約したものであるが、主として「脳死は人の死か？」という問題に向けられている。井上は「生死の法理の根本問題は生命権の発生条件と消滅条件である」と規定する。そして成立によって生命権を発生させる条件が、その消失によって生命権を消滅させる条件であるとし、生と死を対称的に捉える。

そして井上は、この条件を与えるものとして、一定の実体的能力・属性の獲得・喪失を挙げる実体論的アプローチと、他の人間による共生関係の取り結び・解きほぐしを挙げる関係論的アプローチがある、とする。両者には一長一短がある。実体論は「他者のお情け」に依存しない権利の客観的基盤を与える反面、無能力者の冷酷な切捨ての論理を内包している（それは人工妊娠中絶における独立生存可能性時説や死における脳死説、両方におけるパーソン論や受苦能力説のような、一定の生理的特徴に生命権の得喪を関連付ける立場に現れている）。関係論は能力の論理の苛酷さを共感の心理によって抑制し得る反面、他者の都合や費用便益計算によって個人の生き死にが左右されることになりかねない。

井上はどちらか一方に立つことを否定し、両者を相補的に組み合わせる「相補論」を提唱する。即ち、実体論的能力要件と関係論的承認のどちらか一方の成立を以て、生命権の発生・存続の十分要件とする。このことによって、無能力者の切り捨てにも他者の都合による生命の否定にも堕さない、生命権の尊重を主張する。この「生命権の尊重」が井上における生命倫理の基礎であり、その主体たる人間像を実質的に捉えることで生命倫理を実質化する・そのための論争を厭わない、という方法を井上は提唱すると同時に自身も実践する。しかしそれは「権利」という語への疑問や反感からの異論の標的にされることでもある。

2.2 田島正樹・加藤秀一との論争

（井上 1987a）に対しては様々な批判・応答がなされたが、前節で言及した「生命権」という語に向けられたものが最も中心的なものである。ここではその例として哲学者の田島正樹、社会学者の加藤秀一による批判、それに対する井上の応答を取り上げる。

（田島 1987）において、田島は井上の所説を「倫理的実在論」に立脚するものとして批判する。田島によれば、倫理的実在論とは（1）経験的諸事実から独立した価値の規範性の承認、（2）倫理的言明は我々の認識や決断から独立して真偽が定まっているとの想定（プラトン的実在論）、の2つの要素からなる。もしそれが正しければ、新しい事態が生じた際にも既存の倫理的価値（（2）を踏まえていえば、超越的実在）から結論を導くことが出来るため何ら新たな問題は生じない筈であるが現実にはそうなっていない、として田島は倫理的実在論を否定する。そして井上の「生命権」の想定もこうした価値に基づくものであって、現実の問題を捉えていない、とする。田島は倫理的価値の源泉を、こうした超越的実在にではなく「伝統的に反復される行為の正統性意識」に求め、その前提には「習律（convention）」があるとする「倫理的非実在論」を採る。その上で倫理における習律と言語を並行的に捉え、両者はそれがもたらす相互理解可能性（合理性）・透明性の故に採用されている点で共通である、とする。即ち、合理性・透明性が失われれば習律は倫理的価値の源泉としての地位を失い、新たな習律の形成を目指す闘争が行われる。田島はこの闘争こそが重要であり、既存の習律・伝統に異を唱える「少数民族」の声がその契機となる、とする。そして現に声を挙げることが出来ない存在者も、その声を代弁する者の「代理戦争」によって闘争に参加することが可能であり、井上の立場を、この闘争を経ずに胎児に生命権という「権利」を与えて事足れりとし、問題を解決するのではなく論点先取によって不可視化するものであって不適切である、として批判する。

これに対して井上は、（井上 1987b）において反論する。井上は田島が立脚

第 14 章　生命倫理

する価値相対主義（価値の源泉を各人の主観的決断に還元する、という意味では主観主義）を批判し、井上自身は価値の間主観的妥当性を肯定する客観主義に立つことを標榜するものの、それは倫理的実在論ではない、とする。即ち客観主義に立つことは超越的実在に価値の源泉を求めることではなく、むしろ事態が変化するからこそ、価値の間主観的妥当性が「公論」（田島の言う闘争）を可能にする、と言う。むしろ田島こそ、価値相対主義に拘泥する余り、その徹底が闘争をむしろ不可能にする（田島の言う「少数民族」を沈黙させる）危険を直視しておらず、また「代理戦争」が可能になるのも、生命権という「権利」が胎児にあるから代理を引き受ける者が現れるからなのであって、その逆ではない、と井上は言う。そして胎児の生命権の肯定・尊重は公論の開始を告げるものであって、それを終了させるものではない、とする。

　一方加藤は、（井上 1987a）及び（井上 1987b）に対し、（加藤 1994a）により批判し、これに対し（井上 1994）で応答し、（加藤 1994b）で再応答している。まず加藤は、人工妊娠中絶が「胎児殺し」との非難に抗って実現した「女性の自己決定権」の擁護の成果であることを強調し、胎児の生命の大量破壊としてナチズムに比する井上の主張を批判し、その根拠が薄弱であると主張する。加藤の理解によれば、井上は「線引き論」を批判しているが、そもそも井上自身が受精の段階で線を引いているのであり、その主張は一貫していない。また線引きによって一定の成長段階以前の胎児を「人格」ではなく「物」、それも妊娠している女性にとっての「自己に属する物」として見て人工妊娠中絶を腹部の余分な脂肪の吸引と同列に扱うのは、女性の感情のリアリティを見失っている、とする。妊娠した女性にとって胎児は、自己と他者の両側面を持つ存在なのであり、この実感を無視して一見中立的な「権利」の言語で語ろうとするのは不適切である、と加藤は言う。そもそも重要な問題は自己決定権における「自己」とは何か、であるが、こと女性に関しては、この自己が、胎児に対するものであるだけでなく、同時に家父長制に対するものでもあることに井上は無理解である。それはフェミニズムのリアリティを井上が捉え損なっているからである、と加藤は主張する。

これに対し井上は、自身の立場を「道徳的葛藤論」と称し、加藤が井上もその一員であるとした線引き論に対置させる。即ち胎児の生命権の肯定は、そのまま女性の自己決定権の行使としての人工妊娠中絶を禁ずるものではなく、両者の規範衝突と向き合うことを意味する。井上によればこの見地から、少なくとも母体保護と強姦による望まない妊娠を理由にした中絶は肯定され得る、とされる。他方で「生まれてくる子の不幸」を理由とした中絶は、母といえども独立した主体たる子（胎児）の幸福を判断する権限はないとして否定される。また線引き論／葛藤論の対比は、人工妊娠中絶をめぐる法規制の2つのモデル、期間モデル（一定の期間内であれば、理由の如何を問わず中絶するか否かを妊娠した女性の意向に委ねる）と適応モデル（一定の理由がある場合に限り中絶することも可能とする）の対比に対応する、とされる。そして井上は、中絶という胎児の生命にかかわる事項を公論によって理由を明示して争うことを可能にする点で、後者の方が優れている、とする。加藤の力説する女性のリアリティあるいは「産む性の身体感覚」も公論、即ち理由を示すことによる吟味が必要であり、無批判でこれを受け容れよとするのは批判的対話の封殺である、とする[3]。

2.3 「現に述べていること」から解る井上の生命倫理の特色

以上のことは、井上が正面から述べている問題が限定的（生の始まりに関わる人工妊娠中絶問題と、生の終わりに関わる脳死問題）であるため、「井上の生命倫理」一般論に拡大するのは飛躍かもしれない。しかし限定的とはいえ、生命倫理が人間の一生全体に関わる問題を扱うものであることに鑑みれば、その起点と終点に関わる考察は「特異点」としての重要性を持つと言える。ここから井上の生命倫理の鍵ともいえる要素が導かれる。

それは「生命権」と「公論」である。これはある意味当然であって目新しくもないことのように思われるが、生命倫理をめぐる議論が主に「自己決定」を軸に展開し、その行き過ぎから近時「（人間の生命の）尊厳」や「生命の神聖性」が叫ばれることと対比すると、井上の生命倫理の特色が明らか

になる。

　生命倫理は20世紀後半以降、それ以前の伝統的な「医の倫理」への批判から台頭してきた。医の倫理は医師の専門性と善意を強調し、医師の裁量権を広く認め、患者の意向に背いてでもその生命にとっての最善を図るパターナリズムを認めてきた。しかし近代においては、その生命の上に築かれる各人の生における価値観・理想（善の構想）は多元的であることを避けられない。このことから、医師の特権性を否定し、患者の自己決定を尊重した医療を提供することを強く主張する生命倫理が支持を得て急速に拡大した。即ち、リベラリズムを背景とする点では、井上も生命倫理の勃興と文脈を共有している。

　しかしながら生命倫理（特にその主流派）は、医師との対抗を念頭に置き患者のプライバシー権をベースに主張されることにみられるように、どちらかといえば「私事化」即ち決定の主体が誰かに力点を置く（と同時に、決定の理由は後景化する）傾向がある。そのことは、例えば患者自身が決定できない状況で、患者「側」の自己決定として、近親者による代行判断・決定を認め、厳密には「自己」決定ではないものを容易に認めがちな傾向にも示されている。これに対し井上は「公論」を重視し、決定の理由に力点を置く。そしてその際にベースとなるのが「生命権」、すなわち社会における主体としての資格承認を広く認めることである（これは相補論の主張からもうかがえる）。そして各人の生の必要への権利要求（クレーム）から生じる問題＝葛藤を直視しようとする。これは井上自身のリベラリズム構想、井上の法哲学全体を背景にしているが故に生じる違い・特色と言える。

　ではこのような主流派の生命倫理と井上の違いは、具体的にどのように現れるか？　次節では背景にある井上の法哲学全体を生命倫理に関わる限りで略述し、本節での「井上の生命倫理の基礎」と組み合わせて検討してみる。

3 「井上達夫の生命倫理」の再構成と検討

　井上の法哲学全体は、その人間観・あるべき社会像としてのリベラリズム観・そこにおける自由観が複雑に組み合わさって一体をなしており、個別に論じることが難しい。そのため以下の理解は私見によるバイアスがかかっていることをあらかじめお断りしておく。

3.1　あるべき社会像としてのリベラリズム観

　あるべき社会像については田島との上記の論争でも言及はあるが、より詳しく見るために、主として『共生の作法』（作法）を参照する。
　井上は自身の立場を「自由主義」とは呼ばずカタカナで「リベラリズム」と表記する。その理由は 3.3 で後述するが、この語に込められた内容は特定の政治哲学としての内容を超えている。それは、社会のあるべき姿を規律する価値としての「正義」に関する、メタ倫理学的な主張をも包摂するものである。
　ジョン・ロールズの『正義論』以降規範的正義論の復興が叫ばれて久しいが、井上もまた「多様な善の構想を有する諸個人の、公正な共働（共生）を可能にする社会の価値」としての正義を主張する。従って異質な個人の新規参入に対し開かれた社会であることが必要となり、形式的正義理念である「等しきは等しく」の実質的重要性が強調される。このことは、正義の基盤が特定の社会の伝統やそこへの帰依という主観的要素ではなく、普遍主義的要請としての客観的妥当要求に求められることを意味する。そしてこの普遍主義的要請を満たすか否かを、井上はリバーシビリティ・テスト、即ち自身が現在受容している正義の構想を、それによって不利益を受ける他者の立場に自身が置かれたとしても受容できるか、というテストによって吟味することを求める。

3.2 人間観

　上記のリベラリズムを基調とする社会の中で生きる人間たる個人を、どのようなものとして井上は捉えているか？　それを解明すべく『他者への自由』（他者）を参照する。

　ロールズ『正義論』に対して向けられた批判のうち、最も強力なものは、共同体論からの「負荷なき自我」批判であった。即ち善の構想の自由な選択と共存を可能にすると称するリベラリズムの正義論は、その選択を為す各個人を「選択する意思」のみに還元し、実際の選択を可能にする文脈を持たないものとしている、との批判である。井上はこの批判を受け容れ、個人を「自己解釈的主体」として再構成する。かかる文脈を持つ人格理解はリベラリズムと矛盾しないし、むしろその文脈に規定されつつ自己の在り様を解釈し、その文脈をも批判的に吟味することは、善の構想の多様性を豊かにする意味でも必要だ、と述べる。このようにして人間は、自身の文脈を受け容れ他者と共存しつつ、自身の生を作り上げていく存在として描かれる。

3.3 自由観

　上記のような社会像・人間観を踏まえ、自由とはいかなるものとして捉えられるか？　『他者への自由』（他者）及び『自由論』（自由）を参照する。

　従来の自由の理解が「自己力能化衝動」に捉われていることを井上は批判する。これは井上がリベラリズムを「自由主義」とは呼ばないこととも関連する。自己力能化衝動とは、自己の欲求を実現すべく、そのために必要な社会に存するあらゆる資源を自己の支配下に置こうとする衝動である。この衝動は無限に拡大し満足することを知らないが、特にこれが「権利」と結びついた時、その威力（もしくは弊害）は計り知れないものとなる。

　井上は、だからこそリベラリズムの基底にある理念は自由ではなく正義である、と主張する。自由を自己の内心の欲求にのみ基礎づけている限り、

自己力能化衝動を克服することは出来ない。むしろ自由を「他者への自由」として措定することで、多様な善の構想が共存することを可能にするのがリベラリズムである。即ち、他者との公正な共存こそが自由の前提条件であり、それを逸脱することは自由の概念に含まれていない、とされる。だからこそ、自己決定を私事化の方向にではなく、理由を示した公論の方向に力点を置くことになる。

3.4　法哲学の箱庭としての「井上達夫の生命倫理」

　以上述べた井上の法哲学全体からは、現在の主流派の生命倫理が陥っている隘路を突破する可能性が含まれている。例えば自由における自己力能化衝動批判は、自己決定を過度に重視したが故に生じている諸々の問題点への重要な批判的視座を提供している。また自己解釈的主体という理解は、近時看護倫理の領域から提唱され発言力を増しつつある「物語」としての患者の人生理解、及びそれに基づく医療としてのナラティヴ・ベースド・メディスン（Narrative Based Medicine, NBM）とも平仄が合う。

　井上自身は直接に述べていない生命倫理の重要な論点のいくつかにつき、井上の主張の延長線・補助線上に解答を予測してみよう。

- 積極的安楽死について：
　　自己の生の在り方の解釈として、身体的・精神的・社会的・霊的（全人的、Spiritual）それぞれの側面で苦痛に満ちた死を迎えるよりも、望む形での死を願うことはあり得る。しかし安楽死は他者の手を借りることであり、自己力能化衝動批判と抵触しかねない。

- デザイナーズ・ベビーについて：
　　人工妊娠中絶に関して、妊婦という他者の都合により胎児の生命権を左右してはならない、との主張からすれば、胎児の存否のみならずその在り様についても、他者による容喙は正当化されない、と思われる。そもそも他者である子供の資質につき自己の望む姿であることを

- 医療資源配分について：
部分的には貧困国におけるエイズ・コピー薬問題につき井上自身が述べているが、生命権への平等なクレームが最も重視されることになろう。

3.5 検討

井上の生命倫理につき、本人が実際には主張していない所まで踏み込んだ。その核となる論文は1980〜90年代のものにもかかわらず、今なお古びていないことは注目に値する。

しかし疑念を抱く点もなくはない。まず指摘し得るのは、人間の生命の始まりと終わりを対称的に捉えている点である。これは生命権という権利の問題・正義の語法、言い換えれば三人称での考察に留まっていることを意味する。しかし人間はその上に一人称・二人称の世界を築いて自らの生をかけがえのないものとして生きる存在である。加えて時間の流れは不可逆である。だとすれば生命権の発生と消滅を同様に論ずることは、このことを見失う危険性がある。また自己解釈的主体としての人間観は、解釈し物語を紡ぐうえで一人称を過剰に重視する「強い個人」を要請しがちである。このことは、リバーシビリティ・テストにおいて井上の想定する「他者」に二人称と三人称を混在（あるいは使い分け）させている点からも窺える。しかし生命倫理で問題になるのは、往々にして意思の自律も他者からの自立性も危機に瀕している「弱い個人」である。だとすれば二人称・三人称としての人間の在り様を十分に把握していないことは、問題である。もっともこうしたことへの考慮の基盤は、実は井上の枠組みの中にも含まれている。人間観の一層の深化が、井上の生命倫理を本人の意図を越えて発展させる鍵になる、と思われる。

註

(1) ロウ判決における理解。妊娠期間を三分割しその1つをトリメスターと呼ぶが、第2トリメスターまでは人工妊娠中絶をするか否かは妊婦のプライバシー権が優越し、第3トリメスターに入って初めて、胎児を保護する州の利益が妊婦のプライバシー権に優越する、とした。
(2) 日本の母体保護法における人工妊娠中絶を認めない時期。厚生労働省令により、妊娠22週以降とされている。
(3) この点については、井上と同じく「葛藤」という語を用いるドイツ妊娠葛藤法が、むしろ井上と逆の実践を支持していることが興味深い。この法律は人工妊娠中絶を望む妊婦に対し、中絶反対派・賛成派双方のカウンセリングを受けた上で判断することを求める。ここでは葛藤が公論ではなく、妊婦の私的決定のレベルで留まっていることに由来するのであろうが、これは後述する井上の法哲学全体からは受け容れがたいと思われる。

文献一覧

井上達夫（1987a）「人間・生命・倫理」長尾龍一・米本昌平編『メタ・バイオエシックス――生命科学と法哲学の対話』日本評論社、41-64頁。

井上達夫（1987b）「生命倫理と公論の哲学」米本昌平・長尾龍一編『メタ・バイオエシックス――生命科学と法哲学の対話』日本評論社、248-257頁。

井上達夫（1994）「「生と死の法理」シンポジウム発言要旨――実体論・関係論・相補論」日本法哲学会編『法哲学年報1993　生と死の法理』有斐閣、105-108頁。

井上達夫（1996）「胎児・女性・リベラリズム――生命倫理の基礎再考」江原由美子編『生殖技術とジェンダー　フェミニズムの主張3』勁草書房、81-117頁。

加藤秀一（1994a）「女性の自己決定権の擁護――リプロダクティヴ・フリーダムのために」江原由美子編『フェミニズムの主張3　生殖技術とジェンダー』勁草書房、41-79頁。

加藤秀一（1994b）「「女性の自己決定権の擁護」再論」江原由美子編『生殖技術とジェンダー　フェミニズムの主張3』勁草書房、119-160頁。

田島正樹（1987）「倫理の内と外」長尾龍一・米本昌平編『メタ・バイオエシックス――生命科学と法哲学の対話』日本評論社、139-158頁。

15 時間
——入れ違いの交換可能性のもとで

吉良貴之

🦞 1 普遍主義は通時的でありうるか

　本稿では、井上達夫の法哲学における「時間」的な要素について検討する。井上の標榜する「普遍」は共時的な横の関係だけでなく、通時的な縦の関係にも妥当するものなのか。だとすると、そうした普遍は通時的な他者——それは一見したところ、まだ／もはや存在しない——との関係においていかにして正当化されうるのか。

　第1節では以下、井上が頻繁に用いる「哲学的正当化」といった言い回しにおける「哲学」観を探りつつ、その普遍主義における時間性の問題を概観する。第2節では将来世代（過去世代）との関係における「世代間正義」を具体的な素材とし、ジョン・ロールズの正義論と比較しながら通時的な普遍主義の困難を論じる。第3節では以上をふまえ、井上における時間性は「入れ違いの反転可能性」の現在における共有にほかならず、想起としての過去と予期としての将来が現在に折り畳まれている構造を示すことによってまとめとする。

第15章 時間

1.1 「哲学」と静けさ

　哲学者の中島義道は『哲学の教科書』において、法哲学者の哲学的知識の該博さを評して次のように述べている。

> [......] 井上達夫などの哲学的知識はすごいものがあり、そんじょそこらの哲学者は太刀打ちできない。しかし、何か哲学者の目指しているものと感覚的に違うのも事実です。彼らは（中略）すべて与えられた問題に即して、そつなくきれいに能率的に理解しすぎるという感じなのです。（中島1995、44頁）

　「法学部的秀才」は、同じく中島の言葉を借りるならば「哲学病」に冒されることもなく、受験勉強をするかのように哲学的問題を片付けていってしまう。しかし、哲学はそうした営みの対極にある。まったく誰も気にも留めないような問題に引っかかり、それこそ数十年もかけて同じところを引き回される、まさに「病」としか形容しようのない営みが哲学である。そうすると、現状の法哲学は哲学といえるようなものではない――。

井上法哲学の静けさ

　中島によるこうした秀才批判と「文学部哲学」の擁護が、「病気自慢」のステレオタイプに陥っていることはあえて指摘するまでもない。しかし、井上達夫の著作における整然たる論理の運びに触れた読者であれば、こうした対比にも相応に的を射た部分があると感じる者も決して少なくはないだろう。井上の法哲学は飽くなき「会話」に開かれていることが強調されてはいるものの、それは時間的に動的な変容可能性に開かれているというよりも、限りなく堅固で静的な世界のようにも見える。この印象は果たして妥当なものだろうか。

文魂法才

　井上は中島によるこうした両義的な評価を受けて、次のように述べて

1 普遍主義は通時的でありうるか 211

いる。

> [……] 中島さんによると、「時間とは何か」とか「現在なるものは存在しないのではないか」というような問題を考えるのが本当の哲学であって、私が勉強している法哲学のように、「正義とは何か」とか「悪法も法か」という（中略）問題に答えるのは、純粋な哲学ではなく、単なる思想だそうです。（井上 1998、v-vi 頁）

「文魂法才」を自覚する井上は（井上 1999）、ここで中島による指摘をなかば認めているようでもある。しかし、本稿では両者の哲学観の妥当性を比較したいわけではない。ここで注目したいのは、井上が中島に典型的な文学部哲学として「時間とは何か」という問題を例にあげていることである。むろん、中島がカント哲学、それも時間論を専門テーマとしていることはよく知られているから、この言及もそれを意識したものではあるだろう。しかし、そうした事実を超えた思いをここから読み取るのは深読みに過ぎるだろうか。

時間論の不在？

というのも、井上の哲学的バックボーンに英米系の分析哲学の流れがあることはいうまでもないが、一方、たとえばフリードリヒ・ニーチェやエマニュエル・レヴィナス、そしてジャック・デリダといった大陸系の哲学者、さらにいえば「ポストモダン」といった言葉で括られる論者に（批判的な形ではあれ）言及されることも決して稀ではないからである。

そうした論者の多くは「時間論」として区分される領域において画期的な業績を残しており——哲学的な時間論といえば、昨今隆盛している英米系の分析的形而上学などではなく、そうした「昔ながらの」大陸系の哲学者によるものが一般に想起されるだろう——、井上がそれらに不案内であるとは考えられない。しかし、哲学的難問の最大のものであると誰もが認めるであろう「時間」について井上が明示的に主題化した部分がほとんど見当たらないことは、中島のような哲学観を一定程度受け入れているように思われる井上において、いくぶん不思議な印象を与えることでもある。

1.2 「哲学的」正当化の時間性

　井上の「哲学」観が最も頻繁に示されるのは、『政治的リベラリズム（*Political Liberalism*）』（1993年）に集約される後期ロールズの「歴史的文脈主義への転向」への苛烈な批判においてである。いわく、『正義論（*A Theory of Justice*）』（1971年）のロールズは「社会契約説と合理的決定理論を結合させた合意説的正当化理論や反省的均衡のような認識論的立場に依拠して、その正義原理の哲学的な妥当性へのクレイムをなお保持していた」（普遍、237-238頁、強調は引用者）。しかし、『政治的リベラリズム』のロールズは、憲法に書かれるべき必須事項としての立憲的精髄（constitutional essentials）を政治共同体の伝統に内在する所与としたことにより、「論争的な解釈にコミットしながら解釈論争を超越した中立的な高みに自らを置いて哲学的論証責任を回避する欺瞞的な工作」（普遍、246頁、強調は引用者）を行った──。
　井上は前期ロールズの正義基底的リベラリズムの構想を評価するものの、その哲学的正当化そのものの成功を認めているわけではない（たとえば企て、第9章）。先の引用でその「意気」を認められているのはあくまで、「哲学的正当化」への「企て」である。そして、その企てを放棄した後期ロールズは「哲学的死」を遂げたとされる──この表現自体はむしろロールズの自己理解を正確に捉えたものであり、とりたててスキャンダラスに受け取るべきものではないのだが。

「普遍」の探求として

　後期ロールズの歴史的文脈主義に対置されるものとして、井上の著作には「哲学的正当化」、「哲学的普遍主義」、「公共哲学としてのリベラリズム」といった表現が、それこそ執拗なまでに頻出する。ここでいう「哲学」は、乱暴を承知でまとめるならば、自他の立場を反転しても受け入れられる「普遍」を目指し「公共的理由」を交換していく対話的な企てであるといえるだろう。

普遍性は通時的か？

　ここで目指されている正義の普遍性は、自他の立場の反転可能性（reversibility）や、個体的同一性に基づく根拠の排除を中核とするものである。以下では、この普遍性の時間性について考えてみたい。現に存在する他者の立場との反転を考える限り、それは共時的（synchronic）な普遍性といえる。では、いまだ存在せざる他者との反転可能性をも含む通時的（diachronic）な普遍性は可能だろうか。これは正義論の文脈では、現在世代といまだ生まれざる将来世代との規範的関係を問う世代間正義論の問題につながる。正義の普遍性は既に存在しているという偶然性に左右されてはならず、現在世代も将来世代も（もしかしたら過去世代も？）同じ通時的に普遍的な正義原理に服すべきなのだろうか。だとすると、それはいかにして正当化されうるものなのだろうか。

2　世代間正義論

　1960年代以降、地球環境問題が切迫したものとして意識されるにつれ、現在世代はいまだ生まれざる将来世代に深刻な悪影響を与えうることが強く認識されるようになった。そして、それを防ぐための様々な実践がなされるとともに、その規範的根拠もまた真剣に問われるようになった。何かしたところで返礼があるわけでもない将来世代に対し、現在世代は現在の生活を犠牲にしてまで何か配慮をする責務がなぜ・どこまであるのか。この世代間正義論は1971年のジョン・ロールズ『正義論』以降、さまざまな形で正当化が試みられるようになる。将来世代はいまだ生まれていないという特殊な存在論的身分によって、将来世代と現に生まれている現在世代との規範的関係は正義論の単なる「応用問題」ではなく、独自の問題領域を形成している。

2.1 世代間正義は「扱いにくい」のか

世代間正義について井上は『共生の作法』で次のように述べている。

> 視野を地球全体に拡げてみても、南北格差の拡大、資源保有国と非保有国との間の不平等、資源の枯渇、人口爆発、食糧危機、エネルギー危機など、困難な問題が山積している状況の下で、国家間、地域間での配分的正義の問題や、現在の人類と将来の人類との間での分配に関わる「世代間正義（intergenerational justice）」の問題が人々の関心を集めている。（作法、103 頁）

「国家間、地域間での配分的正義」については井上の最近著『世界正義論』（2013 年）において明示的にテーマ化され、詳細な論述がなされている。一方、「世代間正義」は、「世界正義（global justice）」とかなりの程度に重なる問題領域であり、世界正義論の考察は豊かな含意をもたらすものではあるものの、少なくとも明示的なテーマとしては井上によってこれまで取り上げられていない。果たして、井上の議論枠組において将来世代――それはいまだ存在しない以上、一見したところ、現在世代と同じ会話的社交体には属していない――は、通時的な普遍性を求めにくい、「扱いにくい」対象なのだろうか？

2.2 ロールズ『正義論』における世代間正義

ロールズは『正義論』で将来世代の扱いにくさを正直に認めている。ロールズにおける正義の原理は、互敬性（reciprocity）の共同体に属する同時代人にあてはめられる。正義は同じ政治共同体に属する人々の相互尊重（mutual respect）のための原理にほかならない。したがって「無知のヴェール」下の諸個人は自分が存在する時代がいつであるかは知らないものの、自分も他者も同じ時代に存在することは知っているのである。

無知のヴェールの世代間拡張は可能か

　この時間的限界を不満に思ったシュレーダー゠フレチェットなどの論者は、「無知のヴェール」下の諸個人は自分も他者もいつの時代に生まれてくるか知らないという仮定を追加した世代間契約論によって、ロールズの正義の原理を通時的に普遍的なものとして再構成しようとした（Shrader-Frechet 1981）。しかし、これはロールズが明確に否定した道であるだけでなく、時間的範囲が茫洋として定かならぬ超世代的共同体の実在を想定せざるをえないこと、そしてそれはデレク・パーフィットが指摘する非同一性問題——将来世代への配慮がまさにその世代の構成を変え、原初の将来世代が論理的に抹消される——によって見込みを何重にも絶たれている。

貯蓄原理の縦横の貧困

　ロールズ自身は世代間正義について、当該政治共同体の次世代の存続が可能になるだけの貯蓄を現在世代に命じる、貯蓄原理（saving principle）というものを慎ましく提示したのみであった。これは無知のヴェール下の諸個人の合理性に一定の利他性を追加することの理論的困難もさることながら、当該政治共同体の存続を考えるだけでは地球規模での環境問題や資源問題に対応できないという実践的困難も抱え込んでいる。ロールズがそうした弱すぎる原理しか提示できないのは、ロールズの正義が共時的な互敬的共同体の構成原理にとどまっていることの帰結である。その弱さが縦に現れたのが世代間正義の貧困であり、横に現れたのが世界正義の貧困である。『諸人民の法（*The Law of Peoples*）』（1999 年）で示された後者の困難について井上は既に厳しい言葉で批判している（世界、第 3 章第 2 節、第 4 章第 1 節ほか）。

3　入れ違いの時間構造

　前章末では、ロールズにおける世代間正義論の貧困をもって、リベラリズム構想における通時的な困難を確認した。むろん、ロールズの理論的貧困を

井上が共有しているとは限らない。では、井上はどのような道具立てでもって普遍主義の時間的困難に立ち向かっているのだろうか。

3.1　入れ違いの反転可能性

ノージックの動物の福祉論

　リバタリアニズム（自由至上主義）の代表的論客であるロバート・ノージックは、動物への配慮を考える際に次のような例を出している。動物よりも人間の福祉を尊重する根拠として、たとえば知的能力や道徳的能力など、何らかの基準によって動物は人間よりも「劣っている」から手段として使ってよい、といったものをあげるとしよう。その場合、もしどこかの異星人が地球にやってきて、彼らがその基準では人間よりも優れていた場合、劣っている人間は異星人の手段として使われてよいか、とノージックは問いかける (Nozick 1974, ch. 3)。これは仮定の非現実性の問題はあるにせよ、何らかの基準によって人間と動物の間に線を引くことの問題を示している。

　この議論で重要なのは、人間・動物という二者間の関係ではなく、異星人・人間・動物の三者間の関係を考えていることである。人間と動物は一定の基準によって非対称な存在である以上、立場の交換可能性がない。しかし、だからといって人間と動物の取り扱いについて共通の正義がありえないとするのは早計である。ある基準を根拠に取り扱いの差異を認めるのであれば、それを人間よりも高く満たす異星人が現れた場合、人間による動物の取り扱いと同様のものを人間は受け入れなければならない。それが受け入れがたいとするならば、ひるがえって当初の人間／動物の間の線引きの道徳的恣意性が問題になる。まとめると、人間と動物をある基準によって非対称な存在とする場合、人間と動物の二者間のみを考えるならば反転可能性はないものの、その基準によって上位の存在となる異星人との三者関係を考えると、上位者から非対称に扱われたくないという対称性による反転可能性が生じるという筋道である。

世代間の入れ違いの反転可能性？

　この議論を世代間正義論に応用するとどうなるか。筆者がある研究会の発表で、現在世代と将来世代は非対称な関係にある以上、将来世代への通時的配慮は現在世代内部での共時的配慮とは異なる旨を述べたところ、井上から、前述のノージックの議論を応用する形で、前の世代から非対称に扱われたくないという対称性による反転可能性、つまり「入れ違いの反転可能性（staggered reversibility）」が考えうるのではないか、という指摘を受けた（研究会席上での発言であるため、この議論はあくまで筆者が理解した限りでの再構成であると考えてもらいたいが、反転可能性が二者間に限られないことをより一般的な形で述べている部分として、「A の B に対するのとパラレルな関係を A に対して有する C が A になすことを A が受容できる場合のみ、正義の門をくぐれる」（企て、23-24 頁）という記述がある）。

　少なくとも世代間正義論についていえば、筆者は、①無限に続く将来世代への配慮は不可能である以上、配慮責務をどこかで「切る」ための根拠が必要である（将来世代の範囲の非確定性）、②現在世代は将来世代を「生み出さない」という選択肢を理論的には持つ以上、入れ違いの反転可能性を現に存在する動物と同様に考えることはできない（将来世代の存在の依存性）の2点を主な理由として、さらなる議論が必要であると考えている。しかし、遠く離れた将来世代はともかく、比較的近い将来世代についてこの議論は一定の説得力があるものと思われる。また、本稿にとって重要なのは、この議論が井上の各種の主張に通底する時間構造を示しているのではないか、ということである。

3.2 「企て」の時間性

　法は〈正義への企て〉である。すなわち、「法は客観的に正義に適合しているか否かに関わりなく、正義に適合するものとして承認されることへの要求を内在させている。換言すれば、法は単に人々の行動を規制するだけでな

く、かかる規制が正義の観点から正当化可能であるという主張にコミットしている」（企て、6頁）。井上はこの鮮烈なテーゼのもと、正当化を争う権利、すなわち批判開放性の要請や、「等しきものは等しく」という正義の概念（the concept）が正義の具体的構想（conceptions）に課す普遍主義的要請などを、法概念内在的に論じている。こうした法概念論の是非を論じることは筆者の手に余るので、本稿では以下、この〈正義への企てとしての法〉は果たしていかなる時間構造のもとにあるのかを考えてみたい。

「企て」と時間意識

　今村仁司によると、「近代時間意識」は円環的で過去志向的な時間意識を解体したところから始まり、「未来を先取りし、先取られた内容で現在の状態を変更し、計画を立てて未来にそれを現実化していくように人々を促す」ものである（今村 1994、239頁、本稿では「未来」「将来」は特に区別しない）。将来の根源的な不確実性を覗き込んでしまった人々は、どうにかその不確実性を現在において「先取り」し、一定の公共的価値の秩序に落とし込もうと「企てる」。その1つの手段が立法であることはいうまでもない。また、近代時間意識は過去をもつねに不確定なものとする。過去に何が起こったのか、その意味もまたいかようにも変わりうる。それを公共的に確定させる1つの「企て」として裁判を位置づけることもまた可能であろう（吉良 2009）。近代時間意識は過去と将来という根源的な不確実性の間にある現在という一点に危うく立ちながら、2つの方向に広がる時間を「先取り」「後付け」しながら飼い慣らしていく。

時間支配の欲望

　このような「近代時間意識」は、ともすれば現在を特権化し、過去の意味付けと将来の先取りをまったく自由に行えるかのような幻想をも生み出してきた。そうした意識のもとでなされた「理想社会」建設の「企て」が引き起こしてきた悲劇について多くを語る必要はあるまい。過去と将来について「他でもありうる」という可能性が排除された現在の全能性の傲慢こそ、あ

まりにも多くの暴力を生み出してきた（Cornell 2007）。これは井上がレヴィナスの倫理思想の危険な面として留保を付けた、無限の他者を歓待する責任意識が「自己の他者に対する超越」、すなわちとめどなき自己力能化と他者支配の欲望へと転化する事態（他者、230 頁）と、時間的に同型のものである。

水平的公共性と反実仮想的想像力

むろん、井上の〈正義への企て〉は、現在の特権性に居直りながら将来の暗闇に足を踏み出す実存的跳躍といったものではありえない。そこではつねに他なる可能性に向かって開かれつつ、あるべき将来／過去を自他ともに受容可能な公共的理由によって正当化することが求められる。ここにあるのは「対等な個人間の相互性に基づく対話を基礎とする「水平的公共性」（企て、190 頁）であり、それを可能にするのは他者の視点への反実仮想的想像力である。

批判的民主主義の時間構造

〈正義への企て〉が先取りしようとするのは将来の公共的価値である。そこではいまだ存在せざる人々の立場にも想像的に身を置くことが求められる。しかし、それはいかにして可能になるのか。本稿第 2 節で述べた世代間正義論の困難は、何も遠い将来世代を対象とするときだけに限らない。原理的にはほんの数分後の将来を考えたときにさえ生じる問題である。不確定で非対称な将来の他者と立場を反転させるとはいったいどういうことなのか。何によってそれが可能になるのか。

ここで井上のいう〈企て〉が単に将来志向的なものではなく、同時に過去志向的な構造を持っていることが重要になる。将来への企ては過去の重みのもとになされる。——企てが現実になされる場としての政治過程について、井上の「批判的民主主義」構想に目を向けてみよう。

第15章　時間

　〔批判的民主主義は〕既得権の棲みわけや理念なき妥協を排して、整合的政策体系の貫徹を促進するとともに、その政治的責任主体を明確化して「悪しき為政者の首を切る」ことを可能にすることにより、政治的価値実現の〈通時的多様性〉をもたらす。(貧困 2011、272 頁、強調は引用者)

　井上のこうした批判的民主主義構想は、「悪しき過去」を明確化する——何が正義にかなっているかはなかなかわからないものの、何が不正であったかは比較的特定しやすいものである（作法、28-30 頁）。

　将来の他者にとって何が公共的価値であるかは、まさにそれが将来のことであるがゆえに不確実性を増す。そこで現在の我々が、根源的に非対称な存在である将来の他者との立場の交換が可能であると標榜するのは傲慢の誹りを免れえまい。しかし、ここで前述の「入れ違いの交換可能性」としての時間構造が手がかりになる。批判的民主主義のもとでの現在世代は、過去世代から現在世代によってなされた「悪しき過去」を既に知っている。その「悪しき過去」を乗り越えようとする志向において、非対称な将来の他者との対称性を獲得するのである。それは「失敗に学ぶ」といってしまえば陳腐なことかもしれないし、また現代社会は過去の経験がまったく生かせないような未曾有の事態において決断を迫られることもいくらでもある。しかし、我々は少なくともまったくの徒手空拳でただ茫漠とした将来に向き合っているのではない。過去の悪の記憶のもとにあることで、非対称な将来を予期する手がかりをわずかながらでも得ている。公共的理由を交換し合う社交体は、そうした時間構造を現在において共有している人々の集まりにほかならない。井上には哲学的時間論への言及はほとんどなく、またその文章の静的な印象にもかかわらず、そうした時間構造への意識には確かなものがあるように思われる。

文献一覧

井上達夫（1998）「はしがき」野家啓一・村田純一・伊藤邦武・中岡成文・内山勝利・清水哲郎・川本隆史・井上達夫編『岩波新・哲学講義 7　自由・権力・ユートピア』岩波書店、v-vi 頁。
井上達夫（1999）「我が法魂の記」『創文』409 号、1-5 頁。

今村仁司（1994）『近代性の構造――「企て」から「試み」へ』講談社選書メチエ、講談社。
吉良貴之（2006）「世代間正義論――将来世代配慮責務の根拠と範囲」『國家學會雑誌』119 巻 5/6 号。
吉良貴之（2009）「法時間論――法による時間的秩序、法に内在する時間構造」『法哲学年報 2008　法と経済』有斐閣、132-139 頁。
中島義道（1995）『哲学の教科書』講談社。
Cornell, D. (2007) *The Moral Images of Freedom*, Fordham University press.（吉良貴之・仲正昌樹監訳『自由の道徳的イメージ』御茶の水書房、2015 年）
Nozick, R. (1974) *Anarchy, State, and Utopia*. Blackwell.（嶋津格訳『アナーキー・国家・ユートピア――国家の正当性とその限界』木鐸社、1995 年）
Rawls, J. (1971) *A Theory of Justice*, Harvard University Press. （川本隆史・福間聡・神島裕子訳『正義論（改訂版）』紀伊國屋書店、2010 年）
Shrader-Frechet, K. S. (1981) "Technology, the Environment, and Intergenerational Equity," K. S. Shrader-Frechet (ed.) *Environmental Ethics*, Boxwood Press, 67-81.（京都生命倫理研究会訳『環境の倫理（上）』晃洋書房、1993 年、119-145 頁）

16 法の本質

平井光貴

　本稿の目的は、井上法概念論を構成する主要なテーゼの1つである正義要求論と、井上が立脚すると思われる反本質主義的立場、この一見衝突する2つの主張の関係の検討である。前者は「正義要求をしないものは法ではない」という主張であり、一方、後者は、「法概念は複数の仕方で規定しうるものであり、本質主義的独断による規定は誤りである」という主張である。もし、「X は必然的に Y を持つ」という主張が X についての本質主義であると見られるならば、正義要求論は本質主義の一種であり、井上説は衝突する2つの主張を内包していることになるように思われる。これを便宜上衝突問題と呼ぼう。この問題の脱出経路としては、

(a) 正義要求論は井上の批判するタイプの本質主義に該当しない
(b) 正義要求論は井上の批判するタイプの本質主義に該当するが、本質主義批判の射程外である

の2つが考えられる。以上の問題の検討のため、以下では、まず関連する論争状況を確認し、次にそこにおける井上説の位置づけを確認し、最後に(a)(b)いずれかの経路によって井上説が衝突問題を回避しうるかを検討する。なお、本稿においては「正義要求」と「規範的妥当要求」を区別せずに用いる。両者は厳密には包含関係にある別概念であるが、本稿の論証を進め

るにあたっては区別せずに用いても差し支えないと考えるためである。

1 分析的法理学ないし法概念論の任務にまつわる論争の状況

　分析法理学（analytical jurisprudence）、または法概念論の任務は、いわゆる「在るべき法（law as it ought to be）」から区別された「在る法（law as it is）」の解明であり、「法とは何か？」という問いに対して一定の答えを与えることであると考えられている（Dickson 2001, p.4）（Moore 2000, p.308）（瀧川・宇佐美・大屋 2014、iii 頁）（碧海 2000、12 頁）が、ロナルド・ドゥウォーキンやジョン・フィニスらによる法実証主義批判以降、当該任務の価値中立的遂行は難しいと考えられるようになった。しかし、当該任務の主眼が（在る）法の本質（essence）ないし本性（nature）の解明にある、という見解は、（上記批判を考慮して修正された上であるが）依然多くの論者によって採用されている（Coleman 2001, p.112, n.24）（Dickson 2001, p.17）（Bayón 2013, pp.2-3）。この法の本性の解明とは、すなわち、

(A_1) 法に必然的に備わっており、
(A_2) 一定の価値判断基準により、法にとって重要であり、その本性を捉えていると考えられる諸性質

の同定、である。

　まず、A_1 の「必然的」が何を意味するかに関しては複雑な問題が生じうるが、さしあたりは、「全ての法に備わっている性質」「それを備えていないものは法ではないと言えるような性質」と考えておく（たとえば、ジョゼフ・ラズの「権威要求を備えていないものは法ではない」などが該当する）。次に A_2 に関してであるが、この「一定の価値判断基準」を巡っては、大きく分けて 2 つの陣営の間の対立がある。それは、この価値判断基準が道徳的価値判断でなければならないか、を巡る対立である。この、「法を十分に理解するためには、法を道徳的に評価しなければならない」というテーゼを、ジュ

リー・ディクソンに倣って、「道徳的評価テーゼ（moral evaluation thesis）」（Dickson 2001, p.9）と呼ぶことにする。A_2 に関する上述の対立は、要するにこの道徳的評価テーゼを受容するか否かに関する対立である。

先に挙げたドゥウォーキンやフィニスは、論拠こそ違うものの、道徳的評価テーゼに加えて、「法は真正の規範性を有している」「法は少なくとも一応の（*prima facie*）道徳的正当化を伴う現象である」というテーゼ（「一応の道徳的正当化テーゼ」と呼んでおこう）を受容し[1]、規範的議論から独立した形で法の本質的諸特徴を同定するという従来の分析法理学のプロジェクトの遂行は不可能であると論じた。現在では、上述の通りこの道徳的評価テーゼの可否を巡って陣営が 2 つに分かれており、肯定側の論者としてはドゥウォーキン、フィニスに加えスティーヴン・ペリー（Perry 1995, p.123）を、否定側の論者としてはラズやディクソンなどを挙げることができる[2]。

2 井上説の位置づけと検討

2.1 論争状況における井上説の位置づけ

以上述べた論争状況の上に井上説を位置付けてみよう。井上は、ラズの権威要求論やその他の記述的法実証主義においてみられる政治道徳的議論による正当化を伴わない法概念論を「別様にも規定可能な法概念を特定の仕方で構築しているにすぎないという事実を隠蔽」する「本質主義的独断」として否定し、一定の条件を備えないシステムを法と呼ぶに値しないと考える説得的根拠を提示するためには、その条件を備えることの実践的価値についての規範的理論展開が必要であるとする（井上 2014、37、43 頁、また、企て、viii-ix 頁）。ここから推察されることは、ラズやその他の記述的法実証主義者の理論を本質主義的独断として批判する根拠が道徳的評価テーゼにあるということであり、規範的議論による正当化を伴う主張であれば、法の必然的性質に関する主張であっても、井上の本質主義批判の射程からは外れるであろうということである（つまり、井上は規範的議論による正当化を伴う

A_1 の同定作業をも本質主義的なものとして否定しているわけではないと考えられる)。ということは、正義要求論が規範的議論によって正当化されているならば井上の批判するタイプの本質主義には該当しないということになり、序論において触れた (a) の経路により衝突問題は解決可能ということになる。

それでは、正義要求論は規範的議論による正当化がなされているのであろうか。『法という企て』における関連的な論証の骨子は次のようなものである：

(B_1) 法は正義要求を内在させている (「正義への企てとしての法」)。それは法が命法ではなく規範であることに由来する論理的コミットメントである (企て、6-7 頁、また、規範-(1)、17-18 頁も参照のこと)。

(B_2) 正義への企てとしての法に内在する正当化理由の制約を同定するアプローチとして、理念的規制論、文脈的構想論、普遍的構想論が挙げられるが、理念的規制論が一定の規範的根拠に基づきもっとも優れていると考えられる (企て、12-31 頁)。

(B_3) B_1、B_2 より、理念的規制論により理解された「正義への企てとしての法」が、「法とは何か？」という問いへの解答として相応しい。

井上の道徳的評価テーゼの射程が議論の全範囲に及ぶのであれば、B_3 の結論が正当化されるためには、B_1 と B_2 がともに規範的議論によって正当化される必要がある。しかし、B_2 の「正義要求の内容の同定」に関しては規範的議論が展開されているものの、B_1 の「法の正義要求／規範的妥当要求」に関しては、それが法概念の論理的コミットメントであるという根拠づけが与えられるにとどまっている[3]。従って、正義要求論の構成要素のうち B_1 は規範的議論による正当化がなされておらず、結論 B_3 は井上の批判するタイプの本質主義に該当してしまう。ゆえに、問題解決のために (a) の経路はとることはできず、(b) の経路を模索する必要がある。つまり、正義要求論に規範的正当化が与えられていないとしても、規範的正当化が要求される範囲から外れているのであれば、少なくとも道徳的評価テーゼに基づく本質主

義批判は回避できることになるだろう。それでは、井上はいかなる根拠で道徳的評価テーゼを受容し、それによる本質主義批判はどこまでを射程としているのであろうか。

2.2　なぜ道徳的評価テーゼを受容するのか

ディクソンやアンドレイ・マルモー（Marmor 2001, p.153）の指摘に見られるように、道徳的評価テーゼの受容根拠は、2つの型に区別することができる：

(C_1) 法が実際に（一応の）正当化がなされているという前提に何らかの意味でコミットしているならば、法理論構築に際し、法の趣旨（point）や機能（function）についての政治道徳的考慮をせざるを得ない。

(C_2) 法理論構築のためには、生のデータをただ集めるだけでは足りず、一定の概念化（conceptualization）が要求されるが、この概念化は1通りの仕方では決まらないため、法の趣旨や機能についての政治道徳的考慮をせざるを得ない（Perry 1995, p.123, Finnis 1980, p.17）。

C_1 と C_2 は独立の主張である。C_1 は一応の道徳的正当化テーゼから道徳的評価テーゼを引き出す見解であるが、C_2 は概念化にとって価値判断が不可避であり、その価値判断は道徳的価値判断でしかありえないという主張であって、一応の道徳的正当化テーゼを受容するか否かに関しては中立である。一応の道徳的正当化テーゼを論証の前提としない C_2 の例としては、全ての価値判断は終局的に道徳的価値判断とならざるを得ないというタイプの議論が挙げられる[(4)]。

一方、C_1 の例としては、たとえば、「我々が法について議論をする際には、法が集合的な力（collective force）の行使に対して（一応の）正当化を実際に与えている、ということを前提としている（assume）。そのため、法を適切に理解するためには、法がどのようにして集合的権力行使を正当化するのか、その具体的な趣旨・機能についての政治道徳的議論を行わざる

を得ない」という、ドゥウォーキンによる議論などが挙げられる（たとえば、Dworkin 1986, p.93）。井上は、ドゥウォーキンに近い立場に立ち、C_1 の経路で道徳的評価テーゼを受容している。これは、以下のようないくつかの前提によって構成される議論である：

(D_1) 在る法固有の規範性が存在しないと主張する錯誤説（error theory）の立場は、在る法固有の規範性についての全ての解明の試みが失敗した後でのみ成功しうる（規範-(1)、25頁、規範-(4)、77頁）。

(D_2) 実証手続が少なくとも原理的に存在しない命題は無意味で真理値を欠くという「実証可能性テーゼ」は自身が実証不能である点で自己論駁的であり、また、経験諸科学等の意味論的前提とも衝突するものであるため、法命題に対してのみ特別に適用することは困難である（規範-(4)、125-127頁）。

(D_3) D_2 の状況（真偽の実証手続がないが真理値がある状況）下で、法命題の真理条件に関し、「ある法命題 P は、確立された法を最も良く正当化する政治理論に対して、P の否定よりも一層整合的であるとき真であり、P の否定よりも整合性が劣るとき偽である」という規定を行う（規範-(4)、127頁、企て、131頁）。この真理条件下で、確立された法を最もよく正当化する政治理論を選び取る基準としては「適合性の次元」と「道徳性の次元」が存在し、後者の評価基準により、最善の正当化理論に関する主張は政治道徳的判断を伴わざるを得ない（企て、136-137頁）。

(D_4) 法命題に関して、D_3 のような真理条件を与えうるのは、法命題が、その真偽の条件を定める何らかのグラウンド・ルールに基づいて営まれる現実の法的論議実践の内部においてのみそれ固有の理解可能な意味を持つことによる。そして、実践の参加者は、実証手続の有無にかかわらず、一定の正解（「規範的整合性の事実」）の存在にコミットせざるを得ない。さらに、実践の参加者であるか否かは、その論議実践に習熟しているかどうかにより判定される（企て、132-133頁、規範-(4)、130-132頁）。

以上からわかることは、まず、道徳的評価テーゼの根拠は D_3 であり、D_3 は D_4 という前提に支えられているということであり、また、D_4 は D_1 のような存在論に関する一定の立場と、D_2 のような真理値帰属可能性に関する一定の立場によって支えられているということである。特に D_1 はかなり論争的主張と思われるが[5]、本稿の問題関心から言ってここで問題なのは、結局前述の B_1 が規範的正当化要求から免れているかどうか、つまり (b) の経路がとりうるかということである。上述の通り、道徳的評価テーゼの根拠は D_3 にあり、「法が実際に一定の正当化を与える真正の規範性を有していることを前提に、それを「適合性」「道徳性」の２つの側面から見て最もよく説明する正当化理論が適切な法の理論であるから、全ての法の理論は政治道徳理論に基づく規範的正当化が必要である」という議論に依拠する。一見すると、法を規範的妥当要求をしない体系として捉えるような法理論に対して、規範的妥当要求をする体系として捉える法理論の方が「適合性」「道徳性」の観点からよりよい正当化を与えるという論証が要求されるように思える。しかし、そもそも法が少なくとも規範的妥当要求をする存在でなければ法の真正の規範性はありえず——というのも後者は論理的に前者を含意するから——、法の真正の規範性がありえなければ D_3 の論証は成立しえないのであるから、結局 D_3 によって支えられる道徳的評価テーゼ自体、法の規範的妥当要求を前提としなければ成立しえないことになる。つまり、井上の道徳的評価テーゼは、自身の成立可能性を支える論理的前提たる規範的妥当要求に対して規範的正当化を求め、それに失敗すれば否定するという手続を適用することができない。自己矛盾に陥ってしまうからである。ゆえに、井上の規範的妥当要求論は、井上の反本質主義的批判の射程の外側に位置することになり、(b) の経路による解決が成り立つことになる。

2.3　結局正義要求論はどのような種の主張なのか

　ここまでの議論から、井上の本質主義（的独断）批判は道徳的評価テーゼを根拠としたものであり、それを支える論理的前提である D_3、法の真正の

規範性、法の規範的妥当要求はいずれもそれ自体は道徳的評価テーゼの批判の射程からは外れると考えられることが分かった。要するに、法の規範的妥当要求がなければ法の真正の規範性はあり得ず、法の真正の規範性がなければ D_3 はあり得ず、D_3 が成立しなければ道徳的評価テーゼに基づく本質主義的独断批判もあり得ないというわけである。ゆえに、法は真正の規範性を持つのか、それとも錯誤説が正しいのかという論点や、法が本当に規範的妥当要求をしているのかといった論点は、井上の論証の構造上、規範的正当化要求の射程から外れることになり、別途何らかの論証が必要になると考えられる[6]。しかし、法が規範的妥当要求をしていることに関しては、既に触れたとおり、それが法概念の論理的コミットメントであるという説明以上の論証が与えられていない。この論理的コミットメントとは、どういう意味であろうか。

「正義要求をしないものは法ではない」を「法は必然的に正義要求する」と読み換えるならば、正義要求論は法の必然的性質（本質的性質）についての主張の一種と考えることができる。この主張は、「法は X である」という法の性質についての主張と、それが必然的であるという主張に分解することができるが、前者に関しては、それが碧海純一のいうところの「定義」（語・概念の定義の提案）「経験分析」（語・概念の指示対象に関する経験的主張）「意味分析」（語・概念の一般的用法についての経験的主張）（碧海 2000、48 頁）のいずれに該当するかが問題となるし、また、後者に関しても、必然性のうち分析的必然性と形而上学的必然性のいずれに該当するのかが問題となる[7]。

まず、後者に関しては、法概念によって示される対象が自然種に類するものであるという特殊な前提に立たないと形而上学的必然性主張を行うのは難しいが[8]、井上がこのような前提に立っているとは考えにくい。「論理的」コミットメントという表現から見ても、正義要求論は分析的必然性に関する主張と見るべきであろう。とすると、これは概念によって指示される対象についての主張ではなく、概念の内容についての分析的主張であり、「定義の提案」か「意味分析」のいずれかにあたるということになる。これにつ

いては、反例と主張の真偽の関係を考えるのが適当だと思われる。「法という語・概念を必然的正義要求を含まない用法で用いる人もいる」という反例が示された場合、井上の正義要求論がただちに覆るのであれば後者にあたるが、このように考えるのも難しく、むしろ、「定義の提案」の一種、より正確には、法という語・概念についての一般に通用する用法を考慮しつつ、より厳密な形で定義（の一部）を与え直し、議論の射程を厳密化するルドルフ・カルナップ流の「解明（explication）」（Carnap 1947, p.8）の一種と解釈するのが適当であろうかと思われる。

註

(1) このテーゼは、ディクソンの「道徳的正当化テーゼ（moral justification thesis）」を基礎としたものであるが、道徳的正当化テーゼは「法を十分に理解するためには、法が道徳的に正当化された現象であると考えなければならない」という内容のものであり（Dickson 2001, p.9)、法の規範性があくまで「一応の」ものであって、状況によっては覆斥（override）されうると考える（ゆえに在る法の真正の規範性を認めつつ、在るべき法とはあくまで区別する）ドゥウォーキンの立場（たとえば、Dworkin, 1986, pp.108-113）を定式化するもの（Dickson, 2001, p.106）としてはミスリーディングであるため、このように名称と内容を改めた。

(2) ディクソンは自分やラズの立場を「間接評価的法理論」と称し、ドゥウォーキンらを「直接評価的法理論」として区別している（Dickson 2001, p.10)。

(3) 『法という企て』においては「法が正義要求を伴うのは、法が命法ではなく規範であるから」という説明が与えられている（企て、6頁）。そして、「法が命法でなく規範である」理由として、「規範と法命題」における論証を参照している。ところが、そこでの「法が命法ではなく真正の規範性を有しているか否か」に関する論証は、それ自体は規範的論証ではなく、しかも、法が真正の規範性を有するか否かの論証を展開する以前に、法は少なくとも論理的コミットメントとして規範的妥当要求はしているという主張を展開している（規範-(1)、17-18頁)。上記が態度変更なく一貫した主張であるとするならば、「法の真正の規範性から規範的妥当要求を導出する」と同時に「法の真正の規範性の論証の前提として法の規範的妥当要求を据える」という循環論法に陥っている疑いがある。ただし、「法が正義要求を伴うのは、法が命法ではなく規範であるから」という記述における「規範である」は「真正の規範性を有している」という意味ではなく、「規範一般が持っている形式を共有している」という意味であると考えれば上記の循環の問題は解決する。しかし、なぜ法がそのような形式を持っていると主張できるのかに関して、規範的議論による正当化がなされていないことに変わりはない。

(4) ディクソンはフィニスにこの議論を帰している（Dickson 2001, chs.2-3)。

(5) D_4のような論議実践を有意味に理解するために適切な真理観としてD_3が与えられる、という過程は理解できる。しかし、D_3、D_4は、その論議実践が系統的錯誤ではなく真正の規範性の存在に支えられていることが前提となっているはずであるが、その真正の規範性

の存在が D_3、D_4 のような論議実践のあり方から独立に論証されるわけではなく、D_1 のような立場によっているのは、錯誤説に対して過度の負担を負わせているように思える。確かに、井上自身が指摘するように、規範や規範的整合性の事実の存在は、「実証」可能なものではないかもしれない。しかし、「X の存在は実証可能なものではないから、X の不存在を主張する側に不存在論証を課す」のは後者がいわゆる悪魔の証明にあたり論証責任の分担として適切ではなく、むしろ、X の存在の実証可能性の有無に関わらず、存在主張側に挙証責任を課すのが公平だと錯誤説の論者は主張するのではないかと思われる。

(6) もちろん、規範的正当化を理論の評価基準として採用することが禁止されるわけではない。ただ、「なぜ規範的正当化が行われなければならないのか？」という問いに対しては応答ができない、というだけである。

(7) ただし、いわゆる K-P 意味論やそれに連なる立場に依拠した場合に限る。

(8) このような主張をする数少ない論者として、マイケル・ムーアがいる（Moore 2000）。

文献一覧

Bayón, J. C.(2013) "The Province of Jurisprudence Underdetermined," J. F. Beltrán, J. J. Moreso, and D. M. Papayannis (eds.), *Neutrality and Theory of Law*, Springer, 1-16.
Carnap, R. (1947) *Meaning and Necessity*, The University of Chicago Press.
Coleman, J. (2001) "Incorporationism, Conventionality, and the Practical Difference Thesis," J. Coleman (ed.) *Hart's Postscript*, Oxford University Press, 99-147.
Dworkin, R. (1986) *Law's Empire*, Belknap Harvard.
Dickson, J. (2001) *Evaluation and Legal Theory*, Hart Publishing.
Finnis, J. (1980) *Natural Law and Natural Rights*, Clarendon Press.
Marmor, A. (2001) *Positive Law and Objective Values*, Oxford University Press.
Moore, M. S. (2000) "Law as a Functional Kind," M. S. Moore, *Educating Oneself in Public*, Oxford University Press, 294-332.
Perry, S. (1995) "Interpretation and Methodology in Legal Theory," A. Marmor (ed.) *Law and Interpretation*, Clarendon Press, 97-135.
Perry, S. (2001) "Hart's Methodological Positivism," J. Coleman (ed.) *Hart's Postscript*, Oxford University Press, 311-354.
Schauer, F. (2013) "Necessity, Importance, and the Nature of Law," J. F. Beltrán, J. J. Moreso, and D. M. Papayannis (eds.), *Neutrality and Theory of Law*, Springer, 17-31.
碧海純一（2000）『新版 法哲学概論 全訂第二版補正版』弘文堂。
安藤馨（2014）「功利主義の立法理論」井上達夫編『立法学のフロンティア 1　立法学の哲学的再編』ナカニシヤ出版、76-102 頁。
井上達夫（2014）「立法理学としての立法学 現代民主制における立法システム再編と法哲学の再定位」井上達夫編『立法学のフロンティア 1　立法学の哲学的再編』ナカニシヤ出版、3-54 頁。
瀧川裕英・大屋雄裕・宇佐美誠（2014）『法哲学』有斐閣。

17 立法学
──「批判的民主主義」をめぐって

横濱竜也

　望ましい立法とは何か、そして望ましい立法のために必要な政治制度とは何か。この問いは社会秩序形成のために立法が果たす役割を認める全ての者にとって、切実なものであるはずである。とりわけ現代日本においては、この問いへの応答がより切迫した形で求められている。その事情の一部をごく簡単に述べれば、いわゆる「衆参ねじれ現象」下での「決められない政治」において、立法産出能力が低下したことで、この能力を安定的に維持するために望ましい政治制度を解明することが喫緊の課題となっている。またいわゆる「政治主導」の下で、官僚による法案形成や内閣法制局による法案審査が立法過程で果たしてきた役割に再考が迫られている傍らで、立法において専門知の考慮がいかになされるべきかが問われている。さらに政党内・政党間の立法に関わる合意形成過程が、1993年以降の「55年体制」崩壊後変容する中で、政党が立法過程においていかなる役割を果たすべきかにも関心が寄せられている。

　これらの立法過程の動揺の下で問うべきなのは、「官僚主導」や「党利党略」に陥らず国民全体の利益を考慮した立法がなされるために、いかなる立法制度改革が必要か、ということだけではない。そもそも国民全体の利益を実現するための立法とは何か、その立法のために統治諸部門に与えられるべき権限とは何か、誰がいかなる責任を負うべきかなどを示す、包括的な立法

制度構想である。井上達夫が1990年代半ばに提示し、その後今日まで多くの精力を傾けて理論構築を行ってきた「批判的民主主義」は、この問いに対する極めて優れた応答の1つであると思われる。本稿では、井上の批判的民主主義がいかなる意味で優れているのか、その理論的意義について確認し、その上で批判的に評価する足がかりを示したい。

1 井上立法学の背景

井上の批判的民主主義の中心的主張を一言でまとめれば次のようになる。民主政の理想は、人民が有する様々な利益や意見を主張しうるアリーナを作る一方で、多数者が数の力で少数者の利益や意見を度外視する「多数の専制」に対して、少数者に拒否権を留保することにある。それでは、批判的民主主義は、立法過程をめぐる既存の議論に対していかなる実益をもたらすのだろうか。

1.1 公法学における法の支配論

改めて述べるまでもなく、公法学（とくに憲法学と行政法学）において、法の支配の理念の下での統治権限の分配に対する関心から、立法とは何かについて極めて多くの議論がなされてきている。ここでは本章冒頭に記したような状況に呼応する形でなされた、日本における議論展開について簡単に触れておく。高橋和之は、法の支配の内容は、「正しい法の制定」の保障と「法の忠実な執行」にあるとし、「正しい法の制定」の役割は、議院内閣制の下では議会と内閣においてなされる「政治」に割り振られる、と見る（高橋 2006、第1章）。これに対して司法における人権実現を重視する佐藤幸治などは、高橋は司法による法秩序形成の意義を十分に捉えていない、と反論した（佐藤 2002、第1章）（土井 1998）。両者の違いの核心は、憲法による統治のコントロールを、主として議院内閣制の下での立法に着目して描くか、あるいは裁判所による争訟解決の場面を注目して理解するか、という点にあ

る。さらに、行政国家現象の下で、国民の利益実現を日々行っているのが行政であることを真剣に受け止めるのであれば、法の支配を、単に立法権と行政権と司法権の間の相互抑制としてのみ理解するのは不十分であり、議会と行政府と裁判所の「協働」による「正しい法」の存立こそ、法の支配の要諦である、という主張もなされている（参照、宍戸 2009、37-42 頁）（村西 2011、157-167 頁）（中川 2011、120-121 頁）。

これらの議論は、統治機構論における権力分立のあり方、さらに現実の統治を望ましい法的統制に服せしめるために、いかなる実効的な制度を与えうるかを、公法学的に探究するものである。しかし如上の問いに終局的な解答を与えるためには、何にどのような権限を付与すべきかだけでなく、望ましい立法の指針を提示する必要がある。つまり、「正しい法」とは何か、そして政府が「正しい法」を定立していくために、いかに振る舞うべきか、が問われなくてはならない [1]。井上の批判的民主主義は、まさにこの問いに答えるものである。

1.2 政治学における民主政論

一方で、議会と行政府の権限配分のみでなく選挙制度をも含む、望ましい民主的立法過程とは何かについて、政治学に膨大な議論蓄積があることも、改めて指摘するまでもない。例えば、ヨーゼフ・シュンペーター (Joseph A. Schumpeter) においては、「民主主義的方法とは、政治的決定に至るために、個々人が人民の投票を得るための競争を行うことを通じて決定権を得るような制度的装置である」(Schumpeter 1942, p.250) とされる。彼は、民主政を、選挙を通じてリーダーシップを獲得するための競争と捉えた。他方、アレンド・レイプハルト (Arend Lijphart) は、根源的利益対立の下にある集団の利益を代表する者どうしの競争と妥協の過程として、民主政を捉えた（多極共存デモクラシー）。ここでは集団の利益をよりよく反映し、彼らの利益を犠牲の少ない形で調停することこそが、民主政の眼目となる (Lijphart 2012, chs.15-16)。

しかし、そもそもなぜ民主政なのか。社会全体で民主的決定を行う場合、全員一致がまず不可能なことは言うまでもない。どのような決定方式を採ったとしても、反対派の利益実現を少なからず犠牲にすることになる。また、人民相互で争われるのは、民主的決定により実現される各々の利益の多寡だけではない。社会全体で尊重されるべき価値とは何かをめぐっても対立する。このような場合、民主的決定は、反対派の価値観と衝突することになる（他者、91-93 頁）。それでは、利益対立や価値対立の下でなされる民主的決定に対して、反対派はなぜ従わなくてはならないのか。その主要な理由が、対立を調停する仕組みとして民主政が持つ魅力にあるということであれば、民主政の魅力とはいったい何なのか。井上の批判的民主主義は、この問いに対する応答でもある。

2 批判的民主主義とは何か

それでは井上の批判的民主主義とは何か。その勘所をまとめてみよう。

2.1 民主政の正当化根拠

なぜ民主政なのかが、現在でも問われるべき問いであることを 1 節で述べた。その問いに答えるには、民主政一般が目指す核心的目標を示す必要がある。井上が挙げるのは、「社会の対立諸力の解放」と「多数者の専制に対する少数者の拒否権」である（貧困 2011、214-215 頁）。人民の間には様々な利益や意見（以下両者をまとめて「立場」と呼ぶ）が存在する。民主政の目標は、それらを折り合わせて合意に至らせることにあるわけではない。各々が自らの立場を活発に主張し、互いに論争し自らの正当性を競い合うことにある。なぜ諸立場の競争が必要なのか。そして少数者にその結果に対する一定の拒否権を与えるべきなのはなぜか。その主な理由は次の通りである。まず、競争により、各々の立場を反対者に正当化し、反対者の立場を批判して自らの優越性を裏付ける議論を、より整合的に提示する誘因が生み出される

ことである。そして、支持者の数で劣っていて、競争相手となる力を十分に有していない少数者に拒否権を与えることで、彼らに競争に加わるための制度的資源を公平に与えることである。

2.2　批判的民主主義の要諦

　井上にとって、「社会の対立諸力の解放」と「多数者の専制に対する少数者の拒否権」は、あらゆる民主政像に通底していなくてはならない共通条件である。それでは、この共通条件に合致する民主政像の中で優れているものは何だろうか。

　優れた民主政像とは何かを明らかにする上で、最も大切なのは、人民の間に立場対立がある中で、民主的決定が反対者も従うに値するものとなる（これを「正統性を有する」と言う）のはいかにしてかを考えることである。例えば、自由市場での取引の結果、貧富の格差が拡がったとしても、あるいは地域の人々のつながりが失われたとしても、それは公正であるという立場は、それなりの説得力を持つ。他方で、人間として最低限満足のいく生活のために、一定の安定的雇用や収入、互いの生き方を尊重しあえる人間関係が不可欠であり、社会全体でそれらを保障すべきであるという立場も、少なからぬ人々が支持しているであろう。両者の立場は相互に対立するだけでなく、双方に対して相当程度の正当化根拠を提示しうる。そして、市場における財の分配に対して我々がいかに対応すべきかという問いに対して、全員が一致して正しいと認める応答を行うことは、ほとんど不可能と言ってよい。

　この状況で民主的決定が正統性を有する条件とは何か。肝心なのは、社会全体で合意形成がなされたことだけでは、合意内容に正統性を与えるには不十分である、ということである。なぜか。井上の挙げる理由をまとめれば2つある。

　(1) 社会全体の合意が全員一致では行われえない以上、合意を正統性根拠とすると、多数者の少数者に対する支配に根拠を与えることとなる。しかし、前項で述べたように「多数の専制」を克服することが民主政論一般の課

題であるのであれば、ある立場を支持した人間の数が多いことだけでは、それを反対者に強制する十分な理由を与ええない（貧困 2011、214 頁）。

(2) 合意形成過程で合意内容を左右する力を持つのは、多数者ばかりとは限らない。勢力分布次第では、また意思決定手続次第では、一部の少数者が、合意が成立するか否かを左右する拒否権を持つことになりうる。彼らは、多数者への協力を拒否しない見返りとして、自らの立場により合致した政策を多数者から引き出すことができる。このような事態は、民主的決定に少数者の立場がより多く反映されることが望ましいという考え方では、歓迎されるべきであろう。

しかし、井上は合意形成過程の中で少数者が拒否権を有することには否定的である。なぜなら、多数者が拒否権を盾にごねる少数者の意向を汲むことで、合意が無原則な妥協の産物となり、合意内容に対する説明責任が果たされなくなる危険を避けるべきだからである。

この点については説明が必要である。井上にとって、政治的決定とは、社会全体に当てはまる正義の内容を示すものであり、政治的対立とは、正義とは何かをめぐる人民相互の対立である。井上は、政治的対立の解決は、正義をめぐる対立の「公平な解決」として行われるべきであると考える（企て、第 1 章、井上2007）。井上のいう「公平な解決」とは何か。主要な内容は 3 点にまとめられよう。① 対立の解決がいかなる正義原理に基づくものであるか明らかにし、反対者からの批判に開かれたものであること。② 少数者であっても、数の劣位だけを理由に、正義探求の権利を奪われ、責任を免除されてはならないこと。①と②から、多数者と少数者の妥協を優先する合意形成により、政治的決定が無原則なものとなり、多数者も少数者も自らの拠って立つ正義原理を明確にせずに済ませてはならないこととなる。③ 為政者も人民も、対立の解決が正義を志向するものであることに責任を取り、他人任せにしないこと。この点について、井上は批判的民主主義の勘所の 1 つは、代表民制の下で、人民が「悪しき為政者の首を切る」責務を負うことであると説いている（貧困 2011、217 頁）。代表民主政とは、選出者たる人民が、被選出者たる為政者の政治的決定の内実を事前に指定する命令委任的な

ものではない。為政者に政治的決定・正義探求を行わせてみた上で、その結果を後から評価し是正を図る責任を負うものである[(2)]。

①から③に通じる基本的な姿勢をまとめれば、以下のようになろう。民主政の要諦は、為政者と人民が、自分で決めたことの責任を自分でとることである。為政者は多数派であれ少数派であれ自らの立場に反対する者たちに、その正当化根拠を説明する責任を負い、人民はその責任を果たさない為政者を斥にする責任を負う（「責任主体としての人民」）。これらの責任を他人に押し付ける「不公平」を決して許してはならない。この考え方こそが、井上の批判的民主主義の基本動機である。

この動機からすれば、少数者が合意形成過程の中で拒否権を持ち、多数派に責任を押し付けておきながら、ごね得で決定内容に自らの立場を反映させようとすることは、望ましくない。彼らの正義探求の権利は、民主的立法過程の外で保障される必要がある。井上はこのような理由から、違憲審査制を積極的に評価する。違憲審査制の目的は、多数者が数の力だけで少数者の基本権を侵害することのないよう防波堤を用意することにとどまらず、少数者に多数者とともに正義探求の公平な競争に加わるための資源を与えることにある。

3　批判的検討——代表制をめぐって

3.1　批判的民主主義論の理論的意義

批判的民主主義の中心的な内容を改めてまとめよう。井上にとって望ましい民主政とは、正義探求において為政者と人民がそれぞれの責任をよりよく果たし、少数者が多数の専制に屈することなく、またごね得で甘い汁を吸うことなく、正義探求に加わるための権利を保障される政体である。

批判的民主主義論は、憲法学の法の支配論と政治学の民主政論を統合する理念を提示している。「正しい法」をめぐって様々な立場が公平に競争する場を制度的に保障することこそが、法の支配の、そして違憲審査制の正当化

根拠の核心である。そして民主政の眼目は、為政者が正義適合的に振る舞っているか否かを、批判的に精査する責任を人民が負うことにある[3]。

3.2　代表制の意義

　民主政の目標たる「社会の対立諸力の解放」と「多数者の専制に対する少数者の拒否権」の両者を統合的に説明し、違憲審査制を民主政の意義に内在するものとして捉える批判的民主主義は、立憲民主主義の制度構想として極めて魅力的である。しかしそれでもなお、我々は批判的民主主義には容易には賛成しがたい。最大の疑問は、民主政の下で人民がいかなる責任を負うべきかにある。

　この点に関わって、代表民主制の意義について、早川誠は以下のように述べている。「代表制は、いかなる意思も制度上ひとまず政治への反映を阻止される。市民の意志は、代表者を通して表明されなければならないからである。代表という制度を使うことで、意志は有権者から強制的に切り離されるのである。代表は有権者の意志を受けとりはするが、それでも代表者は有権者自身ではない。〔……〕だからこそ、代表は判断〔＝意志の不定型性を踏まえた、一般的な政策体系の形成〕の領域に踏み込むことができる。しかも意志をそのまま表現するわけにいかないからこそ、齟齬の解消のために民主的な議論が喚起され、活発な政治参加の必要も生じてくる。〔……〕代表制の特質は、そして代表制の意義は、直接民主制と比較して民意を反映しないことにあるのであり、民意を反映しないことによって民主主義を活発化させることにあるのである」（早川2014、193-194頁、補足横濱）。

　つまり代表民主政の勘所は、人民の「意志」と代表者の「判断」とを制度的に切り離し距離を置くことで、後者が前者を踏まえてなされるために、また前者を後者に配慮して表出するために、必要な議論が喚起されることにある。重要なのは、ここでは、前者と後者との間の「齟齬」を解消する動機を、人民と代表者の双方が有していることが前提となっていることである。つまり人民と代表者の「一体化」への希求があるからこそ、両者の間に制度的に

第3　批判的検討——代表制をめぐって

生み出された「齟齬」が、政治的議論を活性化させるのである（早川 2014、200-201 頁）。

　批判的民主主義も早川の代表制論と共通の動機を有している。つまり、正義探求の活性化は批判的民主主義の主目標の 1 つである。問題は、批判的民主主義のもう 1 つの目標である、少数者の権利保障の扱いにある。違憲審査制による権利保障には、裁判官が民主的に選ばれた者でない以上、代表制下の「切断」による議論の活性化のメカニズムは働かないだろう。そうだとすると、違憲審査制の積極的評価と民主政の下での正義探求の活性化への期待とは相反しないのだろうか。違憲審査制は、上記の「判断」を議会が裁判所に丸投げしてしまう危険を孕んでいないだろうか。

　この問いは、違憲審査制の是非をめぐる論争の 1 つの焦点をなしているが、この論争の膨大な蓄積を振り返るには紙幅が足りない。ここでは、私見を述べ、批判的民主主義をさらなる検討に付すきっかけを示すにとどめたい。民主政が、人民と代表者の「切断」の契機と「一体化」の契機を併存させることで議論喚起を図ることを重視するのであれば、少数者の権利保障の仕組みも、民主的政治過程に部分的に内在させることが望ましいだろう。イギリス人権法における「不適合宣言」や、カナダ人権憲章 33 条における議会の優越的地位の規定のように、法律が人権規定に抵触する旨裁判所の判断があった場合でも、法律を改正するか否かの最終的決定権を議会に留保する制度（ジェレミー・ウォルドロンの言う「弱い司法審査制」（Waldron 2006, p.1359））は、そのような事例として挙げられるであろう（横濱 2014、61-62 頁）。裁判所の審査を受けて、代表者がさらに「判断」を行う余地を残すことで、少数者の権利保障のあり方をめぐって民主的議論がなされることを期待しうるのである。

　私見の基本姿勢をまとめて本章を閉じたい。民主政の肝心要は、人民と代表者が、正義探求を非民主的機関に押し付けることなく引き受ける責任主体たることである。この民主政の理念に沿った実現可能な、より包括的な制度構想を示すことが、井上立法学の問題提起に答えるために為すべき、我々の課題である。

註

(1) 「正しい法」とは何かへの応答を公法学が行ってこなかったわけではない。また、最善の立法制度構想を見出す上で、公法学からの応答の検討は不可欠である。例えば、近時原田大樹は、従来の行政法学における制度設計の評価基準を抽出し分類した上で、「立法の質」の評価基準を提示している（原田 2014、189-198 頁）。そこで取り出されているのは、人権規定適合性、統治機構関連規定適合性、財政原則適合性などの憲法適合性、行政上の法の一般原則（比例原則、権限濫用禁止原則、信頼保護原則、平等原則）、決定過程の公平性・中立性、透明性、執行過程の実効性・効率性である。しかし、諸原則を統合する基本的目標が何かは十分には明らかにされていない。井上の「〈正義への企て〉としての法」の議論と批判的民主主義論は、この基本的目標を示そうとするものである。

(2) この点で、井上の代表民主政観は、ハンナ・ピトキン（Hannah Pitkin）の分類における「形式主義的代表観（formalistic view）」のうち、「答責的代表観（accountability view）」と符合するところが多い（Pitkin 1967, pp.55-59）。

(3) この点で、批判的民主主義は、公法学で言われる立法・行政・司法の「協働」の構想と共鳴する内容を有しており、しかも「協働」が目指すべき「よき統治」の内容をより明らかにするものだと思われる。批判的民主主義論では、立法における行政の役割についての詳細な言及は少ないが、基本的には以下のように考えることになろう。議院内閣制の下では、行政府は法律の制定に対して立法府と共に責任を負う。行政府は、専門知や法案形成能力などに照らして、多数者の立場と法律との整合性を高めるために、また法律のもたらす帰結がその立場に見合う合理的なものとなるように、立法府と協働すべきである。

文献一覧

井上達夫（2001）「何のための司法改革か——日本の構造改革における司法の位置」井上達夫・河合幹雄編『体制改革としての司法改革——日本型意思決定システムの構造転換と司法の役割』信山社、285-322 頁。

井上達夫（2007）「憲法の公共性はいかにして可能か」井上達夫編『岩波講座憲法 1　立憲主義の哲学的問題地平』岩波書店、301-332 頁。

佐藤幸治（2002）『日本国憲法と「法の支配」』有斐閣。

宍戸常寿（2009）「法秩序における憲法」安西文雄ほか『憲法学の現代的論点〔第 2 版〕』有斐閣、27-54 頁。

高橋和之（2006）『現代立憲主義の制度構想』有斐閣。

土井真一（2008）「法の支配と司法権」佐藤幸治ほか編『憲法五十年の展望 II　自由と秩序』有斐閣、79-141 頁。

中川丈久（2011）「議会と行政——法の支配と民主制：権力の抑制から質の確保へ」磯部力・小早川光郎・芝池義一編『行政法の新構想 I 行政法の基礎理論』有斐閣、115-166 頁。

早川誠（2014）『代表制という思想』風行社。

原田大樹（2014）『公共制度設計の基礎理論』弘文堂。

村西良太（2011）『執政機関としての議会——権力分立論の日独比較研究』有斐閣。

横濱竜也（2014）「規範的法実証主義の立法理論」井上達夫編『立法学のフロンティア 1　立法学の哲学的再編』ナカニシヤ出版、55-75 頁。

Lijphart, A. (2012) *Patterns of Democracy: Government Forms and Performance in Thirty-Six Countries*, 2nd ed., Yale University Press.（粕谷祐子・菊池啓訳『民主主義対民主主義——多数決型とコンセンサス型の三十六カ国比較研究（原版第二版）』勁草書房、2014 年）
Pitkin, H. (1967) *The Concept of Representation*, University of California Press.
Schumpeter, J. A. (1942) *Capitalism, Socialism, and Democracy*, Harper & Brothers.
　（中山伊知郎・東畑精一訳『資本主義・社会主義・民主主義』東洋経済新報社、1995 年）
Waldron, J. (2006) "The Core of Cases against Judicial Review," *Yale Law Journal* 115(6): 1346-1406.

第III部

対談
外部から見た井上／法哲学

大屋雄裕・宍戸常寿
司会：谷口功一

I. ポストモダンのあとの時代に

谷口　本日は宍戸先生と大屋先生にお集まりいただき、ありがとうございます。司会の谷口です。今日は『逞しきリベラリストとその批判者たち――井上達夫の法哲学』を刊行するにあたって、外部から見た井上法哲学、もしくは法哲学ということで、憲法をご専門とする宍戸先生においでいただきました。ご対談いただく宍戸・大屋両先生は、東京大学にいた頃の助手の同期でもあり、同じ時代の井上ゼミの空気も共有されていますので、そういう点から忌憚なくお話いただければと思います。最初に、宍戸・大屋先生それぞれと、法哲学もしくは井上法哲学とのかかわりについてお話いただければと思います。

宍戸　東京大学で憲法を担当しております宍戸です。現在、井上先生とは同僚ということになります。私自身が大学に入学したのは1993年ですが、その頃の駒場はポストモダン、ポスト構造主義のいちばん最後の時代で、「祭りの後」のような雰囲気がありました。それで、哲学とか思想の方向に行こうかと思ったこともありましたが、結局、セカンドベストで法学の道に入りました。いまから20年くらい前ですが、その当時井上先生は教授になられたばかりで、非常に旺盛に学問的活動をされていました。もちろんいまでも旺盛ですが、非常に勢いのある時期だったと思います。

　私は学部の4年生の96年に、井上先生の法哲学の授業を聞かせていただきました。その頃にはもう研究者になろうと思っておりまし

たので、たいへん面白く聴講しました。覚えているのは、授業で、批判的民主主義の構想、可謬性を前提にして、間違った決定を多数派が行っても、あとで少数派が多数派になってひっくり返すことができるという話をされたことです。それで僕は、「原発とかはどうするんですか、一回つくっちゃったらやり直しがきかないですよね」という質問をしたんですが、井上先生は「民主主義は万能薬だとは考えていない」とおっしゃったことを、よく覚えています。

　その後、97年に憲法の助手になりましたが、当時の憲法学は「ドイツ、フランスをやってるのはもう古い、時代はアメリカ憲法である」という雰囲気でした。東大でのアメリカ憲法の旗手は長谷部恭男先生でしたが、その前から、奥平康弘先生や佐藤幸治先生がつくってきた現代人権論、あるいは法哲学の正義論を憲法学がどうやって受容して、日本国憲法の解釈論に活かしてゆくか、というのが滔々たる流れでした。私自身はドイツ憲法を勉強していましたので、憲法学のなかではかなり傍流だったんですが、井上先生の演習はおもしろいだろうと思って助手1年目に参加させていただき、大屋さん、谷口さんとご一緒したことを覚えています。そのときはジェラルド・ゴースの *Justificatory Liberalism* を読みましたが、井上先生も、お二人も、みなさん非常に自由闊達に議論されるなという印象を持ちました。井上先生が先生然としてしゃべるというよりは、みずから議論に参加して、いまふうに言うと炎上していくとかですね（笑）。しかし、これは対話、議論、あるいは会話を重んじる井上先生らしい演習だと思いました。その後は井上先生の演習に参加するとか、法哲学に近い仕事をさせていただく機会はなかったんですが、先ほど言いました憲法と法哲学の近さもあって、井上先生や法哲学のみなさんのご研究は、いちおう同じ町内のかなり端っこというような感じで（笑）、私なりにずっと折に触れて勉強させていただいてきたつもりです。

谷口　　歩いていけるところくらいには住んでいる、ということですね（笑）。大屋先生はいかがでしょうか。

大屋　名古屋大学で法哲学を教えていない大屋です（笑）。私の担当科目は法思想史ということになっているのですが、業界的には「なんであいつが法思想史を教えているんだ」と言われているくらいで、本業は法哲学です。私も93年に大学に入ったので宍戸さんとは学部からずっと同期ということになりますが、雰囲気的には先ほど宍戸さんがおっしゃったとおり、ポストモダンが盛り上がったけどちょっとメッキがはげてきた、輝きが失われてきたというような雰囲気でした。私も哲学思想系にかぶれた青年だったので、文三に行こうか、文学部に行こうかと思いつつ、食い扶持の心配をして文一に入りました。

谷口　そんなこと考えてたんだ（笑）。

宍戸　みんなそうだよ（笑）。

大屋　あの時代はそういう雰囲気がありましたよ。それに、カリキュラムの問題もあって文一から文学部には行こうと思えば行けるけど、文三から法に行くのは大変だと、そういうのもあって文一に入りました。だから駒場に行っても思想系や哲学の授業なんかにはずっと出席していました。科学哲学の野矢茂樹先生とか。

宍戸　ああ、私も出ていました。

谷口　ちょうど野矢先生の教科書（『論理学』　東京大学出版会、1994年）が出る直前で、みんな毎回の講義で論理学の練習問題をプリントでやっていた時代ですね。

大屋　そこでちょうど1年目に井上先生に会ったんですよ。当時井上先生が駒場で少人数講義をやっておられて、ある種の演習みたいなやつですが、アレクシス・トクヴィルの『アメリカの民主政治』をみんなで読もうというものだったんです。トクヴィルの議論の中身自体ももちろん非常に興味深かったんですが、そこでの井上先生の演習の雰囲気というのが本郷とあまり変わらない。つまり井上先生がまず議論を切り出すんだけど、何を言ってもいい、何を言おうが議論になるという感じで、「法学部にもこういう世界があるんだ」と思ったんです。「こういうことをやっていてもいいんだったら法学をやろう」と思っ

て、法学部に進みました。

　それで3年のときに井上先生の演習にも出て、しかしまあカタギになる道がまだ思い切れない（笑）。ここは宍戸さんと違うところですが社会復帰しようかなと思って、井上先生の授業に出つつ公務員試験の受験もしてたわけですが、そのあと霞ヶ関に官庁訪問しているあいだにどうしてももう一回賭けてみたくなった。井上先生みたいなことをやっていていいのであれば、大学に残ってもいいんじゃないかと。そう思って途中で公務員試験をやめて助手採用試験を受けて、最後までもつれたんだけど結局、何とか滑り込んだわけです。私は宍戸さんと違って成績ギリギリでしたから（笑）。まあでも、講義のときに、やっぱりカタギの道を思いとどまらせる魅力がありましたね。「ここで何かが考えられている」という感じの魅力があった。逆にずっと考えているんで時々議論が錯綜したりはするんだけれども、それがやっぱりひとつの魅力で、そのまま大学に残ってしまった。で、ゴースを扱ったゼミのときの様子をさっき宍戸さんがおっしゃってたけれども、やっぱり議論の切り出しは井上先生がするんだけど、そのあとみんなで自由な議論になるわけです。だいぶ喧々諤々になって、私なんかも「それはちょっと外在的にすぎるだろう」という指摘を井上先生にされるような議論をしたり、「論理的にカテゴリーミステイクがあるんだからしょうがない」などと言い返したりですね、まあでもそれでいいんだという空気があったわけです。それが法哲学を専門として選んだいちばん大きな理由です。

谷口　司会が口出ししてなんだけれども、私もよく覚えているのは、はじめて出たゼミだったと思うんだけれども、大屋君と何かで論争になって、いまはもうはっきりと覚えていないんだけれども、その回だけでは議論が終わらなくて、お互いに勝手に壁新聞みたいなのを刷ってきて、その次の回でも勝手に配布物のところに置いててやりあうというのをやってましたね（笑）。ゼミのなかでも井上先生はそんなにはしゃべられないから、僕とか大屋君とかがまだ学部のときに、もう、

でかい顔をしてあんまり発言するから、昔出てた人から私と大屋君は博士課程の院生だと思っていたというふうに言われたことがありました（笑）。その流儀で外の研究会とかにも行くから、若い頃は外で相当、失礼なことがあったんじゃないかと、いま思うと冷や汗が出ます（笑）。

大屋　宍戸さんはいいように言ってくれたけど、「会話としての正義」を掲げつつ、われわれはたいがい論争しかやっていなかった。

谷口　ほとんど道場破りみたいな感じだったよね。この師にしてこの弟子たちありというか。

宍戸　若手の放し飼いでいいですよね。

大屋　放し飼いというか、咬み付いたら本気で咬み返して来られますからね、井上先生は。

II.　『共生の作法』の衝撃

谷口　まあそういう感じのゼミ、講義だったということですが、お二人が初めて読まれた井上先生の著作は何でしたか？

宍戸　これは、われわれの世代の人はみなさんそうだろうと思いますが、やはり『共生の作法』（創文社、1986年）です。僕が衝撃を受けたというか、たとえば今日の準備をしていて、いまはそんなに自覚する機会はないけれども、ああやっぱり自分はこれだけ影響を受けてきたんだなと思ったのは、ひとつは「多元社会において、ある法や制度がいかにして公正なものとして正統化可能なのか」という問いを、この本で教えられた。この本はそれを「正義の基底性」という形で表現しているんだと思いますが、伝統的な法学なり憲法学なりの枠組みでは、「多元主義の問題」は、少なくとも当時はずっと表に出てこなかった。そこへ、そういう問題があるんだということを提示した、そのインパクトは非常に大きかったですね。

谷口　多元主義というのは相対主義も含めてということですね。

宍戸　そうです。それともうひとつ、井上先生のこの本を通じて現代正義論、あるいは英米の政治哲学・思想に最初に触れたという学生が、法学徒の場合は私も含めてほとんどだと思いますよ。

谷口　たしかに、さっき駒場の話をお二人はされていましたが、駒場はやはり良くも悪くもポストモダンの残照があった時代で、まだスターもけっこう残っていたし、ある意味楽しいところもあったと思うんだけれども、だけど駒場であの頃といえば、たとえばソシュールとか、そういうのだったわけですよ。いわゆるポストモダン的なやつで。だけどそういうのとは全然違う、英米系の、とくに分析系の哲学に対して門を開く、開かれた思いをさせられるというのは、井上先生を通じて知る哲学というのにあって、それは私も最初読んだときに強いショックを受けたのをよく覚えています。実際、当時の本郷の哲学科とかも、一ノ瀬正樹先生がすでに来てたか来る直前くらいだったかと思うけども、駒場のほうには英米系、分析系はいたけれど、本郷はあまりそういう雰囲気はなくて、従来的ないわゆる「純哲」的なのをやってたんで、数少ない英米系の分析哲学、現代哲学へと入門する窓口だったというのは、いまでも非常に鮮烈に覚えています。この本を読んで相対主義うんぬんという話を読んだときには、非常に強いショックを私も受けました。

大屋　私も『共生の作法』でしたが、それはやはり衝撃的でした。これは谷口さんの今のお話とも共通してきますが、空気としての相対主義というのがあったと思うんですね。つまりポストモダンの流れで、なんとなく価値相対主義的なものを当然と思う感覚があるなかで、相対主義って安易に言うけど分析していけばいくつも違うタイプのものがあってすべてが正当化できるとは限らないという話を、ギリギリと追い込んでくるわけです。私自身はそのなかでかなり確信的な相対主義の立場に立つので追い込まれる側なんだけれども、逆にその立場からすると、これに何とかして言い勝たないといけないという課題感のようなものを突きつけてくる本でした。それがいちばん大きな印象と

してあります。もうひとつは、逆にそういう相対主義の方向に振っていった場合に問題になるのはエゴイズムなんだというポイント。エゴイズムをどうやったら否定できるのか、それを問題点として提起していたのも非常に重かった。第2章のエゴとディケーの対話がその問題にささげられていて、ただ正直言うとあまりきれいな決着はついていない（笑）。でもこれが課題なんだっていうのだけは強烈に意識しました。

宍戸　この本の最後にオークショットの社交体論が出てくるんですが、これはその後井上法哲学、井上理論のなかではどう展開されていったんですか？　私はずっとそれが気になっているんですが。

谷口　それはけっこう難しい問題ですね。この本読んでみんないちばんヤラれた部分というのはおそらくそこで、そして、みんな人生の道を誤ってしまったんだけれども（笑）、この「会話としての正義——リベラリズム再考」という章は、けっこうショッキングだったんですよ。「会話だ！」「conviviality だ！」ってみんな思ってたんだけれども、じつはこの議論というのが井上法哲学全体のなかでどうなったかというのは、よくわからない部分もある。ただひとつ言うなら、この本のあとに出た『他者への自由』（創文社、1999年）のなかで出てくるモデル、解釈的自律性の話があるけど、このあたりの話につながっているのかなあと思う。ただここでの話はちょっと複雑な話になっていて、『共生の作法』のなかでここを読んだときに、あーって思うような感じっていうのはないんですよ。みんないちばんエモーティブに影響を受けたんだけれども、しかし誰もこれについてはその後検討していないという問題があって、だから今回この本のなかでは私が『共生の作法』を担当するので、この点に絞って批判的な考察を加えようと思っています。

大屋　ある意味でこれは井上先生の若書きの本ではあって、ものすごい問題提起力、破壊力はあるんだけれども、その点については、谷口さんが言われたとおり、ここではちょっと措いておくことにしましょう。

III. 二重の基準批判のインパクト

谷口　次に、外部から、憲法から見た井上法哲学ということでお話いただければと思います。憲法と法哲学とのかかわりということでこれまでのことを思い返しますと、われわれの世代が最初に思い出すのは、井上先生が提起したいわゆる「二重の基準論争」ですね。私が記憶してる限りでは碧海純一先生が編集されている放送大学のテキスト（『現代日本法の特質』放送大学教育振興会、1995年）のなかで、井上先生が二重の基準論争に関し、「タクシーの運転手が経済的自由を追求するのがなぜインテリの精神的自由権よりも劣るのか」という形で、ショッキングに提示した。それに対して同じく法哲学者の森村進先生が参戦し、さらに憲法の長谷部恭男先生は「それでも基準は二重である」という論文で強力な反論を出された。あとは松井茂記先生も含め、いろいろな法哲学者、憲法学者を巻き込んで論争していたのを覚えています。もちろんいま現在における違憲審査基準というのは基準自体が精緻化してきて議論の位相自体が根本的に変わっているという部分もあろうかとは思いますが、いまから振り返ってみて、井上先生が二重の基準論争を提起して憲法とのあいだに関係を切り結んだということについて、宍戸先生のほうから、憲法から見るとどういうふうに見えていたかということと、いまどう思うかということをごく簡単にお話いただければと思います。

宍戸　そうですね。いま谷口さんからご紹介があったとおり、井上先生の二重の基準批判と、それに対する長谷部先生の反論は、憲法学における違憲審査基準論のひとつの大きな画期だったことは、疑いえないところです。井上先生の批判の要点は、違憲審査基準論が実体的価値論を前提にしているんじゃないか、精神的自由と経済的自由を比較して精神的自由のほうが優位するという判断が前提になってるんじゃないか、ということでした。それまでも、憲法学のなかで議論がなかっ

たわけではないんですけれども、むしろ芦部信喜先生に代表される二重の基準論は、その点をかなりあいまいにして、あるときは実体的価値論を表に出し、あるときは権限分配論的な発想、あるときは立憲民主政過程の保持という側面、この三つの論拠を適宜使い分けることで維持し、乗り切ってきた。

　僕が見るところ、井上先生の二重の基準論批判が強力だったのは、『共生の作法』にも収められていますけれども、宮澤俊義先生の「内在的制約論」あるいは「公共の福祉論」を井上先生がすでに批判されていて、その延長線上で二重の基準論をつかまえたところが、非常に大きかったと思うんです。芦部先生に限って言えば、二重の基準論は宮澤先生の「自由国家的公共の福祉」と「社会国家的公共の福祉」の対立、区別を下敷きにしていた。そしてそれを、日本型福祉国家を基本的には是認してきた憲法学は、受け入れてきたんだと思います。

　井上先生の批判は、それに対して正面から攻撃をしかけ、非常に強烈な一撃となった。それ以降、長谷部先生は、実体的な価値論から離れる形で二重の基準論の正当化根拠を強調していき、公共選択論的な議論のあり方になっていきます。あるいは松井茂記先生は、民主的な政治プロセスの保持を全面的に押し出すことで、また一面において影響力を増していくことにもなる。先ほどの3つの論拠をなんとなく補完的に使い分けるという、芦部先生的なとらえどころのなさが二重の基準論をそれまで支えていたのに、井上先生の痛撃でそれが成り立たなくなってしまった。二重の基準論の基礎づけも多様化してしまったし、二重の基準論の位置づけも、権限分配という憲法の根幹に関わる問題だという方向と、裁判所が使うテクニックの問題だという方向に、まさにバベルの塔が崩壊するような感じでバラバラになっていった。それがその後のいわゆる三段階審査論とか比例原則が登場する地ならしに……。

大屋　よくいえば精緻化だし。
宍戸　逆にいえば、芦部先生の二重の基準論が、学界のなかで影響力を

失っていくといえば変だけれども、みんなが二重の基準論に言及するがその重みは失われたという状況を、つくったように思います。

谷口　この点について大屋先生のほうはどうですか。

大屋　いまの宍戸さんのお話でけっこうわかった気がしたんだけれども、ある意味で共通価値の崩壊という話なのかなと思います。つまり、あいまいに使い分けていたと批判的に言及されたけれども、それで通っていたというのも事実。つまりそこで前提されていた実体的価値に対するある種の合意、社会的にも「まあそんなもんだろう」というような感覚があったんじゃないか。それが、それに依拠していてイイんですかと言われた瞬間に壊れたというのは、ある意味で相対主義的時代のあとの現象なのかもしれない。ひとつ思い返すのは星野英一先生の法解釈論で、やはりそこの使い分けがあるんじゃないか、比較考量と言うけれども実際には実体的価値観が前提されているんじゃないかという批判をずっと受けた。それを受けて技術的な判断の精緻さをきちんと構築していくという応答の方向があり、一方で学問的には進化したけれども、別の言い方をすると価値論的なインパクトは失われてしまった。そういう話なのかなと。

IV.　危機の時代にあらわれる憲法と法哲学の近接性

谷口　憲法と法哲学の絡みという話ですが、私自身が見ていて明らかに変わったなと思ったのは、2008年に『ジュリスト』の増刊で出た「憲法の争点」がありますけれども、これを最初めくったときに、リバタリアニズムとか、フェミニズム、多文化主義、コミュニタリアニズムとかが項目として出ていて、法哲学の本だったらわかるんですけれども、有斐閣から出ている『ジュリスト』の増刊の「憲法の争点」というのに、以前出た「憲法の争点」と比べてみると明らかなんですよね、こんな項目はもちろん存在していませんから。だからそれを見て、憲法と法哲学というのは非常に近接性をもちはじめたんだなとい

iv 危機の時代にあらわれる憲法と法哲学の近接性

うことを強く意識しました。こういう流れについて宍戸先生のほうからお話いただければと思うんですけれども。

宍戸　そうですね、私自身がこの点についてまじめに勉強してきたわけではないんでなかなか難しいのですが、また、そういう原理的な研究をされている方からはあとでお叱りを受けるかも知れませんが、振り返ってみると、もともと法哲学と憲法は遠いところにいたわけではなかった。戦後の一時期であればケルゼンの影響が宮澤俊義、清宮四郎先生にあって、有名な尾高・宮澤論争もあり、そして宮澤・清宮がいまなお日本の憲法解釈論の基礎になっているところからもわかるように、じつは憲法学のなかにはもともと、法実証主義的なという意味での、大陸的な法哲学の基礎はあるわけです。

戦前から日本の憲法学は、ほかの分野と違って、なにか「バタくさくなければいけない」、樋口陽一先生の言い方で言うと「西洋紳士でなければいけない」というような、西洋的な社会ないしその構成員のあり方を遅れた日本社会に啓示する、学問的知的な窓口であるという自己規定をしてきたと思います。それは逆にいえば、西洋社会の基本的な構成原理、法の支配あるいは立憲主義が日本社会において基礎をもたない、根づかないということに、相応しています。そのため、わが国内の実定法ないし法秩序を超えるより高次の、原理的なものの考え方に依拠しないといけないという方向が、憲法学につねに内在しています。憲法情勢が安定しているときには、そこに頼る必要はないが、しかし憲法情勢が非常に不安定になってくるとそこに頼らざるをえないということがある。先ほどいった宮澤・清宮先生がケルゼンに依拠したことは、一面において、戦中から戦後にかけての憲法体制の変動を説明し、そして日本国憲法を支えるために、より高次のものとしての法哲学、当時でいえばケルゼン流の法哲学に依拠することに、非常に意味があったと言えるわけです。

その宮澤・清宮先生の基礎の上に憲法解釈学が築かれてきたわけですけれども、1989年以降、東西冷戦が崩壊して、日本国憲法あるい

は日本社会それ自体の解釈図式が、自明性を失ってしまった。自明性を失ってもさしあたりは、憲法学はいままでの慣性で動いていくわけですが、やはりいろいろ説明がつかない問題が出てくる。それともうひとつ憲法に内在する問題として、日本国憲法がアメリカの影響を受けてつくられたものであり、その日本国憲法の運用においてアメリカの影響が強まってくるのは、国際関係、日米関係からみても自然です。そのときにやはり、アメリカにおける、多元社会でのさまざまな価値ないし正義、善の構想の対立を読み込んで、日本国憲法の新たな解釈図式にしようとする方向が出てくるのも自然です。それがようやく表に目に見える形で現われたのが、2008年のジュリスト「憲法の争点」ということになるんだろうと思います。

　ただし、日本国憲法はそれなりに柔軟な憲法典だと思いますけれども、他方で従来の解釈図式では、ニューディール型の憲法、福祉社会・福祉国家型の憲法であるというかなり強い読み込みをしてきた以上、リバタリアニズム、フェミニズム、多文化主義などが、その憲法の解釈図式とはなかなかうまくフィットしない。個別に、たとえばアイヌ問題であれば多文化主義がフィットする、男女共同参画というときにフェミニズム的な発想がある、あるいは経済的自由の問題を考えるときにリバタリアニズムがある、そういうことは当然あるんですが、全体の解釈図式にはならない。残るのはやはり共同体論であり、そしてこの共同体論による日本社会、日本国憲法の読みなおしこそ、わが憲法学が最も断固として峻拒したいものであるわけです。そうなると、これらの試みを否定していったときに、日本の憲法学からすれば、井上先生のリベラリズムを鍛えなおして考えるというプロジェクトがいちばん近いところにいる、という感じではないか、と私は見ています。

谷口　いまおもしろい論点が出たと思うんでもう少しおうかがいします。コミュニタリアン的な読み込み方は断固として拒否したいというお話でしたが、これは若干微妙な話でもあるんですが、コミュニタリア

iv 危機の時代にあらわれる憲法と法哲学の近接性

ニズムの親戚といってもいいと思うんですが、リパブリカニズムがありますよね。リパブリカン的な憲法の解釈というのは、合衆国においては非常に長い、深い歴史をもっていて、これは言い方が難しいですがコミュニタリアンはややトンデモ的なところになってしまうのに対して、リパブリカニズムは論理的な内的整合性をもった話で一貫した読みが可能だし、実際にそれがなされてきた歴史が存在しています。先ほどの、宍戸先生とかわれわれの世代で授業を受けた人たちというのは、当時は独仏じゃなくて雰囲気的にアメリカ憲法だったという話がありましたが、いまの話からわかるようにアメリカ憲法においてリパブリカン的読み込みというのはけっしておろそかにすることはできない読みとして存在しているわけですが、その点についてはどういうふうに捉えておられますか。われわれの世代は、リパブリカニズムがおそらく意識的に前景化された最初の世代でしょう。いまいったような意味でのアメリカ憲法解釈史でも意識しているし、政治思想史でそういう話が流行するという時代だったんで、他の世代がけっして意識していなかったわけではないんですが、意識的に前景化されることが多かったという点はあると思います。しかも法哲学においてリパブリカニズムの話というのは、フィリップ・ペティットとかあるいはもっと政治哲学的なものもあるけれども、同時に憲法においてもトピックとして内在的に捉えうるものではないですか。共同体論は断固としてダメというお話でしたが、これについてはどう捉えられるのでしょうか。

宍戸　私が拒否するというよりは、日本の憲法学が拒否するんですが（笑）。日本の憲法学においてリパブリカニズムに相当する議論をしていたのは、いささか語弊があるかもしれませんが、樋口陽一先生だと思います。ただしそれは、アメリカの文脈におけるリパブリカニズムではなくて、むしろヨーロッパの絶対主義以降の「強い国家」の概念、そしてその強い国家を前提にした「強い個人」からなる市民社会へ、直接向かっています。むしろ私から大屋さん、谷口さんにおうか

がいしたいのは、井上先生の憲法に関する議論を拝見すると、意外と樋口陽一先生や、樋口先生の共和主義的な議論の前提になるカール・シュミットの議論に対する、ある種の親近感、親和性が表明されることがありますよね。このことは決して自明ではないし、そこにリパブリカン＝リベラリズムみたいな感じの結婚があると言うべきなのか、あるいは井上先生が自分のリベラリズムのなかにそういう公共性論を取り込んでいると見るべきなのか、この点はどう読めばいいのでしょうか。

谷口　いま宍戸先生がお話されたことは、昔、井上先生が樋口陽一先生と岡田与好先生と鼎談されたもの（「自由をめぐる知的状況」『ジュリスト』978号、1991年）のなかで、宍戸先生が指摘されたような樋口先生における強い個人とか強力な国家があって自由を強制するみたいな話がありますけれども（ルソー＝ジャコバン型とトクヴィル＝アメリカ型というあの脳みそに刷り込まれたやつ）、宍戸先生のおっしゃる「親和性」というのはそういうところにも現われているかもしれない。この点に関して、大屋先生のほうからはどうでしょうか。

大屋　なぜアメリカにおいてリパブリカニズムが必要かというと、共同体としての国家の存在が自明ではないからというのが大きいと思います。つまりあれは人工国家であって、特にその発足時点であった連邦の創世期には、主権を持っているのは州であって、都合が悪くなったら連邦から離脱してしまうのだという議論が有力にあったわけです。つまり、個人を基礎としてそのコミットメントによって社会を組み立てようとする理念があったときに、なぜわれわれはこのグループのなかにとどまらなければならないのかという問いかけが必ず浮かんでくる。アメリカの文脈でいうとコミュニタリアニズムとかリパブリカニズムがそれに対するひとつの答えであって、共通の企て（common enterprise）というものがわれわれにはあるのだと答える。それにコミットすることは市民的義務なのだと言うことによって、そこを乗り切ろうとしている。逆に言うと、そういうコミットメントなど想定し

なくともわれわれが共同体の一員なのは必然なのだと考える社会においては、リパブリカニズム的なものの必要性は浮かんでこない。

　私は法整備支援の関係でしばしば発展途上国を見るわけですが、そういった国々との比較をしたときに日本社会の特徴としていちばん強く感じられるのは、この共同体の存在というものに対する絶対的な確信です。つまり日本という国があってそこには日本人が住んでいて日本語をしゃべっているのだということは、自明の前提だとみんな思っている。われわれは国を割ってはいけないのだという議論に反論する必要性を、そもそも感じていない。それがやはりある種の呪縛として漂っている気がする。ところが樋口先生は、本当にそこから自由なんだと思います。自由というか、そういうものを自明視していない。ある意味ではこの社会をフランス革命的な「一にして全なる共和国」の範囲として読みなおそうとしているわけで、だからこそそこでリパブリカニズムなどが可視化された問題として出てくるわけですが、それは多くの論者と異なる視野だと思う。

　そこで井上先生について言うと、リパブリカニズム的なものであるとかジャコバン・モデルに対する同調とか愛着はあるんだと思います。やはりフランス・モデルの重要性は、強い個人からなる自由で自発的な共同体形成のひとつの理念型として、拭い難い。その一方で、それが現実のものになるかという点に相当の疑問があって、それは第1に現実の人間が弱いから。もうひとつはさきほどの、自分にとって不都合な場合に共同体へのコミットメントを持ち続けなくてはならないかという問題にどうしても帰着するから。そこのあいだで揺れ動いているというふうに、ひとつは考えられるのではないか。

　これは井上先生の議論の特徴ではあって、やはり彼は理論的に筋が通るものがものすごく好きなんですよ。だから絶対平和主義についても、実はものすごく愛していると思う。だけど、その立場は採らない。それは、さっき宍戸さんがおっしゃったように、多元的な社会の実在というものへの確信のほうが強いからだと思います。多元的な社

会からスタートしても「一にして全なる共和国」ができるのであればそれはとても素敵なことだけれど、やはり現実にはできない。その矛盾に立って、多元的な社会の現実を優先しようと思っているんじゃないかなあ、というのが私の読みです。

宍戸さんのお話の通り、もともと憲法学と法哲学はけっして遠くはない。ただ、それが近接した時期がいつだったかというと、それもご指摘の通り、社会が不安定な時期である。ケルゼンがいつ活躍したのかということを考えればよくて、まさにオーストリア憲法をつくるときに重なっているわけです。創憲をするときには価値観の問題を解決せざるをえないし、それを貫徹できるか妥協するかはともかく、価値観論争が絶対に入ってくる。その時期には非常に法哲学と憲法学の距離は近くなる。そのあと社会が揺れてきて、憲法典の改正に踏み込むかどうかはともかくとして憲法＝コンスティテューション＝「国のかたち」を考えなければならないということになったときにもまた、両者の距離は縮まる。冷戦の終結以降にこの問題が浮上してきて、憲法の争点に価値観的な問題が入ってきたというのはそういう関係を反映しているのだけれど、一方でそれは、安定的に形成された憲法典の運用という一般的な憲法学の観点とは離れており、だから結局リバタリアニズムとかフェミニズムがただちに解釈論にはつながらないのだと、そういうことではないでしょうか。

宍戸　個々の局面でしか通用しないわけですね。

大屋　もうひとつ、われわれがそこで改憲とか憲法秩序の改変といったものをある種タブー視している、もしくはできる限り遠ざけようとしているということも反映しているとは思いますね。

V.　ドイツ憲法理論から見た井上法哲学

谷口　ところで、さっきも話にあったように宍戸先生ご自身の専門はドイツですが、昔、法哲学と憲法が近接していた頃は、どちらもドイツの

話だったわけですよね。ですから仲が良かった頃の遠い子孫の方ということになるわけですけれども、法哲学はちょっと英米系になってしまった。ですが、高橋和之先生の門下のなかでもけっこう、法哲学に非常に好意的というか、自分自身の手法として使われる方も若い人で出てきていると思うんですが、ドイツをやっている人から見て、それはどういうふうに見えますか。

宍戸　そうですね。ドイツ憲法研究者一般というより、私が個人的にどうみているかという話をしたほうが面白いかなと思います。その観点から井上法哲学でひとつ言えるのは、先ほどから出てきているカール・シュミット的な、正確にはそもそもヨーロッパの古典的な政治社会のあり方を、現代の日本のなかで実現しようとしている側面がある。先ほど大屋先生がおっしゃったように、国家が自明でないということを、井上先生は、法哲学の問題として、「正統化を争う権利」という言い方で議論されているんだと思うんですね。法秩序とか国家を自明視しないで、むしろそれを争うこと自体が、法秩序に要請されている課題である。これは、現在の日本の憲法、政治社会を考えるうえで、非常に重要な問題点であり、かつそれこそが欧米と日本の政治社会のあり方の違いですね。根源的な市民戦争や内乱を経験しているかしていないか、そこを出発点にして法や社会がつくられているかどうかの違いが、やはり、決定的にあるんだろうと思います。

　それからもう一点、大陸法的な観点から井上法哲学を見たときのひとつの特徴は、通時的なところでバランスをとろうとすることです。大陸法的な考え方だと、共時的に、いまこの時点での最適解を目指し、それ以上物事を不安定化させない、スタティックな側面が、法や政治社会のものの考え方として非常に強いと思うんですね。それに対して井上先生の法哲学は、それが前提となっているアメリカの政治社会、あるいは正義論、人権論がそうだということだと思いますが、非常にダイナミックである。先ほど出てきた話ですが、ある一定の段階で多数が変なことをやっても、それを、たとえば裁判で争いなおすこ

とによって、あるいは民主的な政治過程において、ひっくり返すことができる。このことが、一面において遵法を義務づける条件であるとして現れる。もう一面においては、これは法概念論にかかわることかもしれませんけれども、法の定立と法の解釈・運用を、大陸法ほど強く区別しないという、これもやはりアメリカ的な考え方が、非常に強いのではないでしょうか。なぜ私がそう思うかというと、ドイツの憲法学のなかで、アングロ・サクソン流にドイツの憲法を考えなければいけないという、いわゆるスメント学派の人たちが、法の定立と、解釈・運用の区別を相対化するわけですが、そこからひるがえってみたときに、井上先生の法哲学にもそういうところがある。この点では非常にアングロ・サクソン的であり、そうであるがゆえに、憲法と法律以下の行為とのあいだには完全な峻別を置くんだけれども、他方で法律については、定立と解釈・運用を相対化して捉えるわれわれ憲法学に、非常に近いところがあると思うんですね。

谷口　私が素人としてざっくり理解しているところでは、シュミットとスメントというのは、政治的にはまったく敵だったわけですよね。

宍戸　シュミットは極左から極右に変わっているので、そこは微妙なところですね。スメントは伝統的なドイツ保守です。

谷口　この人はプロテスタントのかなり偉い人ですよね。

宍戸　そうです。お偉いさんですね。

谷口　それに対してシュミットは、ドイツでは異端のカトリックですよね。

宍戸　そうです。

谷口　さっきシュミットの話が出ていましたが、いまおっしゃっていた井上先生の話というのは、通時的なものでということと、アメリカの政治社会における法の定立と解釈・運用という話に引き付けてみると、どちらかというとスメント的なところがある、ということですね。

宍戸　そういう側面もある、ということです。

谷口　なるほど。それは非常におもしろいですね。

宍戸　スメント的というよりは、スメントとその門弟たちが見ようとしたアングロ・サクソンの特徴は、まさにドイツから見るがために、際立つわけです。そのドイツ憲法を僕は勉強したので、シュミット対スメントみたいな図式で井上先生を見たときには、共和政とか公共性の部分についてはシュミット的なところがある一方で、他いま言った法の捉え方においては、まさにアングロ・サクソン的にやろうとしている。日本において、憲法改正の問題を除けば、憲法学と井上法哲学は非常に近いところにいる反面、民法以下のほかの実定法の運用と井上法哲学がどう接触、接近するのかについては、いまひとつ微妙なところがあるのは、いま述べたところに原因があるのかな、という印象をもっています。

VI.　井上法概念論と憲法学

谷口　ありがとうございます。正義論や法哲学からの実定法学へのインパクトというのが非常によくわかりました。ちょうどドイツの話も出てきましたし、法概念論についてはいかがでしょうか。法概念論は、法哲学ではドイツ系の話でずっとやってきて憲法ともかかわりがあるところだと思います。井上法哲学のなかの法概念論が憲法学に対してもったインパクトについて、宍戸先生はどういうふうに見られていますか。

宍戸　井上先生の法概念論で非常に興味深いのは、昔のように「法とは何か」について、主権者命令説とか承認説とかを議論するのではなく、むしろ実定法秩序を統制するという規範的内容を法概念論から引き出す、少なくとも関連づけて論じるところです。しかもそれが、憲法ないし憲法学のあり方と密接にかかわっている。つまり、井上先生の法概念論は、「正義への企て」として法を捉える。そしてそこから一面において「法の支配の強い構造的解釈」を提唱されており、それが憲法学における法の支配、基本的には形式的な法治主義の原理として

法の支配を捉えようとする考え方とは違う。他方で、司法制度改革を主導された佐藤幸治先生あるいは土井真一先生のような、個人の尊厳という実体価値に強く拠った法の支配とも違う。複数の正義構想に、さらにそれをメタレベルで統制するような、しかし非常に強い中身をもった法の支配論を打ち立てようとされていることが、ひとつの特徴ですね。

それからもうひとつの特徴は、法概念論から批判的民主主義を引っ張ってこられるところですね。批判的民主主義は、それを展開されたときにどこまで井上先生が自覚されていたかは別として、憲法学では、わが指導教授である高橋和之先生がちょうどその当時唱えた国民内閣制論と、きわめて近いところにあると思います。そして井上先生ご自身も、日本国憲法の憲法典の内容はよく読めば批判的民主主義のはずだ、反映的民主主義ではないはずだ、ということを言われた。その意味でも、批判的民主主義は、憲法学のひとつの潮流と呼応する関係にあったということが、ひとまず言えると思います。

谷口　いまの話について、大屋さんのほうからはどうですか。

大屋　宍戸さんがおっしゃったように、法の支配を理由の支配として読むわけですよね。実体的価値ではなくてリーズン・ギビング（reason giving）をする責務があるんだというところに持っていくあたりが、多元性に依拠した法の支配の議論だということになる。それはかなり井上先生に固有の議論で、やはり全体として宍戸さんのご指摘通り、アメリカだけにとどまらず、イギリス的なダイナミズムへの信頼があるのは間違いない。ダイナミックにやってもお互い了解の範囲内にあって壊れないというのが、英米法的な世界の前提なわけですよね。それは理解しつつ、しかしそのダイナミズムに賭けようとしているんだけれども、一方で共時的には危険なことが起きるのではないかという懸念は当然ながらつきまとうわけです。それを「大陸法からの観点では」とおっしゃったけれども、それだけではなくて普通に考えればそうだろう。どう考えたってそうですよね。批判的民主主義はいいけ

れども、多数派が少数派の首斬りを始めたらどうするんだ、という問題が出てくる。そこで登場するのがリーズン・ギビング、理由の支配であって、少なくとも普遍的に正当化可能な行為しか許されないから大丈夫だという形で安全弁をかけようとしている。そういう関係にあるような気がします。

宍戸　理由の支配というのは私も非常に説得的だと思うんですけれども、それが他方で、日本における法実践をどこまで説明し、あるいは統制できるのかという点については、やはり疑念はつきまとうわけですね。マックス・ウェーバーの官僚制の支配みたいですけれども、一定の段階で、法律あるいは法に根拠をもつもの、少なくとも法において許される行為として、いまここでの処分なり、行為をしているのであり、そしてそれをルーチンとして正しく行なうというのが、日本における法実践の基本的な理解である。法実践において何か大きな問題が起きたときには、最終的にリーズンに立ち戻るということはありうるけれども、通常はリーズンまで戻らないでいい。まずは法律を出す、あるいは法律について問題があったときには憲法を出すということにとどまって、レジティミゼーションを必要以上に繰り出さず、それによって価値観の対立を表に出さない。そういった、基本的なわが国における法ないし政治の実践、プラクシスに対して、非常に強いものを井上先生が対置しているという気が、私にはするんです。

大屋　英米法的な考え方でも、リーズン・ギビングを日常的にやっているわけではないわけですよ。むしろ *stare decicis*（先例拘束の原則）があって、決めてしまったらそれでいい、いったん正当化されたらそれはレジティマイズ（legitimize）されたのである、という形で議論を拘束していくし、むしろそれによって安定性がつくられるというのが英米法的な世界観だと思います。これに対して、そういう歴史伝統がないところでのダイナミズムを支えるものとして、井上先生はたぶんリーズン・ギビングというものを打ち出している。しかしそれが維持できるかというと、両面からいって厳しい。ひとつは宍戸さんがおっ

しゃったように、ちょっと手ひどく言えば、そんなことをやっている暇があるのか、ということです。われわれはあらゆる行為の正当化を行ないながら行為しているわけではないでしょう、という問題提起ですね。もうひとつは、理屈なんか何にだってつくんだ、ということです。哲学的に言えば、たとえばあらゆるものは同じくらい似ているということが、分析的に証明されてしまっている。そうすると、普遍化可能性原理というものを井上先生は強調されるわけだけれども、これは強すぎるか弱すぎるかどちらかに陥ってしまって、なかなか成功しない。これは私自身の立場からのバイアスのかかった見方ではあるけれども、そこで特にアフォーダビリティの問題に答えるために井上先生が打ち出してきたのが対話法的正当化というものではないか。つまり、現実に異論が提出された限りにおいて応答すればよろしいという形でリーズン・ギビングの範囲を限定する議論ですが、これが理論的に成功しているか、特に現実に想定される問題に対する応答として正当性をもっているかという点には、多分に疑問がある。もちろんここにはいろいろな問題が絡まっているのですが、それこそポストモダン的な話になるけれども「サバルタン」のように本当に疎外されている人々は異論なんか出せないじゃないか、という批判にどう答えるか。そこでしかし、サバルタン的に「現前しないが想定しうる異論」というものを応答の対象に入れてしまえば、結局は正当化責任の無限化に陥ることになる。個人的にはここは、隘路を突破しようとしてさらなる隘路に突き進んだという印象のあるところです。

宍戸　1点だけ、そのサバルタンの問題の裏側に、まったくリーズンを問題にしない人が存在していて、自らのパッションで動いている。そしてそれが往々にして、本当に政治的多数派なのかどうかはわからないけれども、うまく多数をモビライズして、法の世界において混乱をつくることもあるわけですよね。本来、法の支配は、一方においてサバルタンを、他方においてそのようなパッションの奔流を止めるところにあるのに、そのパンドラの箱を開けているのではないかということ

が、井上先生の法の支配論について、私が気になっているところなんです。

大屋　もちろん、多数がパッションで動いてしまう危機感はもっていて、だからこそそれを止めるために、リーズン・ギビングが必ず求められる強い司法府というモチーフをもち出してきたわけだけれども……。

宍戸　結局は、ハーキュリーズ的な司法官イメージというか、あるいは裁判官だけではなくて法の実践にかかわる人みんながハーキュリーズでないと、いけなくなってしまうのではないか。

大屋　そうなってしまう。そして、それはある意味、英米社会においてはそれなりに実体性のあるモチーフであって、言い方は悪いかもしれないけれども、やはり特権集団としての法律家というものが社会に実在するわけですよね。イギリスにはかつて濃厚にそれがあったし、いまなおそれを社会的に維持するためのシステムを動かしている。要するに高等裁判所の裁判官になったらロード（Lord）なんだよ、というシステムです。アメリカでもそういう身分再生産的な特権集団というものが、やはりある。でも日本の法律家、裁判官というのは、かならずしもそうではない。むしろやはり、大衆とまでは言えなくとも国民・人民のなかにいるし、その民意というものにそれなりに敏感である。そこにおいて、「君たちはもっと特権的貴族たるべきなのだ」ということを説いていることにはならないか。それはまあ、なるんですよね。

宍戸　なりますね。

大屋　ある意味、井上先生は法律家に「君たちは貴族たるべきだ」と言うだけではなくて、人民にも「君たちは魂の貴族であるべきだ」と言っているのだから、論理は一貫していると思うんですけど、大丈夫なのかな、ということだと思いますね。

VII. 9条削除論をどうとらえるか

谷口　憲法と法哲学の具体的な切り結びということでもうひとつ、2005年に、朝日新聞社から出ていた『論座』という論壇誌で、井上先生が「挑発的！ 9条論——削除して自己欺瞞を乗り越えよ」という、非常にプロヴォカティブな論文を載せました。これはタイトルの通り、9条を削除せよということを、あるひとつのストーリーというか論理にのっとって論じていて、けっこういろんな反響を生みましたが、かならずしも井上先生からすると自分が期待したような反響ではない部分もあったみたいです。私も最初読んだときけっこう度肝を抜かれましたが、その後ネットとかでこれに対する反応を見ていると、この論文はやや不幸な側面もあるなという気がします。ある種の誤読を受けて、左派からもやられるし右派からもやられると。右派は逆に井上先生が喜ばない読み込み方をして井上の言っている通りだと。左派のほうは、何を言っているんだこいつはと。かつて憲法に関しては、大日本帝国憲法から日本国憲法に移るときにかなり根本的な論争として尾高・宮澤論争がありました。危機化したとき、危機がきたときに憲法と法哲学が近づくという話も先ほどありましたが、それとはまた違った形で、いま憲法改正とかもタイムスケジュールに出てくるかもしれないなかで、この9条削除論が出てきていることをどういうふうに見るかということを、宍戸先生のほうからお話いただければと思います。

宍戸　これは非常に難しい問題ですね。実は、ご指摘はその通りだとか、なるほどと思った憲法学者も多いのではないかと思います。しかし、そのうえで、やはり批判せざるをえないわけですけれども、ひとつは、いままで大屋先生が議論されたとおり、井上先生は非常に筋を通される、筋が通った議論が好きであることはわかるんですけれども、憲法学者からすると、憲法はむしろ「複雑な構成体」としてあるべき

もので、憲法の規範性を貫くためにはむしろ9条を外したほうがいいという議論にはなかなか乗りづらい、というのが正直なところですね。それを言っていけば、社会国家原理、憲法25条も外していったほうがいいんじゃないかといった、いろいろな問題が当然出てこざるをえないですね。

大屋 刑事手続きのところは全部外したほうがいいんじゃないかとかね（笑）。

宍戸 そうですね。つまり、どうしても憲法学者としては、法あるいは法規範というものについて、現実追随であっても「反・現実的」なものであってもだめで、「抗・現実的」なものとして、現実と切り結んで、現実と接点をもちながら現実を響導できるような政治道徳的な原理の宣言体系として、とくにこの9条の問題を捉えるわけです。そのときに、この規定を削ってしまうことが、現実とのかかわりでどういう意味をもつかを考えたときに、いままであった規定を削ること自体に、国内政治的にも国外政治的にも非常に強いインパクトがある。それは、井上先生という、きわめて理性的で合理的な第三者が受け止めるのとは違うものとして、受け止められることになるわけですが、しかしそれこそが憲法の問題なんだろう、と思います。ご趣旨はもちろんわかるし、共感する部分も多いんですけれども、なかなかそのままでは乗れないと言わざるをえないですね。

谷口 この点について、大屋先生はどうですか。

大屋 やはりこれは不幸な読まれ方をしている論文だと思いますが、けっこう見逃されているのは、これが「挑発」なんだということだと思うんですね。井上先生は――これは僕が勝手に思っているだけで、ご本人に聞いたことはないんですが――本当は、絶対平和主義はコンティンジェントじゃないと言ってほしかったんだと思うんです。つまり、国民はあらゆる負担を背負って、なお、この9条の平和主義をとるんだと言ってほしかったんじゃないか。でもまあきっと言わないよね、というところがどこかにあって、その意味では「現実の人々はそんな

に強くないよね」ということへの理解と共感もあるけれども、やはり彼のなかの正しい個人というのは、この9条が掲げるような絶対平和主義というものを、あらゆるネガティブな面を背負いながら選択する人たちであってほしかったんじゃないかなと思っているんです。だからある意味で、この9条削除論というのは、否定されることが彼の望みだったのではないか、と。

宍戸　なるほど。

大屋　そう思っているんですけれども、彼の望むような否定のされ方はしなかったなという気が私にはしています。その意味で、いま宍戸さんがおっしゃった、反現実ではだめなんだ、抗現実でなければいかんのだというのは非常によくわかる。そしてそこを井上先生が意識されていないわけでもないと思うんですけれども、たぶん彼が思うよりもう少し人々は弱かったということなのかもしれない、という気がします。現実の効果を考えないのは法哲学者らしくてイイのかもしれないですが。

宍戸　その後の憲法学の流れを見ていると、本当に良心的な、いわゆる護憲派を貫く人はもちろんいるわけですが、そういう人は少なくなっている。むしろ、自衛のための必要最小限度の実力の保持は許される、そして集団的自衛権は行使できないという、従来の政府解釈を維持する方向に、向かっていったわけです。その意味では、まさに井上先生が批判した「ただ乗り」が、現実に起きているわけです。

VIII.　立法学研究プロジェクト

谷口　この話はここで一旦切るとして、もう少し中立的な話題で、井上法哲学を近年まで見てくると、最直近の大きな研究プロジェクトとしては、立法学（Legisprudence）というものがあります。2014年にナカニシヤ出版から刊行された『立法学のフロンティア』という3巻シリーズ（編集代表 井上達夫）の第2巻『立法システムの再構築』（西

原博史編）に宍戸先生は「立法の「質」と議会による将来予測」という論文を寄稿していただいています。そういう形で宍戸先生も実際にこの研究プロジェクトにはかかわりをもたれていますが、どんなふうに見られていますか。

宍戸　そうですね、私からは、2つ問題提起をしたいと思います。ひとつは、井上先生のこれまでの法哲学の研究プロジェクトと立法学はどういう関係に立つのかが、なんとなくわかるようでわからないところがあるので、それをこの機に教えていただきたい。

　それからもうひとつの論点は、法の支配を実現するという場合従来は司法の側にバイアスがかかっていたが、先ほどの批判的民主主義や、法の支配の強い構造的な解釈からすると、むしろ立法のほうに力点が置かれなければいけない。そこで立法学への関心を強くして、立法の復権を強く思われたというのが、井上先生のなかでの立法学の位置づけなのか、と私は理解しています。仮にそうだとすれば、これは日本の憲法学における佐藤・土井先生流の法の支配論にも共通するところですけれども、行政の位置づけが問題なのではないか。日本で一度法をつくってしまうと、反対していた人もそれを前提にして行動態度を規定していかざるをえず、またそれを所管する行政やそれに関連する企業・団体、さらに個人等の行動態度がそのように整序されていく結果、きわめて強く固定化して、強固になっていくところがあるわけですね。つまり井上先生の本来のプロジェクトからすると、本来必要でありまたは補完されるべきは、むしろ行政学的知見ではないかという気がします。

谷口　代弁させるのは悪いんですが、いまの点について大屋先生のほうからどうですか。

大屋　それは僕に井上先生の悪口を言えと言っていますか？（笑）

宍戸　もちろん（笑）。そうなるように仕組んで問題提起しています。

大屋　ひとつめの話からすると、やはり立法学といっているところがひとつめの意義なのであって、それはレジスプルーデンスであると。法制

執務、つまり立法技術論ではなくて、典型的にはやはり価値論と結びついた議論をしたいのだということでしょう。さらにそこで、これまでのように司法だけに傾斜をして、問題が起きてから裁判でなんとかすればいいという話にするのではなくて、そもそも良い立法のあり方についてまじめに考えることができるだろうという話をしようとしている。そういう問題意識でつながっているというところは、宍戸さんのご指摘通り、まず当然にある。しかし、ではその研究の方向性として成功しているか、大丈夫なのか、十分なのか、ということについては、2つのことを言わなければいけないだろうと思います。ひとつめは宍戸さんがおっしゃった通り、法というのは現実には運用されるものであって、まあ通説的な法理解に立ったとしても、そこでどのような解釈に基づく運用が実現するかには相当の裁量性がある。もちろん運用で生じた問題には司法で最終的に決着をつけるのだという言い方もあるだろうけど、行政での運用という側面を射程にきちんと入れないのはおかしいんじゃないかというご指摘はそのとおり。さらに私のように、そもそも法の意味というものは運用・適用しないと決まらないという立場からすれば、法の生命というものは行政にあるに決まっている。その観点からすると、司法と立法を扱っただけでは完全にワンブロック落ちていると言わざるをえないし、正直なところ、それは井上法哲学のある種の空白点になっている。いちおうは公法科出身である私としても、それは率直に言えば認識するところだという気がします。もうひとつは、立法機構自体がひとつの行政機関ですよね。つまり立法行為というもの自体が一定のルールを運用する組織体の動作に拠っているわけだから、その組織を動かすルールをどう組み立てていくか、どう動かすかということと、産み出されてくる立法の品質というものは切り離せない。たとえば選挙制度のことを考えてもいいし、議事運営のルールというものもある。たとえば大山礼子先生の国会学というのは、まさにそういう観点から国会の運営ルールというもの、たとえば議事日程に関係する規則のたぐいがアウトプットに

影響することを指摘したものですね。その点が井上先生の視野に入っていないわけではないけれども、正直に言えば蓄積はそう豊富でない、十分ではない、ということになるだろうと思います。ここは、ご本人がやるかどうかはともかくとして、やはり立法学プロジェクトとか井上法哲学を展開させていくうえでのひとつの将来的課題、大きな課題として位置づけられるのではないかと思います。

谷口　お二人ともありがとうございます。しかし、さっきも少し触れましたが、これってナカニシヤ出版から出てる『立法学のフロンティア』第2巻の執筆者対談でもあるのですよね。さらなる詳細は、そちらのほうに譲ることとして、ひとまず、この話題は閉じましょう。

IX.　記憶に残る一冊は

谷口　今日は井上法哲学についてということでお話いただいてるんですが、せっかくなんで最も印象・記憶に残ったとか、影響を受けたという井上先生の著作があればそれについてお話いただければと思います。まず宍戸先生のほうからよろしくお願いします。

宍戸　憲法の研究者という観点から、井上先生のご著作のなかでいちばん影響を受けているのは『法という企て』(東京大学出版会、2003年) ですね。法の支配論や、先ほど議論した二重の基準論についても、この論文集に収められています。それから、「自由と平等」「メディアと表現の自由」といった長谷部教授との対論も収められています。憲法の広範な領域に井上先生がご関心をもっておられて、われわれ憲法学者を厳しく叱咤激励してくださっているという点で、憲法学外からの憲法学に対する非常に重要な、貢献だと思っています。

谷口　なるほど。ありがとうございます。では次に大屋先生におうかがいしたいんですが、もっとも印象・記憶に残った井上先生の一冊と言うと、どれになりますか。

大屋　やはり私は最初に読んだ『共生の作法』が非常に印象的で、よかれ

あしかれあの著作に私の議論もその後の歩みも規定されているという気がします。実際、就職して最初に書いた論文はエゴイズム論ですから、やはりこの問題提起にどう応えていくか、井上先生の『共生の作法』をどう乗り越えていくかということを念頭において、いままで研究してきたと思っています。その結果どうなったかというと、私自身の関心としてはむしろ現状をいかに分析するかという方向に進んできている。「あるべき論」の前に現在の姿を見定めようという方向には進んできたんですけれども、このやり方もやはり井上先生の議論をどう乗り越えていくかという問題に呪縛されているような気はするんですね。そういう意味で私にとっても非常に大きな影響があったと思います。

X. 人間、井上達夫

谷口　ここまで井上先生の学問についていろいろ話してきましたが、こういう機会もなかなかないので最後に、井上先生にまつわる個人的な思い出について、宍戸先生のほうからごく簡単にお話いただければ。

宍戸　私は同僚としても、それほど親しく接する機会があるわけでもないんですが、やはり井上先生というと議論がたいへんお好きであり、いろいろな学内の会議・会合においてもそれが非常に……。

大屋　同僚としてはご苦労いただいているところかと思いますが（笑）。

宍戸　積極果敢に、筋を通されて、ご自分のお考えになることを発言されますから、学問とお人柄に表裏がないですよね。それから、僕が想起するのはやはり、楽しくお酒を飲んでおられ、大声で話をされている井上先生ですね。ちょっと表現に迷いますけれども、とりわけ私の職場の法学の教師というと、格式ばったというか、「偉い人」が多いみたいな印象があるなかで（笑）、井上先生を一言で言うと、そういう意味でも「よき教師」ですね。私もよく励ましていただいたりしていますし、これからも励ましていただきたいと思っています。

谷口　ありがとうございます。では大屋先生のほうから。

大屋　やはり宍戸さんのお話の通り、学問とお人柄に裏表がないというのが大きくて、これはやはり「会話としての正義」だと思います。先ほど少し言いましたけれども、私は昔から井上法哲学を批判してきているんです。最初の最初から。とはいえ、やはり井上先生の問題圏に呪縛されていると思っているから「私は井上信者なんですよ」って言って、ご本人に「嘘つけ」って言われたこともあるんですけど（笑）。まあずっと批判していたわけです。それでも、助手採用を受けようと思っているんですがというご相談を私がしたら、「君みたいな人が来てくれるのはうれしい」と言ってもらえた。この裏表のなさというところを、いつも感じます。もうひとつは、議論ということを宍戸さんもおっしゃったけれども、彼のなかの「議論」にはやはり、理念型があるわけですね。それは各自が強い個人であるということを前提として、ということはお互い少なくとも言葉でやりあう分においては問答無用なのである、と。全力を出して闘うのが正しいのであって、個々人は当然それに耐えられる存在であるべきだ。だから、相手をそういう人格として信頼して扱うから、俺は議論にいっさい手加減はしないのだという立場が、あらゆるところで貫かれている。ただそれは、外部からすると、ともすれば……（笑）。いまでも覚えているのは法学部のソフトボール大会に法哲学ゼミが出場して、みんなしてさんざっぱら野次を飛ばしまくって、なにが共生の作法だ、会話としての正義はどこにある、とか言われたんですよね（笑）。

谷口　私があのときのことで覚えているのは、わがチームは阪大におられる松本充郎さんがピッチャーをしていて、けっこう速球だったんだよね。だけれども、最後は民法のどこかのチームに負けて、準優勝だったんですよ。で、最後の懇親会のときに、井上先生が準優勝チームの教員として挨拶をされたときに「わが法哲学チームは、正義とか何かとか、法とは何かとか、そういう大問題を真正面から論じているのと同じように、直球しか投げない。それに対して民法のほうは、小賢

しい変化球を投げる」と（笑）。「民法はやはりカネの問題とか男女の問題とか（これは人間の人生の実相にある問題なんだけれども）、まあそういうチョコチョコした問題をやっていて、非常に狡猾である、と。それに対して、やはり、われわれのように直球で挑む者は負けた」みたいなことをおっしゃって、懇親会の会場に居たみんなが大爆笑したのをよく覚えています（笑）。

大屋　まあ、やはりその無遠慮に見える率直さというのが、井上法哲学の本質なんじゃないかなと思うわけですよ。

宍戸　最後に一言だけ。かつての井上先生と長谷部教授の『法学教室』の対論で、長谷部先生が最後に、「憲法学は、自らが何を知らないかを知るためにも法哲学から多くを学ぶ必要があろう」と書いていました（「平等」法学教室87号（1987年）、73頁）。それからもう30年くらい経っていますけれども、依然としてそうであるということを、いつも私は井上先生の論文を読んで、それから今日はお二人とお話ししていて、思いました。

大屋　とてもありがたいお言葉をいただきました（笑）。

谷口　ありがとうございました。今日は井上先生の学問から、最後は少しですけれども井上先生のお人柄についてもお話ができて嬉しかったです。私も大屋・宍戸両先生とほぼ同年代で、これまで長らく一緒に過ごしてきて、議論や勉強も一緒にしてきたわけですけれども、こういうかたちでまとまって、時間をとって、井上先生について、あるいは法哲学について、お話しする機会はなかったので、とても刺激的な時間でした。どうも本日はありがとうございました。

附録

井上達夫教授著作目録

1981

(1) 書評 「学会展望　H.Kelsen, *Allgemeine Theorie der Normen* (Hrsg. v. K. Ringhofer und R. Walter, Manz-Verlag, Wien, 1979)」『国家学会雑誌　第94巻第1・2号』1981年2月、154-157頁
(2) 「法命題の概念に関する若干の考察」『社會科學紀要　1980』1981年3月、179-225頁
(3) 「「学」・「知」・「真」」『創文　第212号』創文社、1981年9月、12-14頁
(4) 「決定と正当化――ケルゼンとルール懐疑――」長尾龍一・新正幸・高橋広次・土屋恵一郎編『新ケルゼン研究――ケルゼン生誕百年記念論集――』木鐸社、1981年10月、147-198頁（(127)に所収）

1982

(5) 「正義の内と外」『社會科學紀要　1981』1982年3月、193-262頁（(19)に所収）
(6) 「〈実践哲学の復権〉のこと」『創文　第220号』創文社、1982年5月、18-21頁
(7) 翻訳　「講演　ハンス・ケルゼンの法理論の可能性と限界―Möglichkeiten und Grenzen der Rechtslehre Hans Kelsens―　ヘルベルト・シャームベック」『国家学会雑誌　第95巻第11・12号』1982年12月、729-751頁

1983

(8) 「Justice, Society and Conversation」『社會科學紀要　1982』1983年3月、147-186頁
(9) 「百科問答　国家の分離独立について」『月刊百科　第246号』平凡社、1983年4月、4-5頁
(10) 「正義論」長尾龍一・田中成明編『現代法哲学第1巻　法理論』東京大学出版会、1983年10月、63-101頁（(19)に所収）

1984

(11) 「社会契約説の理論的価値に関する一反省」日本法哲学会編『社会契約論　法哲学年報1983』有斐閣、1984年10月、73-103頁（(19)に所収）

(12) 「正義論序説」『中央公論　第99巻第10号』中央公論社、1984年10月、46-60頁（(19)に所収）

1985

(13) 「生命科学と法哲学との対話3　人間・生命・倫理―堕胎論に寄せて」『法律時報　第57巻第7号』日本評論社、1985年6月、82-89頁

(14) 「法の存在と規範性――R・ドゥオーキンの法理論に関する一註釈」上原行雄・長尾龍一編『碧海純一先生還暦記念　自由と規範――法哲学の現代的展開』東京大学出版会、1985年6月、3-40頁（(127)に所収）

(15) 「規範と法命題（一）――現代法哲学の基本問題への規範理論的接近――」『国家学会雑誌　第98巻第11・12号』1985年12月、787-869頁

1986

(16) 「内在的制約説雑感」『木鐸　第33号』木鐸社、1986年1月、1-3頁（(19)に所収）

(17) 書評　「塩野谷祐一著　『価値理念の構造――効用対権利』」『季刊理論経済学　第37巻第1号』1986年3月、92-94頁（(19)に所収）

(18) 「規範と法命題（二）――現代法哲学の基本問題への規範理論的接近――」『国家学会雑誌　第99巻第5・6号』1986年6月、394-459頁

(19) 単独著書　『共生の作法―会話としての正義―』創文社、1986年6月

(20) 「規範と法命題（三）――現代法哲学の基本問題への規範理論的接近――」『国家学会雑誌　第99巻第11・12号』1986年12月、805-868頁

1987

(21) 「規範と法命題（四・完）――現代法哲学の基本問題への規範理論的接近――」『国家学会雑誌　第100巻第3・4号』1987年4月、274-363頁

(22) 「人間・生命・倫理」長尾龍一・米本昌平編『メタ・バイオエシックス：生命科学と法哲学の対話』日本評論社、1987年6月、41-64頁（(66)として再録）

著作目録　283

(23) 「生命倫理と公論の哲学」長尾龍一・米本昌平編著『メタ・バイオエシックス：生命科学と法哲学の対話』日本評論社、1987年6月、248-257頁
(24) 「公共性の哲学としてのリベラリズム」森際康友・桂木隆夫編著『人間的秩序——法における個と普遍』木鐸社、1987年9月、73-113頁（(83)に所収）
(25) 「法・政治・論争」『理想　第637号』理想社、1987年12月、73-84頁（(127)に所収）

1989

(26) 「責任について」『創文　第300号』創文社、1989年6月、1-6頁
(27) 「言論、戦争、そして責任」『季刊アステイオン　第13巻』ティービーエス・ブリタニカ、1989年7月、66-90頁（(122)に所収）
(28) 「共同体の要求と法の限界」『千葉大学法学論集　第4巻第1号』1989年8月、121-171頁（(83)に所収）
(29) 「パターナリズムと人権」『ジュリスト　第945号』有斐閣、1989年11月、74-75頁（(127)に所収）
(30) 「平等〔法哲学の側から〕」星野英一・田中成明共編著『法哲学と実定法学の対話』有斐閣、1989年11月、85-97頁（(127)に所収）
(31) 座談会　井上達夫・田中成明・樋口陽一・星野英一「〈座談会〉　法哲学と実体法学の対話」星野英一・田中成明共編著『法哲学と実定法学の対話』有斐閣、1989年11月、353-405頁

1990

(32) 「共同体論——その諸相と射程」日本法哲学会編『現代における<個人-共同体-国家>　法哲学年報1989』有斐閣、1990年8月、6-23頁（(83)に所収）
(33) 座談会　井上達夫・川本隆史・佐倉統「リベラルなエコロジーをめざして」『現代思想　第18巻第11号』青土社、1990年11月、166-187頁

1991

(34) 「司法部の機能」碧海純一編著『現代日本法の特質』放送大学教育振興会、1991年3月、47-59頁（(127)に所収）
(35) 「人権保障の現代的課題」碧海純一編著『現代日本法の特質』放送大学教育振興会、1991年3月、60-75頁（(127)に所収）

(36) 「自由への戦略　アナキーと国家」市川浩他編『制度と自由　（現代哲学の冒険 13）』岩波書店、1991 年 5 月、1-76 頁（(83) に所収）
(37) 「自由をめぐる知的状況——法哲学の側から」『ジュリスト　第 978 号』有斐閣、1991 年 5 月、21-28 頁（(83) に所収）
(38) 座談会　井上達夫・岡田与好・樋口陽一「研究会　自由をめぐる知的状況」『ジュリスト　第 978 号』有斐閣、1991 年 5 月、29-46 頁
(39) 「ルールを理解するとは」木下富雄・棚瀬孝雄編著『応用心理学講座 5　法の行動科学』福村出版、1991 年 10 月、64-72 頁

1992

(40) 共著　井上達夫・名和田是彦・桂木隆夫共著『共生への冒険』毎日新聞社、1992 年 5 月
(41) 共著　井上達夫・名和田是彦・桂木隆夫「序章　《人間が豊かな共生社会》をめざして」井上達夫・名和田是彦・桂木隆夫共著『共生への冒険』毎日新聞社、1992 年 5 月、6-35 頁
(42) 「天皇制を問う視角——民主主義の限界とリベラリズム」井上達夫・名和田是彦・桂木隆夫共著『共生への冒険』毎日新聞社、1992 年 5 月、36-121 頁（(108) に所収）
(43) 共著　井上達夫・名和田是彦・桂木隆夫「終章　論争の公共化のために」井上達夫・名和田是彦・桂木隆夫共著『共生への冒険』毎日新聞社、1992 年 5 月、268-281 頁
(44) 「開いた社会の哲学的考察」日本ポパー哲学研究会『ポパーレター：日本ポパー哲学研究会会報　第 4 巻第 1 号』日本ポパー哲学研究会事務局、1992 年 5 月、12-13 頁
(45) 「合意を疑う」『創文　第 332 号』創文社、1992 年 5 月、1-5 頁
(46) 新聞記事　「[新思考のキーワード] 共生のリベラリズム　井上達夫・東大助教授に聞く」毎日新聞 1992 年 6 月 23 日夕刊 8 面
(47) 「1991 年度日本法哲学会学術大会 (於日本大学) 統一テーマについて」日本法哲学会編『現代所有論　法哲学年報 1991』有斐閣、1992 年 10 月、1-5 頁
(48) 「シンポジウム概要」日本法哲学会編『現代所有論　法哲学年報 1991』有斐閣、1992 年 10 月、108-114 頁

1993

(49) 書評 「海老坂武著『思想の冬の時代に』」『週刊読書人　第1979号』日本書籍出版協会、1993年4月、4頁

(50) 「現代契約法の新たな展開と一般条項（5・完）　コメントその3」『NBL第518号』商事法務研究会、1993年4月、28-29頁

(51) "The Poverty of Rights-Blind Communality: Looking Through the Window of Japan," *Brigham Young University Law Review*, Volume 1993, Issue 2, May, 1993: 517-551.

1994

(52) 「合意を疑う」合意形成研究会著『カオスの時代の合意学』創文社、1994年4月、50-70頁（(108)に所収）

(53) 「情報化と憲法理論――コメント」『ジュリスト　第1043号』有斐閣、1994年4月、94-96頁（(127)に所収）

(54) 対論　井上達夫・嶋津格「民主主義にとってリベラリズムとは何か」『現代思想　第22巻第5号』青土社、1994年4月、330-352頁

(55) 「共同体と責任――棚瀬理論への法哲学的応答」棚瀬孝雄編『現代の不法行為法　法の理念と生活世界』有斐閣、1994年5月、269-288頁（(127)に所収）

(56) 新聞記事　「井上達夫さん　「リベラリズム」の新解釈：上（学問を歩く）」朝日新聞1994年9月2日夕刊7面

(57) 「「生と死の法理」シンポジウム発言要旨―実体論・関係論・相補論―」日本法哲学会編『生と死の法理　法哲学年報1993』有斐閣、1994年10月、105-108頁

1995

(58) 「天皇制・民主主義・リベラリズム」落合誠一編『論文から見る現代社会と法』有斐閣、1995年2月、1-36頁（(108)に所収）

(59) 「個人権と共同性――「悩める経済大国」の倫理的再編――」加藤寛孝編『自由経済と倫理』成文堂、1995年3月、271-329頁（(108)に所収）

(60) 書評　「方法から思想へ――ひとつの「歴史の学び方」――橋本努『自由の論法』を読む――」『創文　第365号』創文社、1995年5月、1-5頁

(61) 「リベラリズムと正統性――多元性の政治哲学――」新田義弘他編『岩波講座

現代思想 16　権力と正統性』岩波書店、1995 年 5 月、83-107 頁((83) に所収)

1996

(62) 「政治的知性の蘇生に向けて」『This Is 読売　第 6 巻第 10 号』読売新聞社、1996 年 1 月、184-193 頁((108) に所収)
(63) 「ある饗宴の回想——哲学から歴史へ？」『学士会会報　第 811 号』学士会、1996 年 4 月、50-54 頁
(64) 翻訳　「リベラリズム・懐疑・民主制」ジョゼフ・ラズ『自由と権利　政治哲学論集』(森際康友編) 勁草書房、1996 年 5 月、189-244 頁
(65) 「人間・生命・倫理」江原由美子編『フェミニズムの主張 3　生殖技術とジェンダー』勁草書房、1996 年 9 月、3-39 頁
(66) 「胎児・女性・リベラリズム——生命倫理の基礎再考」江原由美子編『フェミニズムの主張 3　生殖技術とジェンダー』勁草書房、1996 年 9 月、81-117 頁
(67) 書評　「根源的民主主義は根源的か　千葉眞『ラディカル・デモクラシーの地平——自由・差異・共通善——』によせて」『思想　第 870 号』岩波書店、1996 年 12 月、47-52 頁

1997

(68) シンポジウム　小野紀明・井上達夫・徳本正彦・真継伸彦・小畑清剛「〔シンポジウム〕　リベラリズムとコミュニタリアニズム」『姫路法学　第 22 号』1997 年 3 月、135-206 頁
(69) 「〈正義への企て〉としての法」田中成明編『岩波講座現代の法 15　現代法学の思想と方法』岩波書店、1997 年 6 月、107-139 頁((127) に所収)
(70) 「法は人間を幸福にできるか？」吉川弘之著者代表『東京大学公開講座 65　現代幸福論』東京大学出版会、1997 年 10 月、27-60 頁((127) に所収)
(71) 「合意の法哲学——リベラル・デモクラシーの合意——」『青山法学論集　第 39 巻第 2 号』1997 年 12 月、47-78 頁

1998

(72) 「規範」廣松渉他編『岩波　哲学・思想事典』岩波書店、1998 年 3 月、322-323 頁
(73) 「共生」廣松渉他編『岩波　哲学・思想事典』岩波書店、1998 年 3 月、343-344 頁

(74) 「合意」廣松渉他編『岩波　哲学・思想事典』岩波書店、1998 年 3 月、482-483 頁
(75) 「自由主義」廣松渉他編『岩波　哲学・思想事典』岩波書店、1998 年 3 月、720-721　頁
(76) 「平等」廣松渉他編『岩波　哲学・思想事典』岩波書店、1998 年 3 月、1341-1342 頁
(77) 「法哲学」廣松渉他編『岩波　哲学・思想事典』岩波書店、1998 年 3 月、1474-1475　頁
(78) 「人権の普遍性と相対性――問題提起」日本法哲学会編『20 世紀の法哲学　法哲学年報 1997』有斐閣、1998 年 10 月、265-267 頁
(79) 「はしがき」野家啓一・村田純一・伊藤邦武・中岡成文・内山勝利・清水哲郎・川本隆史・井上達夫編『岩波新・哲学講義 7　自由・権力・ユートピア』岩波書店、1998 年 11 月、v-vi 頁
(80) 「講義の七日間　自由の秩序」野家啓一・村田純一・伊藤邦武・中岡成文・内山勝利・清水哲郎・川本隆史・井上達夫編『岩波新・哲学講義 7　自由・権力・ユートピア』岩波書店、1998 年 11 月、1-72 頁（(171) に所収）
(81) 「思想史年表　自由への、自由からの年表」野家啓一・村田純一・伊藤邦武・中岡成文・内山勝利・清水哲郎・川本隆史・井上達夫編『岩波新・哲学講義 7　自由・権力・ユートピア』岩波書店、1998 年 11 月、191-210 頁
(82) "Liberal Democracy and 'Asian Values'," *Archiv für Rechts-und Sozialphilosophie*, Beiheft 72 , 1998: 58-80.

1999

(83) 単独著書　『他者への自由―公共性の哲学としてのリベラリズム―』創文社、1999 年 1 月
(84) 編集　野家啓一・村田純一・伊藤邦武・中岡成文・内山勝利・清水哲郎・川本隆史・井上達夫編『岩波新・哲学講義』(全 8 巻、別巻 1) 岩波書店、1997-1999 年
(85) 「普遍主義と文脈主義――哲学から歴史へ？」野家啓一・村田純一・伊藤邦武・中岡成文・内山勝利・清水哲郎・川本隆史・井上達夫編『岩波新・哲学講義別巻　哲学に何ができるか』岩波書店、1999 年 2 月、183-207 頁（(122) に所収）
(86) 共編著　今井弘道・森際康友・井上達夫共編著『変容するアジアの法と哲学』有斐閣、1999 年 2 月
(87) 「リベラル・デモクラシーとアジア的オリエンタリズム」今井弘道・森際康友・井上達夫共編著『変容するアジアの法と哲学』有斐閣、1999 年 2 月、23-74 頁
(88) 編集　井上達夫・嶋津格・松浦好治共編著『法の臨界』(全 3 巻) 東京大学出

版会、1999 年
- (89) 編集　井上達夫編『法の臨界Ⅰ　法的思考の再定位』東京大学出版会、1999 年 2 月
- (90) 「編者による概観」井上達夫編『法の臨界Ⅰ　法的思考の再定位』東京大学出版会、1999 年 2 月、v-xiv 頁
- (91) 「法の支配 死と再生」井上達夫編『法の臨界Ⅰ　法的思考の再定位』東京大学出版会、1999 年 2 月、207-233 頁（(127) に所収）
- (92) "Liberal Democracy and Asian Orientalism," in Joanne R. Bauer and Daniel A. Bell (eds.), *The East Asian Challenge for Human Rights*, Cambridge University Press, February, 1999: 27-59.
- (93) 「多文化主義の政治哲学——文化政治のトゥリアーデ」油井大三郎・遠藤泰生編『多文化主義のアメリカ　揺らぐナショナル・アイデンティティ』東京大学出版会、1999 年 5 月、87-114 頁（(122) に所収）
- (94) 「我が法魂の記」『創文　第 409 号』創文社、1999 年 5 月、1-5 頁
- (95) 対論　井上達夫・佐伯啓思「対論　主権国家にとってナショナル・アイデンティティとは？　国旗・国家問題が問いかけていること」『世界　第 662 号』岩波書店、1999 年 6 月、88-101 頁
- (96) 「コンセンサス社会からの脱却を」『中央公論　第 114 巻第 7 号』中央公論新社、1999 年 7 月、214-225 頁（(108) に所収）
- (97) 新聞記事　「「正義」を基盤とするリベラリズムの再生——「他者への自由」　井上達夫氏に聞く」毎日新聞 1999 年 8 月 3 日東京夕刊 6 面
- (98) 「アジアの自省——『変容するアジアの法と哲学』をめぐって」『書斎の窓　第 488 号』有斐閣、1999 年 10 月、15-20 頁
- (99) 対論　金子勝・井上達夫「市場・公共性・リベラリズム」『思想　第 904 号』岩波書店、1999 年 10 月、4-33 頁

2000

- (100) 対論　田中望・井上達夫「対談 日本語教育の再構築第 11 回　多文化主義と他者へのかかわり」『月刊日本語　第 13 巻第 2 号』アルク、2000 年 2 月、82-87 頁
- (101) 「何のための司法改革か——司法改革の政治的理念——」日本法社会学会編『法社会学　第 52 号』有斐閣、2000 年 3 月、151-156 頁
- (102) 「リベラル・デモクラシーと「アジア的価値」」大沼保昭編『東亜の構想——21 世紀東アジアの規範秩序を求めて——』筑摩書房、2000 年 4 月、21-64 頁（(122) に所収）

(103) 「他者に開かれた公共性」将来世代総合研究所編『日本的公私観念の特徴と諸外国における観念転換——第二十二回公共哲学共同研究会——』将来世代関係財団、2000 年 7 月、211-227 頁

(104) 「発題を受けての討論」将来世代総合研究所編『日本的公私観念の特徴と諸外国における観念転換——第二十二回公共哲学共同研究会——』将来世代関係財団、2000 年 7 月、228-244 頁

(105) 「一般的正義」猪口孝他編『政治学事典』弘文堂、2000 年 11 月、70 頁

(106) 「分配的正義／匡正的正義／交換的正義」猪口孝他編『政治学事典』弘文堂、2000 年 11 月、976 頁

(107) 「公正競争とは何か——法哲学的試論——」金子晃・根岸哲・佐藤徳太郎監修『企業とフェアネス 公正と競争の原理』信山社、2000 年 11 月、3-32 頁 ((127) に所収)

2001

(108) 単独著書 『現代の貧困』岩波書店、2001 年 3 月

(109) 「コメント——公共性を掘崩すグローバル化の陥穽」『社会科学研究 第 52 巻第 6 号』2001 年 3 月、119-126 頁

(110) 「普遍主義と文脈主義・再論」加藤尚武編『共生のリテラシー—環境の哲学と倫理—』東北大学出版会、2001 年 3 月、191-206 頁

(111) 「公共性としての正義」日本哲学会編『哲学 第 52 号』2001 年 4 月、14-17 頁

(112) 共編著 井上達夫・河合幹雄共編著『体制改革としての司法改革——日本型意思決定システムの構造転換と司法の役割』信山社、2001 年 5 月

(113) 「前論 司法改革論法を改革する——「戦後の国体」の改造にむけて」井上達夫・河合幹雄共編著『体制改革としての司法改革——日本型意思決定システムの構造転換と司法の役割』信山社、2001 年 5 月、1-25 頁

(114) 「何のための司法改革か——日本の構造改革における司法の位置」井上達夫・河合幹雄共編著『体制改革としての司法改革——日本型意思決定システムの構造転換と司法の役割』信山社、2001 年 5 月、285-322 頁

(115) 「国民国家の生成と変容」樺山紘一他編『20 世紀の定義 4 越境と難民の世紀』岩波書店、2001 年 12 月、89-114 頁 ((122) に所収)

2002

(116) 「他者に開かれた公共性」佐々木毅・金泰昌編『公共哲学3　日本における公と私』東京大学出版会、2002年1月、143-168頁
(117) 「グローバル化の両価性」樺山紘一他編『20世紀の定義8　〈マイナー〉の声』岩波書店、2002年10月、3-19頁((122)に所収)
(118) 新聞記事　「現代思想の「知の測量点」　ジョン・ロールズ氏を悼む　井上達夫」朝日新聞2002年12月3日夕刊12面

2003

(119) 「フェミニズムとリベラリズム——公私二元論批判をめぐって」『ジュリスト第1237号』有斐閣、2003年1月、23-30頁((122)に所収)
(120) 「差異化と共生　消費社会の呪縛とリベラル・デモクラシー」桂木隆夫編『ことばと共生　言語の多様性と市民社会の課題』三元社、2003年4月、217-236頁
(121) 「三権分立の意味と司法の役割」日本弁護士連合会編『使える行政訴訟へ——「是正訴訟」の提案』日本評論社、2003年6月、1-29頁
(122) 単独著書　『普遍の再生』岩波書店、2003年7月
(123) 「編者緒言」野崎綾子『正義・家族・法の構造転換　リベラル・フェミニズムの再定位』勁草書房、2003年8月、i-ii頁
(124) 「解説　野崎綾子——人と作品」野崎綾子『正義・家族・法の構造転換　リベラル・フェミニズムの再定位』勁草書房、2003年8月、239-255頁
(125) 「あとがき」野崎綾子『正義・家族・法の構造転換　リベラル・フェミニズムの再定位』勁草書房、2003年8月、256-257頁
(126) "Human Rights and Asian Values," in Jean-Marc Coicaud, Michael W. Doyle and Anne-Marie Gardner (eds.), The Globalization of Human Rights, United Nations University Press, August, 2003: 116-133.
(127) 単独著書　『法という企て』東京大学出版会、2003年9月

2004

(128) "Reinstating the Universal in the Discourse of Human Rights and Justice," in András Sajó (ed.), *Human Rights with Modesty: The Problem of Universalism*, Martinus Nijhoff Publishers, January, 2004: 121-139.
(129) 共著　井上達夫・河合幹雄・川本隆史共著『〈体制改革としての司法改革〉を

考える』北海道大学大学院法学研究科附属高等法政教育研究センター、2004年1月
(130) "Predicament of Communality: Lessons from Japan," in Chua Beng Huat (ed.), *Communitarian Politics in Asia*, Routledge Curzon, March, 2004: 46-56.
(131) 「法概念の「脱構築」の後に——法の公共的正統性の解明へ」『UP　第33巻第5号』東京大学出版会、2004年5月、7-13頁
(132) 「特集にあたって」『思想　第965号』岩波書店、2004年9月、6-7頁
(133) 「リベラリズムの再定義」『思想　第965号』岩波書店、2004年9月、8-28頁
(134) 「リベラル・フェミニズムの二つの視点」日本法哲学会編『ジェンダー、セクシュアリティと法　法哲学年報2003』有斐閣、2004年10月、68-80頁

2005

(135) 「正義と公共性」加藤信朗監修『共生と平和への道　報復の正義から赦しの正義へ』春秋社、2005年2月、23-35頁
(136) "A Commentary on Matthias Kaufmann, Gewalt zur Beherrschung der Gewalt: Uber Moglichkeiten und Grenzen der Legisimierbarkeit von Gewalt aus rechtsphilosophischer Sicht," in Ludger Kühnhardt and Mamoru Takayama (Hrsg.), *Menschenrechte, Kulturen und Gewalt: Ansätze einer interkulturellen Ethik*, Nomos Verlagegesellschaft, Februar, 2005: 271-275.
(137) "How Can Justice Govern War and Peace? A Legal-Philosophical Reflection," in Ludger Kühnhardt and Mamoru Takayama (Hrsg.), *Menschenrechte, Kulturen und Gewalt: Ansätze einer interkulturellen Ethik*, Nomos Verlagegesellschaft, Februar, 2005: 277-296.
(138) 「挑発的！　9条論 削除して自己欺瞞を乗り越えよ」『論座　第121号』朝日新聞社、2005年6月、17-24頁
(139) 「司法の民主化と裁判員制度——裁判官に期待されるもの——」『司法研修所論集　第114号』2005年10月、104-141頁
(140) "Two Models of Democracy: How to Make Demos and Hercules Collaborate in Public Deliberation," in Luc Wintgens (ed.), *The Theory and Practice of Legislation: Essays in Legisprudence*, Ashgate, October, 2005: 109-124.

2006

(141) 「九条削除論——憲法論議の欺瞞を絶つ」『論座』編集部編『リベラルからの反撃——アジア・靖国・9条』朝日新聞社、2006年4月、131-150頁

(142) 「何のための法の支配か——法の闘争性と正統性——」日本法哲学会編『現代日本社会における法の支配—理念・現実・展望— 法哲学年報2005』有斐閣、2006年10月、58-70頁

(143) 編集 大庭健・井上達夫・加藤尚武・川本隆史・神崎繁・塩野谷祐一共編『現代倫理学事典』弘文堂、2006年12月

(144) 「権利」大庭健・井上達夫・加藤尚武・川本隆史・神崎繁・塩野谷祐一共編『現代倫理学事典』弘文堂、2006年12月、250-253頁

(145) 「コラム 挫折との付き合い方—責任感の罠」大庭健・井上達夫・加藤尚武・川本隆史・神崎繁・塩野谷祐一共編『現代倫理学事典』弘文堂、2006年12月、326-327頁

(146) 「自主規制」大庭健・井上達夫・加藤尚武・川本隆史・神崎繁・塩野谷祐一共編『現代倫理学事典』弘文堂、2006年12月、360頁

(147) 「自由」大庭健・井上達夫・加藤尚武・川本隆史・神崎繁・塩野谷祐一共編『現代倫理学事典』弘文堂、2006年12月、407-409頁

(148) 「多元主義」大庭健・井上達夫・加藤尚武・川本隆史・神崎繁・塩野谷祐一共編『現代倫理学事典』弘文堂、2006年12月、575-577頁

(149) 「ノブレス・オブリージュ」大庭健・井上達夫・加藤尚武・川本隆史・神崎繁・塩野谷祐一共編『現代倫理学事典』弘文堂、2006年12月、675頁

(150) 「パターナリズム」大庭健・井上達夫・加藤尚武・川本隆史・神崎繁・塩野谷祐一共編『現代倫理学事典』弘文堂、2006年12月、690-691頁

(151) 「プリマ・ファキエ」大庭健・井上達夫・加藤尚武・川本隆史・神崎繁・塩野谷祐一共編『現代倫理学事典』弘文堂、2006年12月、752頁

(152) 「法哲学」大庭健・井上達夫・加藤尚武・川本隆史・神崎繁・塩野谷祐一共編『現代倫理学事典』弘文堂、2006年12月、772-773頁

(153) 「法と道徳」大庭健・井上達夫・加藤尚武・川本隆史・神崎繁・塩野谷祐一共編『現代倫理学事典』弘文堂、2006年12月、775-777頁

(154) 「法の支配」大庭健・井上達夫・加藤尚武・川本隆史・神崎繁・塩野谷祐一共編『現代倫理学事典』弘文堂、2006年12月、777-778頁

(155) 「ポピュリズム」大庭健・井上達夫・加藤尚武・川本隆史・神崎繁・塩野谷祐一共編『現代倫理学事典』弘文堂、2006年12月、778頁

(156) 「モラリズム」大庭健・井上達夫・加藤尚武・川本隆史・神崎繁・塩野谷祐一

共編『現代倫理学事典』弘文堂、2006 年 12 月、828 頁
(157) 編集　井上達夫編『公共性の法哲学』ナカニシヤ出版、2006 年 12 月
(158) 「まえがき―公共性の危うさと困難さ」井上達夫編『公共性の法哲学』ナカニシヤ出版、2006 年 12 月、i-viii 頁
(159) 「公共性とは何か」井上達夫編『公共性の法哲学』ナカニシヤ出版、2006 年 12 月、3-27 頁
(160) 「あとがき」井上達夫編『公共性の法哲学』ナカニシヤ出版、2006 年 12 月、355-357　頁

2007

(161) 編集　長谷部恭男・土井真一・井上達夫・杉田敦・西原博史・阪口正二郎編『岩波講座憲法』（全 6 巻）岩波書店、2007 年
(162) 編集　井上達夫編『岩波講座憲法 1　立憲主義の哲学的問題地平』岩波書店、2007 年 4 月
(163) 「はじめに」井上達夫編『岩波講座憲法 1　立憲主義の哲学的問題地平』岩波書店、2007 年 4 月、v-xi 頁
(164) 「憲法の公共性はいかにして可能か」『岩波講座憲法 1　立憲主義の哲学的問題地平』岩波書店、2007 年 4 月、301-332 頁
(165) 「世論の専制から法の支配へ――民主主義と司法の成熟のために」『中央公論　第 122 巻第 4 号』中央公論新社、2007 年 4 月、264-272 頁
(166) 「科学における事実と価値――方法二元論再考」『学術の動向』編集委員会編『学術の動向　第 12 巻第 5 号』日本学術協力財団、2007 年 5 月、70-75 頁
(167) "The Rule of Law as the Law of Legislation," in Luc Wintgens (ed.), *Legislation in Context: Essays in Legisprudence*, Ashgate Publishing Limitied, August, 2007: 55-74.

2008

(168) 「現代日本社会における法の支配」早稲田大学比較法研究所編『比較法研究所叢書 34　比較と歴史のなかの日本法学―比較法学への日本からの発信―』成文堂、2008 年 3 月、607-638 頁
(169) 対論　井上達夫・大沼保昭「国際法の規範的基礎――法哲学からの視点」『法学セミナー　第 53 巻第 3 号』日本評論社、2008 年 3 月、66-73 頁
(170) 「「死刑」を直視し、国民的欺瞞を克服せよ　忘れられた〈法の支配〉と民主

的立法責任」『論座　第 154 号』朝日新聞社、2008 年 3 月、94-103 頁
(171) 単独著書　『双書哲学塾　自由論』岩波書店、2008 年 3 月
(172) 共著　愛敬浩二・樋口陽一・杉田敦・西原博史・北田暁大・井上達夫・齋藤純一共著『対論憲法を／憲法からラディカルに考える』法律文化社、2008 年 4 月
(173) 「基調論考　自由と福祉——統合原理としてのリベラリズムの再定義」愛敬浩二・樋口陽一・杉田敦・西原博史・北田暁大・井上達夫・齋藤純一共著『対論　憲法を／憲法からラディカルに考える』法律文化社、2008 年 4 月、182-188 頁
(174) 対論　井上達夫・齋藤純一「対論　自由と福祉」愛敬浩二・樋口陽一・杉田敦・西原博史・北田暁大・井上達夫・齋藤純一共著『対論　憲法を／憲法からラディカルに考える』法律文化社、2008 年 4 月、194-268 頁
(175) 「立法学の現代的課題——議会民主政の再編と法理論の再定位」『ジュリスト　第 1356 号』有斐閣、2008 年 5 月、128-140 頁
(176) 「公共性の哲学と哲学の公共性」飯田隆・伊藤邦武・井上達夫・川本隆史・熊野純彦・篠原資明・清水哲郎・末木文美士・中岡成文・中畑正志・野家啓一・村田純一共編著『岩波講座哲学 1　いま〈哲学する〉ことへ』岩波書店、2008 年 6 月、205-230 頁
(177) 新聞記事　「「死刑の代償」負う国民　誤判の可能性と倫理的「傷」」読売新聞 2008 年 6 月 4 日朝刊 4 面
(178) 「「人殺しを殺せ」で問題は解決できるのか」『中央公論　第 123 巻第 7 号』中央公論新社、2008 年 7 月、196-199 頁
(179) 座談会　井上達夫・河合幹雄・松原芳博「座談会　死刑論議の前提」『世界　第 782 号』岩波書店、2008 年 9 月、141-153 頁
(180) 「知は所有できるか」『科学　第 78 巻 9 号』岩波書店、2008 年 9 月、927 頁
(181) 「グローバルな公共性はいかにして可能か」中川淳司・寺谷広司編『大沼保昭先生記念論文集　国際法学の地平——歴史、理論、実証』東信堂、2008 年 11 月、49-86 頁
(182) 新聞記事　「［論点］「票を買う」マニフェスト　有権者こそ試される選挙」読売新聞 2008 年 11 月 26 日朝刊 4 面
(183) 「特集：立法学の新展開——特集にあたって」『ジュリスト　第 1369 号』有斐閣、2008 年 12 月、8-10 頁
(184) "The Necessity and Difficulty of Constitutionalism in the Contemporary World," *Proceedings of Asian Forum for Constitutional Law 2007*, published by Nagoya University Center for Asian Legal Exchange, 2008: 5-23.

2009

- (185) 編集　飯田隆・伊藤邦武・井上達夫・川本隆史・熊野純彦・篠原資明・清水哲郎・末木文美士・中岡成文・中畑正志・野家啓一・村田純一共編著『岩波講座哲学』（全15巻）岩波書店、2008-2009年
- (186) 編集　井上達夫編『岩波講座哲学10　社会／公共性の哲学』岩波書店、2009年3月
- (187) 「展望　社会の脆さと公共性の危うさ」井上達夫編『岩波講座哲学10　社会／公共性の哲学』岩波書店、2009年3月、1-13頁
- (188) "The Ambivalence of Globalization: Toward a Non-Hierarchical Global Society," *University of Tokyo Journal of Law and Politics*, Vol. 6, Spring March, 2009: 20-44.
- (189) 編集　井上達夫編著『現代法哲学講義』信山社、2009年4月
- (190) 「まえがき―なぜ法哲学を学ぶのか―」井上達夫編著『現代法哲学講義』信山社、2009年4月、i-xi頁
- (191) 「正義は国境を越えうるか――世界正義の法哲学的基礎」井上達夫編著『現代法哲学講義』信山社、2009年4月、107-135頁
- (192) 「裁判官に任せればよいという国民は『ただ乗り』だ――裁判員制度の意義を問う」『商工にっぽん　744』2009年5月、8-11頁
- (193) 「リベラリズムをなぜ問うのか――『他者への自由』新序文――」『創文　第519号』創文社、2009年5月、1-6頁
- (194) "Constitutional Legitimacy Reconsidered: Beyond the Myth of Consensus," *Legisprudence: International Journal for the Study of Legislation*, Volume 3, Number 1, July, 2009: 19-41.

2010

- (195) 「リベラリズムとは？」『週刊東洋経済　第6278号』東洋経済新報社、2010年8月、43頁
- (196) 「法の支配を問い直す」『東大法曹会会報　第11号』2010年8月、2-20頁
- (197) 編集　井上達夫・市野川容孝・愛敬浩二・長谷部恭男・齋藤純一共編著『講座　人権論の再定位』（全5巻）法律文化社、2010年
- (198) 編集　井上達夫編『講座　人権論の再定位5　人権論の再構築』法律文化社、2010年12月
- (199) 「はしがき―人権論の再構築のために」井上達夫編『講座　人権論の再定位5

人権論の再構築』法律文化社、2010 年 12 月、i-xv 頁
(200) 「人権はグローバルな正義たりうるか」井上達夫編『講座 人権論の再定位 5 人権論の再構築』法律文化社、2010 年 12 月、243-270 頁

2011

(201) 新聞記事 「(インタビュー) 1 票の格差の話をしよう 東京大教授・法哲学者 井上達夫さん」朝日新聞 2011 年 2 月 22 日朝刊 15 面
(202) 単独著書 『現代の貧困―リベラリズムの日本社会論』岩波現代文庫、2011 年 3 月 ((108) の文庫化新装版)
(203) « Le libéralisme comme recherché de la justice », *Revue philosophique de la France et de l'étranger*, Tome 136, Mars, 2011: 323-346.
(204) 対論 井上達夫・早野透「対話 試練から熟議の政治へ」『公研 第 49 巻第 4 号』公益産業研究調査会、2011 年 4 月、36-50 頁
(205) 「国際法の規範的基礎」大沼保昭編『21 世紀の国際法――多元化する世界の法と力』日本評論社、2011 年 9 月、267-290 頁
(206) 「世界正義論に向けて」『立教法学 第 83 号』、2011 年 9 月、1-48 頁
(207) "Justice," in Bertrand Badie et al (eds.), *International Encyclopedia of Political Science*, Vol. 5, SAGE Publications, September, 2011: 1388-1398.
(208) 「60 年をよむ (11) 法学 法理論の戦後的原点と現代的位相」『UP 第 40 巻第 11 号』東京大学出版会、2011 年 11 月、1-6 頁
(209) 共著 Coauthored with Timothy G. Ash, Ronald Dworkin et al, *Liberalisms in East and West*, University of Oxford, 2011.
(210) "Universalism," in Timothy G. Ash, Ronald Dworkin et al, *Liberalisms in East and West*, University of Oxford, 2011: 111-114.

2012

(211) 「統治理論としての功利主義―安藤・大屋報告を受けて―」日本法哲学会編『功利主義ルネッサンス―統治の哲学として― 法哲学年報 2011』有斐閣、2012 年 10 月、82-91 頁
(212) 単独著書 『世界正義論』筑摩書房、2012 年 11 月

2013

- (213) 「星野先生の追憶」内田貴・大村敦志・星野美賀子編『星野英一先生の想い出』有斐閣、2013 年 9 月、54-57 頁
- (214) 新聞記事 「（今こそ政治を話そう）あえて、9 条削除論　法哲学者・井上達夫さん」朝日新聞 2013 年 10 月 26 日朝刊 15 面
- (215) 「国境を越える正義の諸問題――総括的コメント」日本法哲学会編『国境を越える正義――その原理と制度　法哲学年報 2012』有斐閣、2013 年 10 月、89-104 頁

2014

- (216) 「碧海法哲学の内的葛藤」『書斎の窓　第 632 号』有斐閣、2014 年 3 月、12-15 頁
- (217) 編集　井上達夫・西原博史・井田良・松原芳博共編『立法学のフロンティア』（全 3 巻）ナカニシヤ出版、2014 年 7 月
- (218) 編集　井上達夫編『立法学のフロンティア 1　立法学の哲学的再編』ナカニシヤ出版、2014 年 7 月
- (219) 「『立法学のフロンティア』刊行にあたって」井上達夫編『立法学のフロンティア 1　立法学の哲学的再編』ナカニシヤ出版、2014 年 7 月、i-iv 頁
- (220) 「序　立法学における〈立法の哲学〉の基底的位置」井上達夫編『立法学のフロンティア 1　立法学の哲学的再編』ナカニシヤ出版、2014 年 7 月、3-19 頁
- (221) 「立法理学としての立法学　現代民主政における立法システム再編と法哲学の再定位」井上達夫編『立法学のフロンティア 1　立法学の哲学的再編』ナカニシヤ出版、2014 年 7 月、23-54 頁
- (222) 単独著書　『岩波人文書セレクション　普遍の再生』岩波書店、2014 年 10 月（(122) の新装版）
- (223) 「碧海純一先生を偲んで」日本法哲学会編『民事裁判における「暗黙知」――「法的三段論法」再考――　法哲学年報 2013』有斐閣、2014 年 10 月、283-287 頁
- (224) "Miller's Two Souls: What Does Their 'Cohabitation' End in?" in *Archiv für Rechts- und Sozialphilosophie*, Beiheft 139, 2014: 71-79.

2015

(225) 「九条問題再説――『戦争の正義』と立憲民主主義の観点から」竹下賢他編『法の理論33』成文堂、2015年3月、3-50頁

(226) 単独著書 『リベラルのことは嫌いでも、リベラリズムは嫌いにならないでください――井上達夫の法哲学入門』毎日新聞出版、2015年6月

(作成　森悠一郎)

井上達夫教授略年譜

1954 年	7 月 30 日	大阪市に生まれる
1970 年	4 月	東京都立両国高等学校 入学
1973 年	3 月	東京都立両国高等学校 卒業
	4 月	東京大学教養学部前期課程文科一類 入学
1977 年	3 月	東京大学法学部私法コース 卒業
	4 月	東京大学法学部助手（指導教官　碧海純一教授）
1980 年	4 月	東京大学教養学部助手
1983 年	4 月	千葉大学法経学部助教授
1985 年	3 月 31 日	碧海純一教授東京大学を定年退官
1986 年		ハーバード大学哲学科客員研究員として在外研究（～88 年）、ジョン・ロールズ、トマス・スキャンロン、マイケル・サンデルらに親炙
	12 月 9 日	『共生の作法――会話としての正義』で 1986 年度サントリー学芸賞受賞
1988 年	11 月	日本法哲学会企画委員（および 1991 年度学術大会企画委員長）に就任（～92 年 11 月）
1989 年	11 月	日本法哲学会理事（～継続中）
1990 年	10 月～91 年 3 月	東京大学非常勤講師として法哲学を講ずる
1991 年	4 月 1 日	東京大学大学院法学政治学研究科助教授
	4 月	共同研究プロジェクト「合意形成研究会」を結成し、当初メンバーとして加わる
	4 月～92 年 3 月	千葉大学法経学部非常勤講師として法哲学を講ずる
1992 年	4 月～	東京大学教養学部非常勤講師として少人数講義を担当（～95 年 3 月）
	9 月～	共同研究プロジェクト「合意形成研究会」世話人（～94 年）

1993年	4月～	慶應義塾大学非常勤講師として法理学を講ずる（～2014年3月）
	9月～	建設省都市計画中央審議会「まちづくりのあり方」検討部会専門委員（～94年9月）
1994年	4月～	千葉大学非常勤講師を務める（～98年3月）
	9月17日	第3回神戸レクチャーの講師としてジョセフ・ラズが来日するに際し、森際康友教授とともに討議の通訳を務める
1995年	3月21日～26日	IVR韓国支部および「法と社会理論」研究会の招待で韓国を訪問
	4月1日	東京大学大学院法学政治学研究科教授（現職）
	4月～	九州大学非常勤講師を務める（～97年3月）
1999年	6月24日～30日	IVR世界大会に出席のためニューヨーク（アメリカ合衆国）に出張
2000年	4月～	北海道大学大学院法学研究科付属高等法政研究教育センター研究員に就任（～継続中）
2003年	8月12日～18日	IVR世界大会に出席のためルント（スウェーデン）に出張
	8月29日～9月30日	ボン大学ヨーロッパ統合研究所に上級研究員として滞在
2004年	2月7日	『法という企て』で第17回和辻哲郎文化賞（学術部門）を受賞
	9月26日～28日	ベルリン日独センター主催国際シンポジウム「諸宗教の共生――グローバル化した世界の間宗教的・間文化的課題」出席のためベルリンに出張
	10月～	東京大学大学院法学政治学研究科研究室主任（～06年9月）
2005年	5月24日～29日	IVR世界大会に出席のためグラナダ（スペイン）に出張
	10月～	日本学術会議第一部会員（～14年9月）
2006年	4月～07年3月	京都大学非常勤講師を務める
	11月6日～10日	科学研究費補助金基盤研究(B)「立法学の公共哲学的基盤構築」の研究活動の一環として、ブリュッセル・カトリック大学立法・規制・立法学研究センターを訪問

2007 年	6 月 11 日～15 日	国際憲法学会第 7 回世界大会に出席のためアテネ（ギリシャ）に出張
	8 月 1 日～6 日	IVR 世界大会に出席のためクラクフ（ポーランド）に出張
	9 月 1 日	日本学術会議法学委員会立法学分科会主催、「立法学の公共哲学的基盤構築」研究会共催の公開シンポジウム「より良き立法はいかにして可能か──立法の実践・制度・哲学を再考する」を開催（主催団体・共催団体代表）
	10 月 25 日～29 日	清華大学主催国際シンポジウム「公共理性と調査社会──文化横断的視点から見た政治理論の将来」出席のため、北京（中国）に出張
2008 年	4 月～	名古屋大学非常勤講師を務める（～10 年 3 月）
2009 年	9 月 15 日～19 日	IVR 世界大会に出席のため北京（中国）に出張
	11 月～	日本法哲学会理事長（～13 年 11 月）
2011 年	4 月	日本学術振興会専門委員（～継続中）
	8 月 15 日～20 日	IVR 世界大会に出席のためフランクフルト（ドイツ）に出張
	10 月～	日本学術会議法学委員会立法学分科会委員長（～14 年 9 月）
2013 年	7 月 21 日～26 日	IVR 世界大会に出席のためベロリゾンチ（ブラジル）に出張
	11 月	日本法哲学会名誉会員
2014 年	7 月 6 日	日本学術会議法学委員会立法学分科会主催、科学研究費助成共同研究体「立法システム改革の立法理学的基盤構築」共催の学術フォーラム「立法システム改革と立法学の再編」を開催（主催団体・共催団体代表）

（作成　森悠一郎）

編集後記

　大昔のノートを取り出して見ると、私が初めて井上達夫先生の姿を目にし、その声を耳にしたのは、1995 年 10 月 3 日の火曜日だったことが分かる。この年の「法哲学」の初回講義が、本郷キャンパス法文 1 号館 21 番教室で行われた日だ。

　今日に到るまでの人生の大きな転回点となった、この日この場所での出来事を、私は生涯忘れることはないだろう。それから、ちょうど 20 年の歳月を経て、今般、井上先生の還暦記念の書に執筆者のひとりとして名を連ねることが出来たことは、私にとって大いなる悦びであり、また幸いである。本書をもって、海よりも深く山よりも高い井上先生の学恩に些かなりとも報いることが出来ればと思うばかりである。

　本書冒頭で編者の瀧川裕英さんからは過分なお言葉を頂いているが、こと本書の編集作業上の最も重要なインフラ構築に際しては、安藤馨さんと横濱竜也さんに大変お世話になったことを重ねて明記しておきたい。特に安藤さんには組版関連の作業で甚大な御苦労を買って出て下さり、その点、改めて深甚なお詫びと感謝をさせて頂きたい。

　なお、わたくしごとで恐縮の限りではあるのだが、まことに残念ながら本書の目次にその名前を連ねてもらうことの出来なかった故・野崎綾子に、編者のひとりとして、本書を捧げたい。

　最後に、これまで井上先生だけでなく門下の多くが長年にわたってお世話になり続けて来たナカニシヤ出版の酒井敏行さんにも、改めて心からの御礼を申し述べさせて頂きたい。本当にありがとうございました。これからもまた宜しくお願いします。

2015 年 3 月

編者を代表して
谷口功一

人名索引

Ackerman, B.	199
Anderson, E.	147, 158
Aristotle	95
Barnett, R. E.	156
Bayón, J. C.	226, 234
Bentham, J.	51
Berlin, I.	46, 108, 119
Bork, R.	99
Brogaard, B.	31, 33
Buchanan, A.	194, 195
Butler, J. P.	162
Carnap, R.	233, 234
Castañeda, H. N.	8, 9, 12, 23–25, 28, 29, 32
Cicero	38
Cohen, J.	126
Coleman, J.	226, 234
Connolly, W.	47
Cornell, D.	221, 223
Davidson, D,	29
Derrida, J.	213
Dickson, J.	226, 227, 229, 233, 234
Dreier, J.	19, 31–33
Dworkin, A.	162
Dworkin, R.	12, 51, 98, 102, 135, 147, 226, 227, 230, 233, 234
Epstein R. A.	156, 157
Finnis, J.	226, 227, 229, 233, 234
Forschler, S.	92
Forst, R.	53, 54, 56, 57
Frankfurt, H.	146, 147
Freeman, S.	123
Friedman, M.	92, 150, 153, 156, 157
Fromm, E. S.	176, 179
Fuller, L.	96
Gödel, K.	29
Gaius	155
Gaus, G.	250, 252
Gibbard, A.	20, 30, 31, 33
Goodin, R.	56, 57
Halbach, V.	31, 33
Hare, R. M.	6–9, 12, 28, 33, 86, 91, 92
Hart, H. L. A.	12
Haslanger, S.	168
Hawkins, J. S.	92
Hayek, F. A.	150, 154, 155, 157
Hobbes, T.	51
Horsten, L.	31, 33
Horwich, P.	18, 19, 30, 31, 33
Hudson, W. E.	157, 158
Hurley, S.	32, 33
Jackson, F.	56, 57
Kahneman, D.	157, 158
Kelsen, H.	12, 97, 259, 264
Lévinas, E.	47, 55, 57, 117, 213, 221
Lijphart, A.	62, 237, 245
Locke, J.	149, 152, 153, 188, 195, 276
Lovett, F.	51, 57
Lueck, D.	156, 158
Mackie, J.	11, 32
MacKinnon, C.	162
Marmor, A.	229
McGee, V.	30, 33
McLaughlin, B.	30
McMahon, C.	53, 57
Mill, J. S.	150, 153, 162, 163
Miller, D.	143
Montesquieu, C.	95
Moore, M. S.	226, 234
Murphy, L.	146, 147
Nagel, T.	123, 146, 147
Neale, S.	29, 33
Nietzsche, F. W.	35, 43, 44, 47, 213
Nozick, R.	39, 102, 135, 147, 149, 150, 152, 218, 219, 223
Nussbaum, M.	92, 159, 168
Oakeshott, M. J.	41, 255
Parfit, D.	217
Patterson, O.	46, 57

Perry, S.	227, 229, 234	碧海純一	226, 232, 234, 256
Persson, I.	92	浅田彰	36, 38, 44
Pettit, P.	47–53, 56, 57, 261	芦部信喜	257
Pitkin, H.	244, 245	安藤馨	103, 106, 234
Plato	39, 109, 201		
Pogge, T.	125–127, 143, 188, 189, 195	一ノ瀬正樹	254
Popper, K.	43	今村仁司	220, 223
		岩井克人	37
Quine, W. V. O.	17	岩崎稔	176, 179
Quong, J.	92		
		宇賀克也	68, 71, 72, 76
Rawls, J.	51, 55–57, 92, 122, 123, 125, 135, 136, 143, 147, 205, 206, 211, 214–217, 223	江原由美子	166, 168, 209
Raz, J.	12, 32, 226, 227, 233	大沼保昭	181, 194
Reinikainen, J.	92	大屋雄裕	39, 44, 103, 105, 106, 226, 234
Richardson, H. S.	52, 57	大山礼子	276
Rothbard, M.	156	岡崎京子	37, 44
Rousseau, J. J.	56, 262	岡田与好	262
Russel, B.	29	奥平康弘	250
de Saussure, F.	254	加藤秀一	165, 166, 201–203, 209
Schauer, F.	234	加藤雅信	99
Schmitt, C.	262, 265–267	川﨑政司	67, 70, 76
Schroeder, M.	15, 28–30, 33		
Schumpeter, J. A.	237, 245	清宮四郎	259
Sen, A.	164		
Shafer-Landau, R.	32, 33	交告尚史	76
Shklar, J.	95	小森陽一	175, 176, 179
Shrader-Frechet, K. S.	217, 223		
Skinner, Q.	47, 53, 57	坂本義和	175, 176, 179
Smend, R.	266, 267	坂本龍一	37
Socrates	39	佐藤幸治	236, 244, 250, 268, 275
Sunstein, C.	55, 65, 76		
		杉田敦	194, 195
Tarski, A.	11, 16, 17, 21, 31, 33		
Taylor, C.	55, 107, 108, 119	高木光	69, 76
Thomson, J. J.	165, 168, 199	高橋和之	147, 178, 236, 244, 265, 268
Tocqueville, A.	63, 251, 262	高橋哲哉	178, 179
Toh, K.	12, 33	瀧川裕英	91, 92, 226, 234
Tooley, M.	199	田島正樹	201, 202, 205, 209
		棚瀬孝雄	99
Urmson, J. O.	6	谷口功一	168
Valentini, L.	48, 52, 53, 57	土井真一	236, 244, 268, 275
		永井均	39, 44
Waldron, J.	243, 245	長尾龍一	38, 168, 209
Warnock, G. J.	6	中川丈久	237, 244
Weber, M.	269	中島義道	212, 213, 223

西部邁	36	星野英一	147, 258
野崎綾子	118, 119, 163, 164, 168	本多勝一	178
野田正彰	177-179	松井茂記	256, 257
野矢茂樹	251	松本充郎	76, 279
		丸山圭三郎	36
橋本努	64, 65, 76		
長谷部恭男	194, 195, 250, 256, 257, 277, 280	宮澤俊義	257, 259, 272
早川誠	242-244		
原田大樹	244	森村進	106, 150, 151, 154-157, 256
樋口直人	175, 179		
樋口陽一	259, 261-263	安丸良夫	173, 175, 176, 179

事項索引

アーミッシュ	81, 83-86	可謬型	64, 65
アジア的価値論	79, 80	家父長制	164, 165, 200
アナキズム	56, 107, 108	干渉	46, 48, 50-54, 56, 63, 81, 97, 99, 106, 107, 147, 177
共同体アナキズム	56, 108		
市場アナキズム	56, 108	帰結主義	148, 152-155
アモラリスト	26	規範的妥当要求	223, 226, 229-231
暗黒の騎士	43	基本的人権	184, 185, 187-191
		欺瞞	78, 79, 89, 110, 113, 123, 179, 180, 183, 192, 197, 212, 270
違憲審査（司法審査）	61, 64, 66-69, 72, 95, 241		
違憲審査基準論	254	客観主義	21, 200
違憲審査制	91, 239-241	行政訴訟	66, 68-70, 73, 74, 76
一応の道徳的正当化テーゼ	225, 227	共同体論（共同体主義）	51, 55, 56, 91, 99, 161, 204, 256, 258-260
意味の使用説	18, 31		
		共和主義（リパブリカニズム）	45, 47-56, 64, 76, 259-261
埋め込み問題	7, 8, 14, 15, 20		
		カント的共和主義	53, 54
エゴイスト	39, 112, 115	消極的共和主義	53, 54
エゴイズム	39, 40, 44, 101, 113-115, 135, 136, 253, 276	拒否権	61, 63, 126, 234, 236-240
円環の渇き	35	軍隊	188, 189, 191, 192
		ケア	157, 161, 162, 165
オリエンタリズム	80	敬譲	72-75
		言語行為の誤謬	7
階級利害還元論	38	検証主義	14, 16
改憲派	179-183	原子力法	60, 66, 70
外在主義	22, 25, 32	憲法第9条	179, 180, 183, 184, 188-191
過剰同調性	175, 176	憲法第9条削除論	189, 191, 192, 270, 272
葛藤論	164, 165, 197, 201		

合意	59-61, 63, 65, 70, 74, 76, 89, 97, 138, 148, 212, 233, 236-239, 256
公共性	55, 90, 137, 138, 158, 166, 192, 219, 242, 260, 265
公共的正当化	48, 54, 87, 89, 95, 159
公共的理由	55, 90, 114, 159, 212, 219, 220
抗現実	271, 272
公私二元論	114, 158-160
幸福	91, 92, 99-102, 104, 148, 153, 170, 174, 201
公平性	71, 90, 151, 242
功利主義	40, 98-100, 103, 104, 122, 232
公論	44, 197, 200-202, 205, 207
国際秩序特権	122
国連	126, 157, 180, 182, 183, 191, 192
護憲派	179-183, 272
個人権	40
国会学	274
個の尊厳	98-101, 103
コミュニタリアニズム	→ 共同体論
コンセンサス	
コンセンサス原理	62, 63
コンセンサスとしての法	97
最小国家	147-149
最善知探求義務	75, 76
錯誤説	11, 32, 228, 230, 232
サバルタン	268
恣意性	11, 41, 50, 52, 53, 216
ジェンダー	157, 158, 160, 166, 207
時間	43, 64, 71, 76, 114, 150, 153, 206, 209-213, 215-221, 278
自己	
自己愛	171, 173-175
自己解釈的存在	55, 112, 139, 143
自己欺瞞	78, 79, 89, 113, 179, 192, 197, 270
自己決定権	159, 161, 163-166, 196, 197, 200, 201, 207
自己所有権	148, 149, 152, 154, 186
自己力能化	46, 48, 110, 113-115, 162, 204-206, 219
実効支配還元論	122, 123
実体的価値	254-256, 266
視点の交換	84, 85
司法審査	→ 違憲審査
社交体	41, 42, 115, 214, 220, 253
ジャコバン・モデル	261

自由	
移動の自由	125
恐怖からの自由	93, 94
経済的自由	99, 147, 151, 254, 258
権力からの自由	106
権力への自由	106
消極的自由	45, 46, 48, 106, 107
精神的自由	99, 147, 151, 254
積極的自由	45, 46, 106, 107
非支配としての自由	49, 50, 53
自由主義	54, 109, 148, 155, 203, 204
古典的自由主義	148, 155
十分主義	144
主観主義	24, 25, 31, 32, 200
熟成型	64, 65
主権国家	80, 81, 126-128, 186
消極的義務	124, 141-144
消極的正戦論	125, 126, 181-183, 185
小選挙区制	63
情動主義	5, 6, 28
将来世代	209, 213-215, 217, 219, 221
諸国家のムラ	56, 119, 126-129
自律	40, 54, 81, 83, 85, 86, 97, 98, 100, 102, 103, 106, 126, 127, 185-187, 189, 206, 253
指令主義	6, 8, 12
指令性	6, 7, 9, 10, 12
人格完成価値	86, 138-140
人格構成価値	86, 138-140, 143
人道主義	152
親密圏	116, 117, 161
真理	
真理値帰属可能性	4, 17, 229
真理の引用解除説	17, 30
真理の対応説	11, 29, 30, 32
真理のデフレ説	17, 19, 21, 27, 30-32
侵略責任	168-170
スリングショット論法	29
正義	
会話としての正義	36-42, 54, 115, 251, 253, 277
匡正的正義	142, 143
公正としての正義	40
正義概念	42, 93, 94, 96, 110, 123, 134-136, 150, 182, 184, 187
正義感覚	55, 56, 112-117

正義構想	93, 97, 103, 110, 122, 123, 134-136, 143-145, 266
正義定式	39, 134, 135
正義の基底性	48, 49, 137-139, 251
正義の情況	121, 128
正義への企て	56, 92, 93, 96, 97, 184, 217-219, 226, 242, 265
正義要求	92, 223, 226, 229-231
正義理念	78, 81, 83, 86-89, 109, 110, 113-115, 150, 203
世界経済の正義	120, 123, 129, 140, 141
世界正義	56, 119-121, 125, 127-129, 134, 140, 141, 144, 179, 180, 184-186, 188, 214, 215
世代間正義	209, 213-215, 217, 219, 221
戦争の正義	120, 125, 140, 193
分配的正義	110, 121, 123, 124, 133, 134, 136, 139-145, 154
政治的自律	126, 127, 185-187, 189
生殖補助技術	165
正当化を争う権利	92, 95, 218
正統化を争う権利	263
正当性	56, 60, 67, 73, 92, 101, 110, 113, 115, 125, 144, 145, 163, 182, 221, 236, 268
正統性	56, 60-62, 65, 67, 73, 120, 122, 123, 126-129, 140, 171, 180, 182, 185, 187-190, 199, 237
制度的加害	141-143
生命権	163, 164, 196-202, 205, 206
生命倫理	166, 195, 196, 198, 201-203, 205-207, 221
責任	
戦後責任	167, 168, 170, 174-177
戦争責任	79, 167-172, 174-176
不当戦争犠牲責任	169, 170
セクシュアリティ	157, 158, 166
積極的安楽死	205
積極的義務	123, 124, 141, 142, 144
積極的正戦論	125, 181
絶対平和主義	125, 180-182, 188, 189, 261, 271, 272
専制	46, 49, 59, 61, 95, 107, 108, 113, 133, 234, 236, 237, 239, 240
相対主義	3, 5, 11, 20, 21, 24-28, 31, 38, 41, 200, 251-253, 256
尊厳保全最小限原理	142-145
代表制	63, 239-242

対話法的正当化	82, 83, 87, 88, 102, 268
多極共存デモクラシー	235
卓越主義	91, 98-101, 103, 116
多元主義	64, 76, 152, 251
多数者の専制	61, 236, 237, 240
堕胎（中絶）	147, 158, 162-166, 196-198, 200, 205, 207
脱規範化論	160, 166
多文化主義	81, 256, 258
秩序のトゥリアーデ	108, 109, 114
中絶	→ 堕胎
貯蓄原理	215
強い個人	206, 259-261, 277
ディケー	39, 40, 253
適合性	92, 94, 228, 229, 242
適理的	89, 90
デザイナーズ・ベビー	205
哲学的正当化	209, 212
当為	
一応の当為 (*prima facie*)	9, 10, 12, 22, 23
一定の当為 (*pro tanto*)	23
統一体	41
道徳的評価テーゼ	225-230
道徳判断のトリレンマ	22
討論型世論調査	66, 71
独我論	39
奴隷	46-49, 57, 101, 173, 192
内在主義	13, 14, 22-25
ナショナリズム	168, 170-172, 174, 192, 193
ナラティヴ・ベースド・メディスン	205
南京大虐殺	176, 177
二重基準	78, 79, 89, 145
二重の基準論	99, 151, 254-256, 275
認知主義	3, 5, 8, 9, 11, 13-17, 19, 20, 22-25, 27-32
脳死	198, 201
ハーキュリーズ	269
パーソン論	197, 198
パターナリズム	43, 98, 99, 102, 103, 149, 153, 155, 202
反転可能性	56, 81, 83-89, 110, 113, 114, 159, 209, 213, 216, 217
入れ違いの反転可能性	209, 216, 217

反普遍主義	77, 78, 82, 83		ポストモダン	36, 37, 211, 247, 249, 252, 268
			本質主義	39, 112, 223, 225-227, 229, 230
非同一性問題	215			
非認知主義	3, 5, 8, 9, 13-17, 19, 20, 22, 25, 27-31		民主主義	
			熟議民主主義	59, 64, 76
非武装中立論	180, 181		反映的民主主義	61, 266
ヒューム主義	13, 14		批判的民主主義	59, 60, 74, 94, 96, 219, 220, 233-242, 248, 266, 273
表出主義	14-16, 19-21, 25, 30, 31			
平等			無差別戦争観	125, 175, 181
運の平等	144, 145			
ケイパビリティの平等	162		メタ倫理学	3, 28, 195, 203
資源の平等	162			
品行の規範	41		ヨーダー事件	81, 83
フェア・プレイ	122		リーズン・ギビング	266-269
フェミニズム	81, 114, 117, 157-166, 200, 207, 256, 258, 262		利己主義	99, 112, 136
			利己性	112-115
第1波フェミニズム	159		立憲主義	90, 91, 95, 122, 171, 179, 180, 184-193, 242, 257
第2波フェミニズム	159-162			
物理主義	11, 16, 32		立法学	76, 95, 232-234, 241, 242, 272, 273, 275
不同意	20, 21, 24, 25, 31			
普遍化可能	9, 28, 39, 86, 89, 90, 94-96, 114, 150, 151, 268		理念化プロジェクト	94, 96
			リバーシビリティ・テスト	203, 206
普遍主義	77, 78, 80-83, 86-89, 93, 110, 111, 113, 114, 150, 154, 161, 184, 203, 209, 212, 216, 218		リバタリアニズム	51, 101, 122, 124, 147-153, 155, 216, 256, 258, 262
			右派リバタリアニズム	51
普遍性	140, 145, 213, 214		左派リバタリアニズム	51, 148-150
普遍的規範原理	77-79, 83, 87, 89		リバタリアン・パターナリズム	149, 155
プライヴァシー	155, 160, 161		リパブリカニズム	→ 共和主義
フレーゲ＝ギーチ問題	8, 28		リベラリズム	40, 41, 43, 46, 48-51, 53-56, 81, 86, 90, 101, 103-105, 109, 110, 115, 116, 120, 122, 134, 137-140, 143, 147, 150, 158, 159, 161, 162, 164, 166, 198, 202-205, 207, 212, 215, 253, 258, 260
平和主義	38, 121, 125, 179-184, 188, 189, 191, 261, 271, 272			
諦観的平和主義	38, 121			
			政治的リベラリズム	90, 212
忘亜症	168, 170		リベラル・フェミニズム	117, 157-159, 162, 163, 166
冒険	47, 91, 115, 116			
法実証主義	95, 224, 225, 242, 257		理由による正当化	54, 96, 114, 125
記述的法実証主義	225		理由分析	9
法治国家	108		倫理的実在論	199, 200
法的統制極大化論	160			
法内在道徳	94		歴史修正主義	168-170, 172-175, 177
法の限界	160		歴史的文脈主義	82, 212
法の支配	51, 93, 94, 184, 234, 235, 239, 242, 257, 265, 266, 268, 269, 273, 275			
			ロウ判決	197, 207
法の支配の強い構造的解釈	265		論理的コミットメント	28, 226, 230, 231
法の本性	224			

執筆者等一覧（執筆順）

【第 I 部】

安藤　馨（あんどう・かおる）
神戸大学大学院法学研究科准教授（法哲学、道徳哲学）
　　1982 年生まれ。東京大学法学部卒、同大学院法学政治学研究科修士課程修了。『統治と功利——功利主義リベラリズムの擁護』（勁草書房、2007 年）、ほか。

谷口功一（たにぐち・こういち）
首都大学東京都市教養学部法学系准教授（法哲学）
　　1973 年生まれ。東京大学法学部卒、同大学院法学政治学研究科博士課程単位取得退学。『ショッピングモールの法哲学——市場、共同体、そして徳』（白水社、2015 年）、ほか。

瀧川裕英（たきかわ・ひろひで）
立教大学法学部教授（法哲学）
　　1970 年生まれ。東京大学法学部卒。『責任の意味と制度』（勁草書房、2003 年）、「公共性のテスト——普遍化可能性から公開可能性へ」（井上達夫編『公共性の法哲学』ナカニシヤ出版、2006 年）、ほか。

松本充郎（まつもと・みつお）
大阪大学大学院国際公共政策研究科准教授（環境法）
　　1971 年生まれ。東京大学法学部卒、上智大学大学院法学研究科博士課程単位取得満期退学。『変容するコモンズ——フィールドと理論のはざまから』（共編著、ナカニシヤ出版、2012 年）、「原子力リスク規制の現状と課題」（『阪大法学』63 巻 5 号、2014 年）、ほか。

米村幸太郎（よねむら・こうたろう）
横浜国立大学大学院国際社会科学研究院准教授（法哲学）
　　1982 年生まれ。東京大学法学部卒、同大学院法学政治学研究科博士課程単位取得退学。「規範的正義論の基礎についてのメタ倫理学的再検討」（『國家學會雑誌』121 巻 1/2 号、2008 年）、「福利と自律：真正幸福説の検討」（『成蹊法学』77 号、2012 年）、ほか。

大屋雄裕（おおや・たけひろ）
名古屋大学大学院法学研究科教授（法哲学）
　　1974 年生まれ。東京大学法学部卒。『法解釈の言語哲学』（勁草書房、2006 年）、『自由とは何か』（ちくま新書、2007 年）、『自由か、さもなくば幸福か？』（筑摩選書、2014 年）、ほか。

大江　洋（おおえ・ひろし）
岡山大学大学院教育学研究科教授（法哲学）
　　1960 年生まれ。神戸大学法学部卒、東京大学大学院法学政治学研究科博士課程修了。博士

（法学）。『関係的権利論——子どもの権利から権利の再構成へ』（勁草書房、2004年）、ほか。

浦山聖子（うらやま・せいこ）
成城大学法学部講師（法哲学）
　1981年生まれ。慶應義塾大学法学部卒、東京大学大学院法学政治学研究科博士課程修了。博士（法学）。「多文化主義の理論と制度——Will Kymlickaの多文化主義論と公用語政策の検討——」（『國家学會雑誌』120巻3/4号、2007年）、「グローバルな平等主義と移民・外国人の受け入れ（一）〜（五・完）」（『國家学會雑誌』124巻7/8号、9/10号、11/12号、125巻1/2号、3/4号、2011-12年）、ほか。

【第II部】

藤岡大助（ふじおか・だいすけ）
亜細亜大学法学部講師（法哲学）
　1973年生まれ。国際基督教大学教養学部卒、東京大学大学院法学政治学研究科博士課程単位取得退学。「分配的正義における平等論の検討——資源アプローチの擁護」（『國家學會雑誌』115巻11/12号、2002年）、「租税の正義——金融所得分離課税の法哲学的検討」（井上達夫編『現代法哲学講義』木鐸社、2009年）、ほか。

吉永　圭（よしなが・けい）
大東文化大学法学部准教授（法哲学、法思想史）
　1979年生まれ。東京大学法学部卒。『リバタリアニズムの人間観』（風行社、2009年）、『たった一人の正論が日本を変える？』（飛鳥新社、2009年）、ほか。

池田弘乃（いけだ・ひろの）
山形大学人文学部講師（法哲学、ジェンダー／セクシュアリティと法）
　1977年生まれ。東京大学法学部卒、同大学院法学政治学研究科博士課程単位取得満期退学。「〈性〉の公共性」（井上達夫編『公共性の法哲学』ナカニシヤ出版、2006年）、「ケア〈資源〉の分配」（齋藤純一編『政治の発見　第3巻　支える』風行社、2011年）、ほか。

稲田恭明（いなだ・やすあき）
東京大学法学部助手（法哲学）
　東京大学法学部卒、同大学院法学政治学研究科博士課程単位取得退学。「シティズンシップ概念の再編と公共性——外国人の参政権問題を手掛かりに」（井上達夫編『公共性の法哲学』ナカニシヤ出版、2006年）、「人権は何を要求し得る権利か——人権の規範的効果の再考」（井上達夫編『講座人権論の再定位5　人権論の再構築』法律文化社、2010年）、ほか。

郭　舜（かく・しゅん）
北海道大学大学院法学政治学研究科准教授（法哲学、国際法）
　1978年生まれ。東京大学法学部卒、同大学院法学政治学研究科博士課程退学。「国際法の正

統性に関する予備的考察」(『法の理論』31号、2012年)、「条約の実施という視点の意味するもの」(『論究ジュリスト』7号、2013年)、ほか。

奥田純一郎（おくだ・じゅんいちろう）
上智大学法学部教授（法哲学）
　1968年生まれ。東京大学法学部卒、同大学院法学政治学研究科博士課程単位取得退学。「死における自己決定――自由論の再検討のために」(『國家學會雜誌』113巻9/10号、2000年)、「ヒト胚、人間の尊厳、プライバシー」(青木清・町野朔編『医科学研究の自由と規制：研究倫理指針のあり方』、上智大学出版、2011年)、ほか。

吉良貴之（きら・たかゆき）
宇都宮共和大学シティライフ学部講師（法哲学）
　1979年生まれ。東京大学法学部卒、同大学院法学政治学研究科博士課程単位取得退学。「世代間正義論」(『國家學會雜誌』119巻5/6号、2006年)、「法時間論」(『法哲学年報2008』、2009年)、ほか。

平井光貴（ひらい・みつき）
日本学術振興会特別研究員（法哲学）
　1985年生まれ。東京大学法学部卒、同大学院法学政治学研究科博士課程在学中。「現代自然法論の擁護可能性」(『國家學會雜誌』126巻1/2号、2013年)、「意味変更による規範理論の可能性」(『法哲学年報2013』、2014年)、ほか。

横濱竜也（よこはま・たつや）
静岡大学人文社会科学部法学科准教授（法哲学）
　1970年生まれ。東京大学法学部卒。同大学院法学政治学研究科博士課程修了。博士（法学）。『現代法哲学講義』(分担執筆、信山社、2009年)、「遵法責務論序説（一）～（六・完）」(『國家學會雜誌』123巻1-12号、2010年～2011年)、ほか。

【第Ⅲ部】

宍戸常寿（ししど・じょうじ）
東京大学大学院法学政治学研究科教授（憲法）
　1974年生まれ。東京大学法学部卒。『憲法裁判権の動態』(弘文堂、2005年)、『憲法学の現代的論点』(共著、有斐閣、2009年)、ほか。

【附録】

森悠一郎（もり・ゆういちろう）
東京大学大学院法学政治学研究科助教（法哲学）
　1988年生まれ。東京大学法学部卒。

逞しきリベラリストとその批判者たち──井上達夫の法哲学

2015 年 8 月 31 日 初版第 1 刷発行 （定価はカヴァーに表示してあります）

編　者　瀧川裕英・大屋雄裕・谷口功一
発行者　中西健夫
発行所　株式会社ナカニシヤ出版
〒606-8161 京都市左京区一乗寺木ノ本町 15 番地
Telephone 075-723-0111
Facsimile 075-723-0095
Website http://www.nakanishiya.co.jp/
Email iihon-ippai@nakanishiya.co.jp

印刷・製本＝亜細亜印刷／装幀＝宗利淳一デザイン
Typeset by K. Ando with TₑX.
Copyright © 2015 by H. Takikawa *et al.*
Printed in Japan.
ISBN 978-4-7795-0978-0　　C1010

本書のコピー、スキャン、デジタル化などの無断複製は著作権法上の例外を除き禁じられています。本書を代行業者等の第三者に依頼してスキャンやデジタル化することはたとえ個人や家庭内の利用であっても著作権法上認められていません。

立法学のフロンティア　全3巻

より良き立法はいかにして可能か。法と政治を対象とする多様な分野の研究者・実践家が、現代日本の立法システムが孕む問題点を摘出・分析し、その改善のための的確な指針を提示する。

編集委員＝井上達夫・西原博史・井田良・松原芳博
A5判　上製カバー　平均310頁

1　立法学の哲学的再編　井上達夫 編　●3800円
立法の法哲学的・政治哲学的・経済理論的基礎に関わる諸問題を、思想史的背景も視野に入れ考察。

2　立法システムの再構築　西原博史 編　●3800円
立法システムを構成する統治機構とその動態たる政治過程を考察し、民主政のあり方を問い直す。

3　立法実践の変革　井田良・松原芳博 編　●3800円
実定法各分野における法改正実践の孕む諸問題を解明し、立法実践の改善のための指針を提供する。

表示は本体価格です。